馬・車馬・騎馬の考古学

―― 東方ユーラシアの馬文化 ――

諫早直人・向井佑介

［編］

㋖ 臨 川 書 店

口絵1 モンゴル高原の馬群（オラン・オーシグⅠ遺跡を望む、諫早直人撮影）

口絵2 モウコノウマ（カザフスタン、アルトゥン・エメル自然保護区、林俊雄氏撮影）

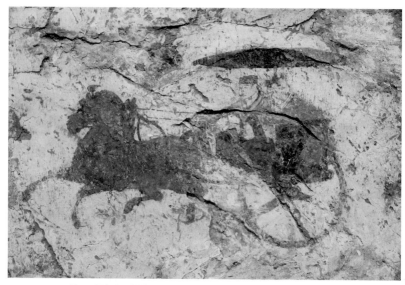

口絵3　偃師杏園村後漢墓壁画車馬（洛陽博物館所蔵、向井佑介撮影）

口絵4　北斉徐顕秀墓壁画鞍馬（山西省太原市、向井佑介撮影）

口絵 5　滋賀県新開 1 号墳出土馬具
（滋賀県立安土城考古博物館所蔵、画像提供：奈良文化財研究所）

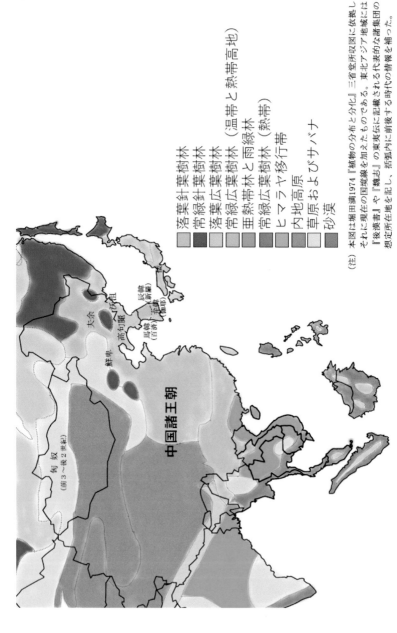

口絵6 東アジアの潜在自然植生と古代の諸集団の想定所在地（堀田 1974 をもとに篠原徹・向井佑介作成）

凡例:
- 落葉針葉樹林
- 常緑針葉樹林
- 落葉広葉樹林
- 常緑広葉樹林（温帯と熱帯高地）
- 亜熱帯林と雨緑林
- 常緑広葉樹林（熱帯）
- ヒマラヤ移行帯
- 内地高原
- 草原およびサバンナ
- 砂漠

地図中の記載:
- 夫余
- 沃沮
- 高句麗
- 馬韓（百済）・弁韓（加耶）・辰韓（新羅）
- 鮮卑
- 匈奴（前3～後2世紀）
- 中国諸王朝

（注）本図は堀田満 1974『植物の分布と分化』三省堂所収図に依拠しそれに現在の国境線を加えたものである。東北アジア地域には『後漢書』や『魏志』の東夷伝に記載される代表的な諸集団の想定所在地を記し、括弧内に前後する時代の情報を補った。

目　　次

序　文

家畜馬以前

　ヒト、すなわち現生人類（*Homo sapiens*）の進化はアフリカ大陸においてたどることができるのに対し、ウマ、すなわち現生馬（*Equus*）の進化は、北アメリカ大陸においてたどることができるという（Simpson 1951など）。前者は自然人類学（形質人類学、古人類学ともいう）、後者は古生物学と、一見すると別々の学問的営みによって明らかとなったようにもみえるが、どちらも化石骨を対象としており、ダーウィンが『種の起源』（1859年）を著した19世紀以降の西洋近代科学の隆盛の中で明らかとなった点も同じである。そもそも同じ哺乳類（Mammalia、哺乳綱）。安定同位体比分析やパレオゲノミクス（ゲノム（全遺伝情報）レベルでの古代DNA分析）によって、両者の研究の垣根はますます曖昧なものとなっている（覚張2022、篠田2022など）。

　ヒトの進化に比べると、ウマの進化に関してはまだまだわかっていないことも多いが、鮮新世から更新世へと入る頃、およそ260万年前頃には、我々が頭に思い浮かべるような現生馬が登場していたようだ。始新世（5000万年前頃）に登場したエオヒップス（曙馬、ヒラコテリウム）以来の彼らの進化の方向性は明確だ。大型の体躯や硬い一本蹄、短い草を噛み切るための切歯とそれを磨り潰すための臼歯、特殊に発達した大腸。すべては広い草原の中で捕食者（肉食動物）から逃げつつ、ひたすら草を食べ続けるために長い時間をかけて培われてきたものである（近藤2001など）。

　馬はその後、完新世（1万年前）に入る頃に、南北アメリカ大陸から忽然と姿を消す（絶滅の理由については諸説ある）。しかし彼らの一部

はすでに更新世の氷期に、陸橋化していたベーリング海峡を通じてユーラシア大陸に自らの脚で移動し、東西に伸びる広大な草原地帯（ユーラシア・ステップ）を安住の地としていた。今日、地球上にいる馬は、すべからく更新世のどこかでユーラシア大陸へ渡ってきた野生馬（*Equus ferus*、ノウマ）の子孫である。

　彼ら野生馬の第二の故郷であるユーラシア・ステップは、一般に東は大興安嶺あたり、西はハンガリー平原あたりまでの東西約 7000 km の範囲を指す。これがそっくりそのまま騎馬遊牧民の活躍の舞台と重なることはいうまでもない（杉山 1997、林俊 2007 など）。その周囲を取り巻く森林ステップのような遷移帯や、火山麓や河岸段丘上などに飛地状に広がる草原も含めれば、野生馬の生息域はさらに広範囲に及んでいた。これは、ユーラシア・ステップから遠く離れたフランス西南部のラスコー洞窟壁画（後期旧石器時代（約 2 万年前））の中で、最も多く描かれた動物が馬であることからも容易に理解されよう。

家畜馬、車馬、騎馬の原郷

　家畜化されることがなければ、馬はこの地球上から姿を消していたかもしれない。これは冗談話ではない。他の大型動物がそうであったように、馬もまた人間が生きていくために必要なタンパク質源の一つに過ぎない時代が長く続いたからだ。それはクロマニョン人たちによってラスコー洞窟に描かれた馬たちも変わらなかっただろう。最近、おこなわれた現生モウコノウマ（口絵 2）に対するゲノム解析によれば、後 19 世紀後半にロシアの探検家プルジェヴァルスキーによって「発見」されて以来、地球最後の野生馬（ノウマ）と信じられてきた彼らは、実は家畜馬（*Equus caballus*、イエウマ）の再野生馬であるという（Gaunitz et al. 2018）。純粋な意味での野生馬はすでに地球上に存在しな

いことを示唆する衝撃的な結果である。編者はこの問題についてまったくの門外漢であり、議論の推移を見守るほかないが、馬もほかの多くの家畜動物同様、家畜となったことで、世界中で5500万頭、日本国内で10万頭といわれる現在の個体数を維持できていることは確かであろう。

　馬家畜化がいつ、どこで、どのようにして起こり、それが現在に至るまでどのように展開したのかを直接知ることのできる数少ない学問が、考古学であり、出土ウマ遺存体に対する動物考古学や考古科学だ。もちろん発掘調査によって得られる情報は断片的であり、文献史料に比べれば寡黙である。新たな発掘調査や研究の進展によって資料状況は日々更新されていく。まことに不安定な学問である。パレオゲノミクスの登場により、これまでのノウマ／イエウマに関する定説が足元から揺らいでいることは先に述べた通り。いま言える確かなことは、前5千年紀末～前4千年紀のユーラシア草原地帯西部（黒海・カスピ海北岸）から中部（カザフ草原）にかけてのどこかで馬家畜化が最初に起こったらしい、ということくらいのようだ（詳細は本書第1章を参照）。

　西アジアにおいて完新世の初頭に始まったドメスティケーション（栽培化・家畜化）の技術をもって、草原にいる馬を家畜にした真の目的についてはまだ議論が続いている。ただ、先行してほかの家畜にも認められる肉やミルクの利用にくわえて、乗用に供された徴証が、かすかとはいえ馬家畜化初期の段階から認められることは重要である。その利用方法を当初から積極的に評価するか、長い試行錯誤の期間を見積もるのかによって、馬家畜化を試みた人々に対するイメージはまったく異なるものとなるが、依然、意見の一致をみていない。いずれにしても馬車にせよ、金属製の銜にせよ、我々が頭の中に思い描く車馬・騎馬を中心とする家畜馬利用のノウハウは、馬家畜化当初から

あったわけではなく、ユーラシア草原地帯西部〜中部や西アジアなどの西方ユーラシアの諸地域において、前2千年紀に入る頃までの間に、長い時間をかけて爬行的かつ複線的に発達していったとみた方がよさそうである。

　このように西方ユーラシアにおいて蓄積された家畜馬やその利用のノウハウが、前2千年紀以降、急速に周辺地域へ拡散していく。『馬・車輪・言語』の筆者として著名なアメリカ人考古学者のアンソニーは、その発信源を東ウラルのシンタシュタ文化に求め、彼らの葬送習俗と『リグ・ヴェーダ』に描かれた儀礼の共通性から、彼らこそが最初の「アーリア人[1]」であったとみた（Anthony 2007）。その成否はひとまずおくとして、遅くとも前2千年紀前半に、高速移動が可能な二輪スポーク車輪戦車（chariot）や馬を自在に御する金属製の銜が登場するあたりから、家畜馬の有無、多寡が戦場の帰趨だけでなく国家、集団の存亡さえもわける存在となったことは確かである。以来、人類社会における馬の重要性は、前1千年紀を通じて戦場の主役が車馬から騎馬へと徐々に置き換わり、騎馬の役割も後2千年紀中頃の重火器の発達によって変容するものの、後2千年紀末、第一次世界大戦で現代戦車（tank）が登場するまで基本的には変わらない。

　もちろん車馬であれ騎馬であれ、陸上における高速移動手段・輸送手段としての馬の利用は、戦争に留まらないことはいうまでもない。いずれにせよ牽引・騎乗・駄載といった役畜としての利用方法こそ、馬がその本来の生息範囲を大きく飛び越えた最大の理由であり、他の多くの家畜との決定的な違いということができる。先ほど、馬は人によって生きながらえたと述べたが、人もまた、馬の力を借りることで今日の繁栄を手にしたことを忘れてはならない。

東方ユーラシアの家畜馬利用とその歴史的意義

　ここまで読み進めた方は既にお気づきだろうが、本書の舞台となる東方ユーラシアの諸地域は、家畜馬や車馬、騎馬の利用において、まったくもって先進地域ではない。悠久の歴史をもつ中国でさえも、家畜馬利用に関しては前 14 世紀、殷代後期に入って西方ユーラシアからの直・間接的な影響を受けて始まったことは、先学たちの説くところである（川又 2006、林巳 2018 など）。遥か昔から人と馬が共に暮らしてきたように思いこみがちなモンゴル高原（口絵 1）でも、（野生馬はたくさんいたのであろうが、）大量の牧畜をコントロールする騎馬遊牧民たちの姿がはっきりと捉えられるようになるのは前 1 千年紀に入る頃からである（雪嶋 1999）。

　それでは家畜馬利用の後進地である東方ユーラシアの家畜馬利用を研究する意義は何か。もちろんそれぞれの地域の歴史的展開を考える上で、家畜馬利用の開始は一つの画期となるものであるが、そういった地域史的意義にくわえて、以下の 3 点の世界史的意義を指摘しておこう。

　第一に、「張騫鑿空」以前のユーラシア東西交渉史の解明に大いに寄与しうる点を挙げておきたい。2014 年のユネスコによる「シルクロード：長安−天山回廊の交易路網」の世界文化遺産登録や、2017年以降の中国政府による一帯一路政策により、改めて注目を浴びているユーラシア東西交渉史を考える上で、家畜馬は格好の材料の一つである。馬やその利用方法の広がりを素直にみれば、広大なユーラシア大陸の東西は前漢代の「張騫鑿空」より遥かに昔から、そして遥かに緊密に繋がっていたことを理解することができるだろう（もちろんこれは馬だけに限ったことではないが）。野生馬の分布域（生息適地）から外れた地域を多く含むからこそ、馬を飼養する地域・社会と飼養しない

地域・社会の違いを鮮明に描き出すことも期待できる。西方ユーラシアを中心に展開するパレオゲノミクスの研究動向をふまえた上で、東方ユーラシアにおける家畜馬利用について議論を試みた書籍はまだ海外にもみられず、時宜にも叶ったものといえるだろう。

　第二に、東方ユーラシアの地域間関係、なかんずく中国を中心に展開した古代国家形成プロセスの解明に大きく寄与しうる点を挙げておきたい。本書を編集する過程で改めて実感したところであるが、後5世紀、日本列島古墳時代における家畜馬の出現・展開プロセス（諫早2012）と、前14世紀、中国殷代後期における家畜馬の出現・展開プロセス（岡村2021）は、2000年近い時間差や、騎馬か車馬かという利用方法の違いがあるにもかかわらず、体系的な家畜馬利用が突如出現し、それを極めて短期間に受容した点においてよく似ている。両者を他人の空似と片付けてしまうことは簡単だが、少なくとも家畜馬出現以前に西域から中国に伝わった様々な文物（ムギやヤギ・ヒツジなど）や、大陸から日本列島に伝わった様々な文物（イネや金属器など）の受容の際にはまったく認められなかった現象である。日本列島で明らかとなりつつある本格的渡来に先行する散発的渡来の議論は、中国の場合にも当てはまりそうだ。後1千年紀における朝鮮や日本など中国周辺における古代国家形成・成立が、同時期の中国から直接的な影響を受けていたことは改めていうまでもないが、家畜馬利用の受容・展開という同一の事象を長期的、広域的視座のもとに俯瞰し、相互に比較することで、時空を輪切りにすると見落としがちな彼我の共通性や重大な相違点（地域性・時代性）が浮かび上がってくるのではないだろうか。

　第三に、後2千年紀前半のモンゴル帝国成立を頂点とする「遊牧国家」（杉山1997）の成立・展開に新たな視座を与えうる点を挙げてお

きたい。前2千年紀までの馬飼養や車馬、騎馬に関する技術・知識は、基本的に西から東へという方向性をもっていること、東方ユーラシアの諸地域は、中国やモンゴルでさえそれらを二次的、三次的に受容したことについては先に述べた。家畜馬利用に関しては後進地といってよい東方ユーラシアであるが、前1千年紀後半に匈奴が登場して以来、モンゴル高原を中心とするユーラシア草原地帯東部から数々の「遊牧国家」が興起し、南の中国諸王朝を脅かして、しばしばそれに取って代わり、後1千年紀前半の民族大移動期以降は、西へもそのベクトルを向けるようになり、ついにはモンゴル帝国を成立させるに至る。彼ら騎馬遊牧民を十把一絡げにして議論を単純化することは厳に慎まなければならないが、彼らがユーラシア大陸の歴史の表舞台に登場しつづけた基盤に、騎馬のもつ圧倒的な機動力やそれに裏打ちされた軍事力があったことについては、異論のないところであろう。編者は家畜馬利用の流れが東西反転する画期として、後1千年紀前半の硬式鐙やそれを使用する前提としての硬式鞍の出現（による騎乗技術の革新）を高く評価している。その成否はひとまず措くとして、東方ユーラシアの家畜馬利用のあり方を考古資料から通時的に復元することは、自らを記すことの少ない遊牧民と、自らはもちろん他者をも文字によって記してきた定住民を、文字による強烈な先入観を排して、同じ土俵の上で論じるための貴重な材料を提供するに違いない。

本書の視座と構成

　ここまで、東方ユーラシアの家畜馬利用を研究する意義を大上段に構えて論じてきたが、本書によってそれらが解明できたわけでは決してない。ただ、それらの問題にアプローチしていくための道程だけははっきりと示したつもりである。

それは、最新の資料状況、研究動向をふまえた上で、東方ユーラシア各地、各時期、各分野における家畜馬利用に関する研究の到達点を確認し、周辺地域との関わりの中で研究基盤を再構築することこそが、上述の世界史的意義解明への何よりの捷径であるということである。多言語に通じた該博な史家であれば各地域、各時代の定説をつなぎ合わせて、それらしいヒストリーを描けるであろうし、実際、そういった書物は世に溢れているが、編者らはその前提となる定説自体が大きく揺らいでいることを知っている。年々増え続ける資料状況の中で、細分化、精緻化、口悪く言えばタコつぼ化してしまった今日の研究環境において、広範かつ長期間に及ぶ東方ユーラシアの家畜馬利用の研究基盤を再構築するという作業が、一人の研究者の手に余る作業であることは言を俟たない。かといって玉石混交、バラバラの研究の寄せ集めでは何の意味もない。特定の地域、時代、専門分野のスペシャリストが情報を持ち寄り、議論を交わし、それをみずからの研究分野にもう一度フィードバックする。この循環の中から新しい研究は生まれると編者らは信じており、本書はそのささやかな実践でもある。

　さて『馬・車馬・騎馬の考古学—東方ユーラシアの馬文化—』と題する本書は、第Ⅰ部「草原の馬文化—馬家畜化からモンゴル帝国まで—」、第Ⅱ部「中国の馬文化—馬車から騎馬へ—」、第Ⅲ部「馬文化の東伝—中国から朝鮮半島、そして日本列島へ—」の三部構成からなり、12人の研究者による7本の論考と5本のコラムが収められている。あとがきで詳しい経緯が述べられているように、本書は編者らが現在進行形で取り組んでいる三つの京都大学人文科学研究所共同研究「東北アジアの騎馬文化と馬匹生産の研究」、「東アジア馬文化の研究」、「東方ユーラシア馬文化の研究」の中間成果報告として、2021年11月21日に開催された人文研アカデミーオンラインシンポジウム「考

古学からみた古代東アジアの馬利用」を発展させたものである。

　紙幅に限りがあり、必ずしも地域、時代、分野のバランスがとれているわけではないが、第一線の研究者にご寄稿いただいたおかげで、前2千年紀から後1千年紀を中心とする東方ユーラシア各地の家畜馬、車馬、騎馬に関する最新の考古学的成果を一書に盛り込むことができたと自負している。研究班の最終成果については一書にとりまとめて改めて世に問うこととし、ここ数年、様々な世代、所属、専門領域の研究者が、オンラインも含めて金曜午後に北白川に集まって、研究発表を聞き、意見交換をし、事情が許せばウマを肴に酒を酌み交わすということ繰り返して得られた成果の一端を、いち早く広範な読者にお届けするため、本書を刊行する次第である。本書を通じて、東方ユーラシアにおいて馬と人が共に歩んできた長い歴史に思いを馳せていただければ、編者としてこれ以上の喜びはない。

　最後に、成果が出るかどうかもわからない頃から本共同研究の学術的意義を認めていただき、継続してご支援いただいている岡村秀典先生をはじめとする京都大学人文科学研究所と、厳しい出版事情の中で本書の出版を受けていただいた臨川書店に、本共同研究に参加する学外研究者を代表して、心よりお礼申し上げたい。

　なお、本書では「馬」と呼ぶか「ウマ」と呼ぶか、「馬車」と呼ぶか「車馬」と呼ぶかといった用語や、年代観などについては統一せず、研究者個々人の考えに委ねることにした。

諌 早 直 人

注
1)　印欧語族の中でも『リグ・ヴェーダ』と『アヴェスター』の賛歌や詩をつくった人びとと、インド・イラン語を話していた彼らの直接の祖先（Anthony 2007）。

参考文献

【日本語】

諫早直人 2012『東北アジアにおける騎馬文化の考古学的研究』雄山閣

岡村秀典 2021『東アジア古代の車社会史』臨川書店

覚張隆史 2022「古代 DNA からみた家畜の起源と系統」『家畜の考古学　古代アジアの東西交流』雄山閣

川又正智 2006『漢代以前のシルクロード〜運ばれた馬とラピスラズリ〜』雄山閣

近藤誠司 2001『ウマの動物学』東京大学出版会

篠田謙一 2022『人類の起源—古代 DNA が語るホモ・サピエンスの「大いなる旅」』中公新書

杉山正明 1997『遊牧民から見た世界史　民族も国境も越えて』日本経済新聞社

林俊雄 2007『スキタイと匈奴　遊牧の文明』講談社

林巳奈夫（岡村秀典編）2018『中国古代車馬研究』臨川書店

雪嶋宏一 1999「ユーラシア草原の開発—騎馬遊牧の起源と成立—」『食糧生産社会の考古学』（現代の考古学 3）朝倉書店

【英語】

Anthony D. W., 2007. *The horse, the wheel, and language: how Bronze-Age riders from the Eurasian steppes shaped the modern world.* Princeton University Press.（デイヴィッド・W・アンソニー（東郷えりか訳）2018『馬・車輪・言語　文明はどこで誕生したのか』上・下　筑摩書房）

Gaunitz C. et al., 2018. Ancient genomes revisit the ancestry of domestic and Przewalski's horses. *Science.* 360

Simpson .G G., 1951. *Horses: The Story of the Horse Family in the Modern World and through Sixty Million Years of History.* Oxford University Press.（G. G. シンプソン（長谷川善和監修・原田俊治訳）1979『馬と進化』どうぶつ社）

第 I 部

草原の馬文化
——馬家畜化からモンゴル帝国まで——

第1章　戦車と騎馬
——家畜化後の広域交流——

中　村　大　介

は じ め に

　ウマは、ヒツジやウシよりも遅れて、草原地帯で家畜化されたが、人類の移動力と戦闘能力の向上に大きく寄与した動物である。ヨーロッパでは、印欧語族の文化的起源と関連させた議論が古くからあるため、ウマの家畜化とその拡散に関する研究は常に注目されてきた。さらに、今日ではゲノム研究も交えて活発化している。

　カザフスタンのボタイ遺跡を代表として、銅器時代にウマが家畜化されることは確定したが、欧米の研究では家畜化と騎乗がほぼ同時であると考える研究が多い（Anthony 2007）。しかし、図像などで騎馬が表現されはじめるのは、青銅器時代でも前3千年紀後半以降であり、それ以前はどれほど騎乗が一般的であったかはわからない。また、戦争では戦車利用が主体であり、ウマ利用の革新性はむしろこちらにある（岡村 2021）。一方、ウマの家畜化と利用は中国を含む東方へも波及するが、モンゴル高原の本格的なウマ利用は遅れることもわかっている。前3千年紀に家畜が導入され、放畜が主体となるものの、騎乗による急激な広がりはみられない。東方拡散に関しては多様な経路に留意する必要があるだろう。以下では家畜化から東方拡散までをみていきたい。

第1節　家畜化に関する研究

初期の議論

　ウマの家畜化は、銜留（はみどめ）（鑣（ひょう））状を呈する骨角器の存在から、銅器時代（前5千年紀末から前4千年紀）からと考えられてきた。また、徒歩ではウマの群れを御せないという判断から、騎乗も同時とされた（Gimbutas 1970; Azzaroli 1985）。そして、アンソニーが第二前臼歯の摩耗斜角分析を通じて、銅器時代からの銜利用を示し、当初から騎乗されていた可能性が強調された。さらに彼は、黒海・カスピ海の草原社会は前4千年紀にはウマの飼育と騎乗になれており、馬交易で蓄財も可能であったという大胆な説を提示している（Anthony 2007: 341-342）。そして、ウマと車輛を含む様々な拡散の契機として、黒海からカスピ海に広がっていた文化群であるヤムナヤ地平を重視した。

　その後、鑣状骨角器が出土し、最初の摩耗斜角分析が行われたウクライナのデレイフカ遺跡のウマがスキタイ時代（前8世紀以降）であったことと、デヴァインらの激しい反論のため、銅器時代の家畜化と騎乗の議論は一時、膠着状態となった[1]。しかし、カザフスタンのボタイ遺跡で銅器時代のウマが大量に出土し、アウトラムらが馬乳の痕跡を証明したことから（Outram et al. 2009）、銅器時代のウマ家畜化は今日では確実なものとなっている。

ゲノム研究

　ボタイでウマの家畜化が立証されたのち、イエウマの祖先に対する探究がゲノム研究から行われ、その過程で様々な事実が判明してきた。特に衝撃的な成果をもたらしたのは、ガウニッツらによる研究で、それまで野生馬であると考えられてきたプルジェヴァルスキー馬（モウ

コノウマ）は、ボタイで家畜化したウマが逃走したものであったことが示された（Gaunitz et al. 2018）。同時にボタイ馬のイエウマへの遺伝的貢献はないことが判明した。

リブラドら（Librad et al. 2021）による研究では、イエウマの祖先は前 4 千年紀後半から 3 千年紀前半にかけて、ユーラシアの草原地帯西部、特にヴォルガ・ドン川流域にいたことが示された。また、黒海周辺より西にはいなかった可能性が高いという。さらに、イエウマが出現するのは前 2000 年頃であり、東ウラルのシンタシュタ文化が基点となって戦車が拡散し、それに伴っていたとしている。草原地帯中部のカザフ草原や東部のモンゴル高原にイエウマの遺伝情報が現れるのもその時期以降であることから肯首できる見解である。

上記の研究から、前 5 千年紀末から前 4 千年紀の銅器時代には、草原地帯西部から中部の各地でウマの家畜化が進行したことが明確になったといえる。ただし、近似した遺伝情報をもつウマ（イエウマ）が、アンソニーが想定したようなヤムナヤ地平の拡大に伴うものではないことも判明した。

初期のウマ利用

ボタイ遺跡でウマ家畜化を立証したアウトラムの研究では（Outram et al. 2009）、肉とミルク利用が目立ち、他の家畜との違いは大きくないものの、共同研究者のベントレーが改良型の第二前臼歯分析を行い、軟質銜を付けていた可能性を示している。ボタイ遺跡では定型化していない鑣らしき資料も出土しているため、騎乗していたと考える研究者は多い。しかし、前 4 千年紀のウマは、ドリューズが指摘しているように、有用な馬具無しで、その速度を活かせたかは疑問であり（Drews 2004: 29）、騎乗されたとしても高速移動や戦闘利用といった他の家畜

にない優位性を引き出されていたとは思えない。上述したように、イエウマは戦車の拡散に伴う可能性が示されているが、この際のウマ利用方法は極めて画一的である。初期の食糧目的の利用から脱した段階は現時点ではここに求められるだろう。

　ところで、イエウマの出現地は、戦車で注目されるシンタシュタ文化より西の黒海・カスピ海北岸である。そのため、イエウマと戦車が結びつくには黒海・カスピ海北岸とその東西地域の交流という、もう一過程が必要となる。そこで次に戦車の出現過程をみてみたい。

第2節　車輌と戦車

初期車輌

　車輌の発明については、中・東欧かメソポタミアかで論争があったものの、両地域の絵画資料をみる限り（図1: 1,3）、ほぼ同時期の前4千年紀中葉である（Bakker et al. 1999；林俊 2018）。また、東欧のスロベニアでは車輪が二輪、車軸が一本出土し、前者の年代は3340-3080 BCで、後者もほぼ同じ年代であった。車輪の一つは二枚の板に数条蟻溝を彫り、そこに横木をはめて固定している（図1: 2）。さらに近年の研究によると、車輌は両地域ともに前5千年紀末〜前4千年紀前葉に遡る可能性があり、前4千年紀後半にはインダス文明のハラッパーまで拡散するという（Burmeister 2017）。

　車輌の形状については、メソポタミアのウルクの粘土版、東欧のブロノチツェの土器に描かれた図像を参照すると、ともに四輪車輌である。また、牽引した動物はウシであり、既に家畜化され、中欧まで広がっていた（Scheu et al. 2015）。前4000〜3300年頃のカフカス北麓に広がっていたマイコープ文化のクルガンではウシ頭骨が副葬されるが、

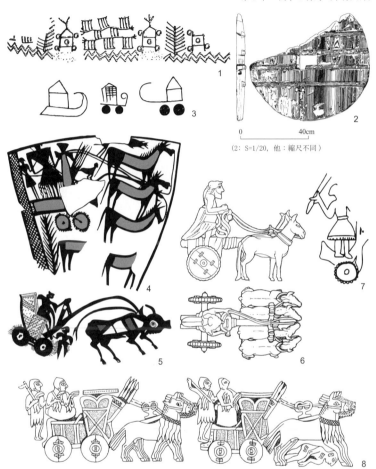

（2：S=1/20，他：縮尺不同）

図 1　前 4 千年紀から前 3 千年紀前半の車輛図像及び車輪
1. プロノチツェ　2. スタレ・マグイネ　3. ウルク　4・7. ハファジェ　5. スサ　6. テル・
アグラブ　8. ウル王墓　（1, 3：Milisauskas et al. 2019; 2：Velušček eds. 2009: 4：Smith 1933;
5, 7：Avilova & Gey 2018: 6, 8：Littauer & Crouwel 1979 から 2 以外を再トレースして作成）

これらには近年、銅製鼻輪が伴い、ウシ車輌（ワゴン）の表象として埋葬されたことが明らかになっている（Reinhold et al. 2017）。その北側の草原地帯では青銅器時代前期にヤムナヤ地平が成立するが、しばしば被葬者は四輪車輌とともに埋葬される。銅器時代から青銅器時代前期の中欧からメソポタミアにおいて、ウシ車輌が普及していたことは間違いない。

　ウマ科の動物が車輌に利用され始めるのは、前3千年紀前葉からであり、ハファジェ（Khafaje）のスカーレット・ウェアと呼ばれる土器には二名の人物をのせて三頭の野ロバが曳く四輪戦車が描かれ（図1:4）、スサ（Susa）のものには、一名の人物をのせて一頭のウシが曳く四輪車輌が描かれている（図1: 5, Mühl 2014; Avilova & Gey 2018）。やや時期的に新しいウルのPG 779号墓から出土したスタンダード（旗章）では、武器を持つ人物と御者がのる四輪戦車を四頭の野ロバが曳いている（図1: 8）。

　同時期のキシュ（Kish）のY墓地では四輪と二輪の車輌が確認されており、テル・アグラブ（Tell Agrab）では銅製の二輪車輌模型がシャラ神殿から出土した（図1: 6）。後者は、四頭の野ロバが牽引するもので、一本の轅（ながえ）の上に手綱が通され、中央二頭の野ロバの上唇に連結されている。外側二頭は頸からの綱とやはり上唇に通した綱が中央二頭の頸に連結されている。意のままに操ることは不可能であっただろう。また、車輪は板を連結したものであるが、外輪が凹凸を有するスパイクタイヤになっている点が特徴である。類似したものは、車輌と人物のみであるが、テラコッタ模型としてニップールやキシュから出土している。実物の車輪はスサから出土していることから、二輪、四輪ともに採用されていたことがわかる（Mühl 2014: 164）。

　二輪車輌に乗った人物が武器をもっていた可能性がある事例は、ハ

ファジェのシン神殿から出土した緑泥石製容器に描かれていた（図1:
7, Frankfort 1935）。武器は短槍か棍棒で、車輪はテル・アグラブやキ
シュの模型のようにスパイクタイヤである。

　二輪車輌は基本的に一人乗りで、ハファジェの事例をみると、攻撃
者が御者を兼ねていたようである。また、この時期の戦車には弓兵が
同乗せず、槍と戦斧が主要な武器であった。しかし、ここで注目すべ
きは、前3千年紀前半には轅によって牽引動物が車輌を支える方法が
発明されたことであり、早くも二輪戦車の基盤が形成されていたこと
である。そして、現時点では二輪戦車の発明と改良の場はメソポタミ
アであったといえる。

スポーク車輪戦車と盾形鑣

　西アジアでは、スポーク車輪をもつ二輪戦車の最古事例として、ア
ナトリアのキュルテペ（Kültepe）出土の円筒印章がある（図2:1）。二
頭の野ロバと思われる動物に曳かれた戦車のモチーフをもち、アッシ
リア商業植民地期のカールムⅡ層から出土していることから、前20
～19世紀頃のものである。類似したモチーフはメトロポリタン美術
館の円筒印章にもあり
（図2: 2, Littauer & Crouwel
1979）、これもアナトリ
ア、おそらくは同じキュ
ルテペのものと推定され
ている（Spar eds. 1988）。
カールムⅡ層出土例は杯
のようなものをもってい
るが、メトロポリタン美

図2　アナトリアの初期スポーク二輪車輌図像
1. キュルテペ　2. 推定キュルテペ（Littauer & Crouwel
1979 から作成）

術館例は戦斧をもっている。注目すべきは前3千年紀の二輪車輌と同様に、一人乗りであることだろう。その後、前18-17世紀頃のシリアの円筒印章には、二人乗りの二輪戦車、弓兵を乗せた二輪戦車が現れる（Littauer & Crouwel 1979）。この時期に二人乗りと戦車からの射撃が始まったといえよう。

　二輪戦車自体は前述のようにメソポタミアで開発されていたが、アンソニーを代表として（Anthony 2007）、二輪スポーク車輪戦車の開発は森林草原地帯のヴォルガ－ウラル地域であったと考える研究者は多い。放射性炭素年代が前3千年紀末に遡る事例が多く提示されており（Kuzmina 2007; Хавански 2010; Lindner 2020）、西アジアの事例よりも古いためである。

　その中核は東ウラルのシンタシュタ文化であり、上位階層の墓では戦車の車輪と車軸、それを曳く二頭のウマが入る場合や、その代わりに四脚の脛骨・蹄と頭骨が二セット納められる場合がある（図3:1）。伴う武器は矛、短剣、多数の鏃であり（図3:3-5）、これらが戦車上から使われたことを示唆している。東ウラルから中央カザフスタンの範囲にはシンタシュタ文化に近いペトロフカ文化が広がり、やはり戦車を入れる習慣がみられる。しかし、時期が下るアラクル文化では、戦車の埋納は激減する（Cherlenok 2006）。また、ウマも二頭の全身埋葬が基本となり、位置も墳丘内であるが、被葬者が安置された墓壙の外になることが多い。とはいえ、二頭のウマが戦車を表象している点で、シンタシュタ文化の風習が東方に広がっていったことは間違いない。

　シンタシュタ文化においてもう一つ注目すべきものとして、骨角製盾形鑣が挙げられる（図3:2）。ウマに確実に伴う馬具としては最古級である。盾形鑣には銜を通すための中央孔と、頭絡と結合するための小孔や孔列がみられる。また、裏面にはウマに刺激を与えるため、削

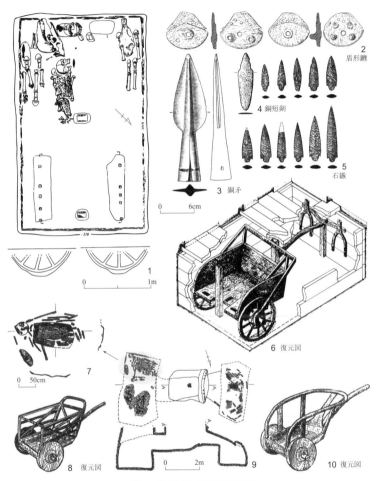

図 3　草原地帯の初期二輪戦車

1–6. シンタシュタ SM 30 号墓　7–9. チャフノヴァ 11 号墳 27 号墓　10. クリボリジュ 2 号
墳 23 墓（Генинг и др 1992; Пустовадов 2000 から作成）

り出しや結合式の突起を備えている。

　ところで、二輪車輌はメソポタミアで形成されたため、東ウラルとは距離的隔たりがある。この隔たりを埋めてくれるものとして、カフカス北麓から黒海北岸に広がっていたカタコンベ文化の二輪車輌に注目したい（図3: 7-10）。ドニエプル川下流のチャフノヴァやウクライナ中央部のクリボリジェの事例はスポークではなく、板車輪であることから（図3: 8, 10）、西アジアから広がる途上にあったといえよう。チェチュシコフらは先行研究を吟味し、前24-22世紀には利用されていたとしている（Chechushkov & Epimakov 2018）。

　一方、骨角製の盾形鑣は、シンタシュタ文化がある東ウラルだけでなく、草原地帯西端のカルパチアまで広がる。すでに多くの研究者によって、盾形鑣の編年研究が進展しており（Кузьмина 1994; 雪嶋 2006; Чечушков; Епимахов 2010; Чечушков 2013; Бочкарев, Кузнецов 2013）、概ね、東ウラルでは、シンタシュタ文化からアラクル文化までの間に、円形、扇形、札形の順に出現することが判明している。注意すべきは、簡素な円形（図4: 1, 4, 7）と、扇形もしくは上部が平らな円形で小孔列がみられるもの（図4: 2, 6, 11）が、カルパチアから東ウラルまで共通していることである。そして、上部が伸びた涙形の型式（図4: 3, 13, 15）も共通しており、カルパチアから北カザフまで緊密な交流網が築かれていたことを示している。

　涙形鑣にみられる文様は前16世紀頃のギリシアのミケーネ文化のものと共通するため、近隣のカルパチアがその文様の中心地かつ、盾形鑣自体の出現地とする見解もある（Broffka 1998; Grigoriev 2021）。盾形鑣（図4: 1-2）が出土したルーマニアのサラタ＝モンテオル（Sărata Monteoru）遺跡では、図4: 2の出土層であるIc 3層が2211-1916 BC（Bolohan et al. 2015）、他の同時期と推定される遺跡の年代も2200-1800

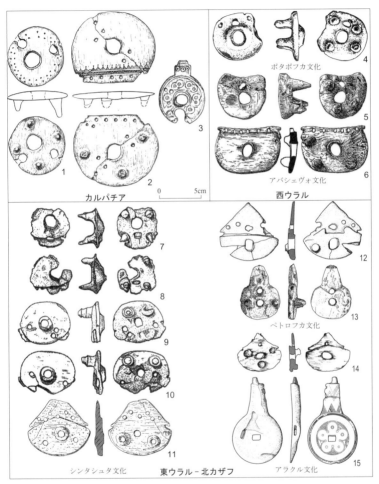

図 4　シンタシュタ文化及び関連文化の盾形鑣

1-2. サラタ＝モンテオル　3. トセグ　4. ポタポフカ 3 号墳 4 号墓　5. バランバシュ集落　6. オトロジャカ集落　7-10. クリヴォエ・オゼロ 9 号墳 1 号墓　11. シンタシュタ SM 30号墓　12. ベルリク II 10 号墳　13. クリヴォエ・オゼロ 1 号墳　14. ボストチノークライリ I 11 号墳 4 号墓　15. ノヴォリコリスキー 5 号墳 2 号墓（1-3: Grigoriev 2021 を再トレース；4-15: Чечушиков 2013 から作成）

BC と判断されており（Motzoi-Chicideanu & Şandor-Chicideanu 2015）、ヴォルガ－ウラル地域の鑣が出土した年代とほぼ同時期である。そのため、グリゴリエフは二輪戦車が西アジアからカルパチアと草原地帯に広がったとしているが[2]、現時点では西アジアでスポーク車輪や盾形鑣の発明は確認されておらず、弓兵を伴う戦闘もまだである。前述したウマの遺伝的拡散地域に関してもカルパチアからウラル地域に及ぶことから、やはり、これらの範囲の交流が密になることで、馬具の改良及びスポーク車輪が発明されたと考えておいたほうがよいだろう。

鑣の変化

東ウラル以東では、カザフ草原を中心に分布していたアンドロノヴォ地平のアラクル文化で、札形鑣が出現するが（図5: c）、その頃には、内面突起は形骸化する。また、同文化の涙形鑣にも内面突起がないので、この時期には突起は不要であることが理解されていたのだろう。

札形鑣が伴っていたカザフスタンのノヴォイリノフスキー2墓地5号墳では、埋葬施設周辺の埋納坑から二頭のウマが出土しており、放射性炭素年代は、前1890-1774年で前18世紀頃であった。チェチュシコフらは、ウマ二頭の供儀であることから、戦車を表現している可能性に留意しつつも、札形鑣と埋葬施設外でのウマのみの埋納であることを重視し、騎馬であったと推定している（Chechushkov et al. 2020）。しかし、詳細は後述するが、金属銜が無く、やはり二頭を意識していることから、戦車利用を暗示していたと考えるのが妥当であろう。

一方、前18-17世紀頃のカルパチアでは円形鑣から、棒状、角形鑣に交代する。先行研究で示されている通り、棒状鑣は、カルパチアで発明されたものである（Hüttel 1981; Broffka 1998; Metzner-Nebelsick

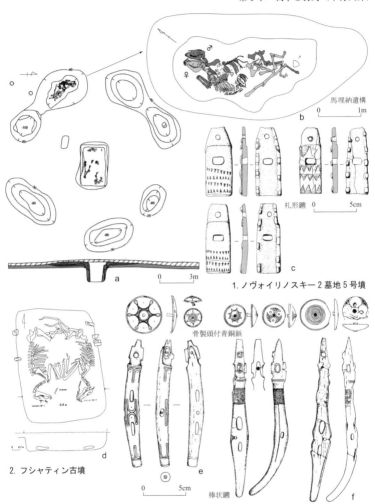

馬埋納遺構

0　　　　　　1m

b

札形鑣　0　　　　　5cm

c

1. ノヴォイリノスキー 2 墓地 5 号墳

a　　　　　0　　　　　3m

骨製頭付青銅鑣

2. フシャティン古墳

d

e

棒状鑣

0　　　　　5cm

f

図 5　前 2 千年紀前半の馬埋納と鑣
1: Chechushkov et al. 2020; 2: Iльчишин 2016 を再トレース

2021)。また、ウクライナ西部のフシャティン古墳では埋納された二頭のウマにそれらが伴うことから（図5: 2）、戦車を牽引するウマの鑣として使われたことがわかる。

この棒状鑣もウマに痛みを与えずに操縦できるようになったことを示すものであり、ほぼ同時期に、カルパチアからカザフ草原までウマに痛みを与えない操縦が共有されていたのである。なお、西周でも角形鑣は戦車に利用されており（川又 1994 ; 高浜 2014）、騎乗専用の道具ではなかったこともわかる。

戦車を利用する中核地域の一つである西アジアでは、草原地帯とは異なる変化を迎える。古くに出土したガザ地区出土品を代表として、鑣、銜ともに金属製に変化したのである。そのうち、イスラエルの前1700年頃のテル・ハロル（Tel Haror）から出土したものは、内面突起をもつ棒状銜で、ロバに伴っていた（図6: 5, Bar-Oz et al. 2013）。年代のわかるものとしては最古例である。ウマ科の動物を利用する経験のなか、噛み千切られない銜が発明されたのだろう。その後、南カフカスのルシャチェンやケルモ−セレチナの事例をみると（図6: 29-31）、前15世紀頃には、棒状銜から連結銜に変化し、内面突起も失われる。南カフカスから西アジアでは、この時期にウマの操縦の向上化が達成されたことが窺われよう。また、鑣の形状からみて、草原地帯で円形鑣が広がっている段階で、西アジアで受容されたのだろう。

時期が下るミケーネから出土した青銅製連結銜は、退化した内面突起をもつ青銅製鑣と組み合っているが（図6: 32）、その形状は棒状鑣に影響を受けたものであった。型式的には、西アジアでは前9世紀のアッシリアの騎馬や戦車の図像でしばしば表現されるものに近い。カルパチアの骨角製棒状鑣が、ミケーネで青銅器化し、西アジアに伝わったとみられる。なお、ミケーネの青銅製鑣の年代は前14-13世紀

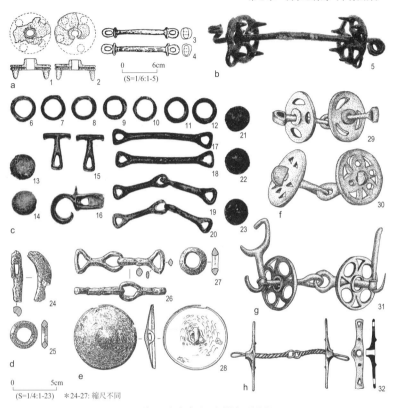

図6　前2千年紀各地の初期金属製馬具

a．ザルジャ・ハリファ（1-2：骨製、3-4青銅器、タジキスタン）　b．テル・ハロル（イスラエル）　c．ヴィーンヌイツャ州毀損墓収集品　d．ホルディイフカ5号墳1号墓　e．同34号墳（c-e：ウクライナ）　f．ルチャシェン2号墓（アルメニア）　g．ケルモーセチレチ（ジョージア）　h．ミケーネ（ギリシア）（a: Бобомуллоев 1999; b: Bar-Oz et al. 2013; c: Клочко、 Козыменко 2011; d-e: Berezanskaja und Kločko.1998; f-h: Ivantcik 2001 のうち、b-c 以外を再トレースして作成）

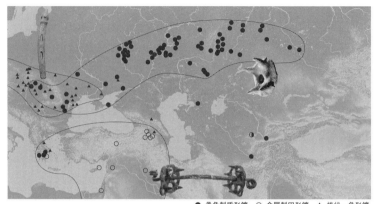

● 骨角製盾形鑣　○ 金属製円形鑣　▲ 棒状・角形鑣

図7　前2千年紀前半頃の鑣分布

Kristiansen & Larsson 2005; Librado et al. 2021; Przybyła 2020; Chechushkov et al. 2020 を基に分布図を作成、Ильчишин 2016; Bar-Oz et al. 2013; Виноірадов и др. 2017 から鑣シンボルを作成

である[3]。

　ミケーネの事例は前2千年紀後半であるが、前2千年紀前半から、すでに骨角製棒状鑣、骨角製盾形鑣、金属製円形鑣で分布圏が形成されていた（図7）。また、中央アジアのタジキスタンのザルジャ・ハリファでは金属製棒状銜と骨角製円形鑣が組み合わさって出土している（図6: 1-4）。棒状鑣の形状はガザ地区出土品に、円形鑣はシンタシュタ文化のものと類似する。アンソニーは前2000-1800年頃と考え、金属製銜の最古例としているが、南レヴァントでは前2200年頃のロバに金属銜を利用した痕跡があることも指摘されている（Littauer & Crouwel 2001: 331）。ただし、明確な事例ではないため、積極的に評価はできない。むしろ、骨角製盾形銜と金属製円形銜の主要分布地から離れた場所で出土していることから、両地域から影響を受けたものであろう。かつ、西アジアから古シルクロードを通じて馬具の改良が広がっ

表1　ウラル地域からカザフ草原の戦車と轍幅（Chechushko & Epimakhov 2018 から作成）

No.	遺跡	文化	地域	轍幅(cm)
1	ヴェトリャンカIV 14 号墳 6 号墓	シンタシュタ	西ウラル南部	200
2	カメンニー・アンバル 5 墓地 4 号墳 9 号墓	シンタシュタ	東ウラル南部	140
3	カメンニー・アンバル 5 墓地 2 号噴号墓	シンタシュタ	東ウラル南部	120
4	シンタシュタ SM 4 号墓	シンタシュタ	東ウラル南部	140
5	シンタシュタ SM 5 号墓	シンタシュタ	東ウラル南部	130
6	シンタシュタ SM 12 号墓	シンタシュタ	東ウラル南部	125
7	シンタシュタ SM 16 号墓	シンタシュタ	東ウラル南部	110
8	シンタシュタ SM 19 弓墓	シンタシュタ	東ウラル南部	130
9	シンタシュタ SM 28 号墓	シンタシュタ	東ウラル南部	140
10	シンタシュタ SM 30 号墓	シンタシュタ	東ウラル南部	125
11	シンタシュタ SIII	シンタシュタ	東ウラル南部	95
12	ソルンツェII 墓地 4 号墳 1 号墓	シンタシュタ	東ウラル南部	140
13	ソルンツェII 墓地 5 号墳 1 号墓	シンタシュタ	東ウラル南部	133
14	ソルンツェII 墓地 11 号墳 2 号墓	シンタシュタ	東ウラル南部	130
15	クリヴォエ・オゼロ 9 号墳 2 号墓	シンタシュタ	東ウラル南部	115
16	クリヴォエ・オゼロ 2 号墳 1 号墓	ペトロフカ	東ウラル南部	110
17	オゼルノエ-1 墓地 7 号墳 8 号墓	ペトロフカ	東ウラル南部	140
18	ステプノエVII 墓地 4 号墳 18 号墓 a	ペトロフカ	東ウラル南部	120
19	ステプノエVII 墓地 4 号墳 18 号墓 b	ペトロフカ	東ウラル南部	125
20	ステプノエVII 墓地 2 号墳 5 号墓	アラクル	東ウラル南部	100
21	ニコラエフカII 墓地 13 号墳	アラクル	東ウラル南部	130
22	ペスタマク 140 号墓	シンタシュタ／ペトロフカ	北カザフスタン	95
23	ケネス 5 号墳 1 号墓	ペトロフカ	北カザフスタン	145
24	ウルバイ 1 号墳 1 号墓	ペトロフカ	北カザフスタン	120
25	ウルバイ 4 号墳 1 号墓	ペトロフカ	北カザフスタン	140
26	ベルリク 10 号墓	ペトロフカ	北カザフスタン	140
27	ベルリク 2 号墓	ペトロフカ	北カザフスタン	140
28	サタン 1 号墓	ペトロフカ	中央カザフスタン	150

た事例として重要視しておきたい。

戦車の交流

　スポーク二輪戦車の形成については、これまでみてきたように、一つの地域で連綿と展開していくのでない。草原地帯と都市社会が相互に影響し合い、部分的に改良が重ねられたのである。

　銅器時代の鑣状骨角器が鑣であったのかは明らかではないが、草原地帯西部では前 21 世紀以降、二輪戦車に伴って突起付盾形鑣と軟質衝が広がる。戦車が一人乗りか二人乗りかは轍の幅で推定でき、約

140〜150 cm で二人乗りが可能であるという (Anthony 2007)。ウラル東部の戦車の轍幅は 95〜200 cm であり (表1)、約 40％ (11/28) が二人乗りで、残りは一人乗りとみられる。シンタシュタ文化の戦車を継承したアンドロノヴォ地平の段階と推定されているカザフスタンの岩絵をみても、一人乗りと二人乗りの両方がある (図8: 2-3)。また、トゥヴァの事例 (図8: 1) も含めて、一人乗りで矢を射る人物が描かれていることから、戦車と弓術が組み合わさったのが、シンタシュタ文化での改革の一つであったといえよう。

同時期の西アジアでは二輪車輌及び戦車はあるものの、前 18 世紀頃まで弓兵を欠き、さらに鼻輪などでの操縦であった。しかし、銜と鑣の金属器化は西アジアが早く、さらに、銜の二連化も南カフカスの事例から考えて (中村 2020)、草原地帯よりも早い。草原地帯の銜の金属化は、黒海沿岸で前 12 世紀頃に達成されるので (図6 c、雪嶋 2014)、草原地帯から中欧までは金属器化が遅い。どの地域も異なる要素を発達させ、相互に影響しあっていたことが理解されよう。

第 3 節　騎乗と高速移動

初期騎乗図

騎乗が図像化されたのは意外と早く、アッカド期 (前 24 世紀頃) のキシュの封泥にある (図9: 1)。王冠を付けた人物が右手に棒状の物をもち、野ロバに跨っている (Buchanan 1966, Anthony 2007)。類似した姿でウマにのっている図像は、ウル第三王朝のシュ・シン王時代 (前 21 世紀末) のものがある。これらには手綱を含む馬具は描かれていない。また、前 19-18 世紀頃のメソポタミアのテラコッタ製の飾板には、ウマを鼻輪で操縦しつつ、ロバ乗りしている人物が描かれていた (図9:

図 8　岩絵と鹿石の戦車及び騎乗図

1. ウステュ・モザラ（トゥヴァ）2. エシュキオルメス（ジェティス、カザフスタン）3. ア
ルパウゼン（カラタウ山脈、カザフスタン）4. シヴェート・ハイルハン　5. ジャルガラン
ト県　6. オグトルギン・ウズール（1-3: モンゴル）（1: Дэвлет, Дэвлет 2005; 2-3: Novozhe-
nov 2020）を再トレース; 3: Batbold 2016; 4-5 Turbat 2016 から作成）

図 9　初期騎乗図

1. キシュ出土のアッカドの円筒印章図像（前 2300 年頃）　2. メソポタミアの粘土版（前 2000
年頃）　3. アギオス・コンスタンチノスの騎乗像（前 1400-1200 年、ギリシア）（1: Buchanan
1966 を再トレース; 2: Littaur & Crouwl 1979; Steinhauer 2001 より作成）

2, Littauer & Crouwel 1979）。これらは極めて早い事例であるが、手綱が
ない場合や鼻輪での操縦で、高速移動や自由な操縦はできない。

　他地域ではミケーネに事例があり、前期にはレリーフに戦車が表現
され、後期には戦車とともに騎馬の土製品が製作されていた（図9:3,
Steinhauer 2001）。図示したものに詳細な馬具の表現はないが、他の土
製品には手綱らしき表現があるので、メソポタミアの事例よりは操縦
する技術が上がっていた可能性がある。ただし、他の土製品をみると、
ウマに乗る行為は、見世物のような要素をもっていたようである。

騎乗と馬具

　今日の騎乗とほぼ同様の姿をみせてくれるのは、前9世紀頃のイラ
ク北部のニムルドから出土したアッシリアの図像であり、騎手は弓を
射ている（川又 1994: 163）。鑣はミケーネの事例に類似する棒状鑣で
あり、戦車で利用されるものと同一である。

　前述したカルパチアの事例をみると、棒状鑣は当初、戦車の牽引馬
に利用されたが、そのまま騎馬用になっていったことがわかる。原ス
キタイといえるトゥヴァのアルジャン1号墳でも金属製の棒状鑣と骨
角製の角形鑣の両方が出土する（中村 2020）。加えて、連結銜もスキ
タイなどの騎馬遊牧民に採用されていることから、これらの発明が自
由な騎乗の条件であったといえよう。連結銜は西アジアからカフカス
南麓で先行するが、棒状、角形鑣と組み合わされるのは現時点で黒海
北岸が早い（図6 d）。棒状鑣の先行地域であるカルパチアとカフカス
南麓の挟まれた黒海北岸で騎乗セットが確立されたといえようか。ウ
クライナのヴィーンヌィツャ州毀損墓とホルディイフカ墳墓群の事例
をみると、それは前12-10世紀に成立したとみられる。

第4節　東方拡散

モンゴル高原のウマ

　草原地帯東部のモンゴル高原での家畜馬の出現は、おそらくアファ
ナシェヴォ文化が成立した段階であると推定される。どのような利用
かは不明であるものの、ロシア側のアファナシェヴォ文化の遺跡から、
ヒツジ、ヤギ、ウシに交じってウマが確認されているからである。こ
のアファナシェヴォ文化はヤムナヤ地平からの移民で成立したことが
知られており、家畜が丸ごと東方に持ち込まれた。もちろん、ヤムナ
ヤ地平で一般的なウシが曳く車輌も利用されていただろう。

　ウマの利用方法に関しては、アルタイ山脈の岩絵には戦車と騎馬の
両方があるものの（図8:4）、正確な時期がわからない。また、青銅器
時代後期の鹿石と呼ばれる立石にも戦車とウマが表現されているが
（図8:5,6）、騎乗のためのウマであったかはわからない。近年のウマ
頭骨の分析では、鼻梁の窪みで、牽引利用か騎乗利用かが推定されて
おり、ヘレクスルに伴う埋納遺構のウマ頭骨は前者に利用されたとさ
れる（Tylor et al. 2014, 2021）。アンドロノヴォ地平ではアラクル文化に
戦車があり、それに伴う鑣が、より東方を分布の中心とするフョード
ロヴォ文化にも広がっているため（Ткачёв 2010）、その可能性は高い。
なお、モンゴル高原西北部に広がるムンフハイルハン文化には、埋葬
姿勢や青銅器にアンドロノヴォ地平との関係がみられるため、この時
期まで戦車導入が遡る可能性はある。ただし、現時点では岩刻画を除
いて、戦車との関係がわかるのは、前12-9世紀頃のヘレクスルしか
ない。

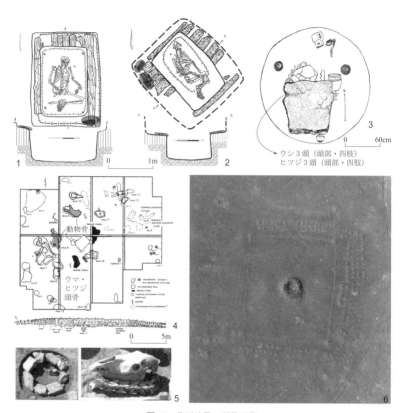

図 10　草原地帯の頭骨副葬

1. ポロヒィ 3A 号墳 11 号墓　2. ポロヒィ 3A 号墳 17 号墓　3. トリ・ブラタ 9 号墳埋納坑
4. ザレノチエ-1 墓地 25 号墳　5. オーシギーン・ウヴル　6. フグシン・オルホン（1-2: Marciniak et al. 2017; 3: Синицын 1948; 4: Мыльникова и др. 2010; 5: Takahama et al. 2006; 6: 木山克彦撮影）

動物供儀と頭骨埋納

　ヘレクスルは埋葬施設である石塚を中核とした複合的なモニュメントである（図10:6）。中規模以上のものにはフェンス（石列）のおおよそ東側にウマ頭部及び蹄の埋納遺構（石堆）が伴う。石堆は大型のヘ

レクスルでは四周を巡るものもあり、北側に長方形の埋納遺構が伴う
ものもみられる（図10: 6）。また、大型の施設では、埋納遺構が中央
石塚からかなり離れたところにも設置され、ウマ頭骨・蹄が納められ
た（図10: 5）。ヘレクスルの前身であるサグサイ類型では主に北側に
長方形の埋納区画が設けられるが、頭骨副葬はウマに限定されず、他
の動物も含め、供儀は多くても十数頭である。しかし、前11〜9世紀
頃のヘレクスルでは、石堆の数量からみて、1000〜3000頭に及ぶウ
マの大量供儀が行われた（林俊2007）。そこで、モンゴル高原でのウ
マ利用の由来を考えるため、動物供儀のなかでも頭骨・蹄副葬につい
てみてみよう。

　まず、動物供儀自体はユーラシアの各地でみられ、埋葬施設の蓋上
に頭骨・脚部を副葬する事例もヒッタイトのアラジャ・ホユックなど
でみられる。ピゴットは頭骨・脚部副葬は頭骨・蹄副葬につながるこ
とを指摘しつつ、草原地帯のカタコンベ文化やスルブナヤ文化の事例
を取り上げ、アラジャ・ホユックを含めてその風習の広がりを示した
（Piggott 1962）。

　今日では、草原地帯の事例はかなり古く遡ることがわかっており、
ヴォルガ川流域では、より古い前5千年紀後半のフヴァリンスク文化
でウシ、ヒツジ／ヤギの頭骨・脚部副葬及び埋納が確認されている
（Anthony et al. 2022: 40）。類似した時期の、ヴォルガ川流域のサマラ地
域では、骨の年代は測定されていないものの、前4000年頃の埋葬施
設の直上にウマの頭骨・四肢が供献されていた（Васильев, Матвеева
1979）。ヴォルガ川流域から外れるが、下ヴォルガ地域では前3千年
紀後半のトリ・ブラタ9号墳でウシとヒツジの頭骨・四肢がそれぞれ
3セット埋納されていた（図10: 3）。この古墳では車輌の模型と実物も
出土している。

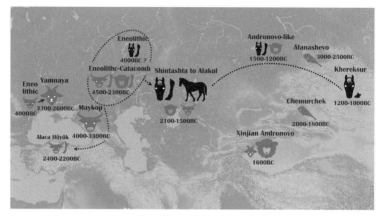

図11 動物供儀及び頭骨・脚部副葬の拡敵

　前4000〜3300年頃のカフカス北麓のマイコープ文化ではウシの頭骨のみが副葬され、黒海北岸でも西部のヤムピル地域ではヤムナヤ地平段階のヤギ頭骨副葬がみられる（図10:1,2）。こうした事例を踏まえて考えると、頭骨・脚部のセットはヴォルガ川を中心とした地域で出現したといえよう。

　ウマの頭骨・脚部の墓での利用が明確になるのは、やや時間の下ったウラル地域のシンタシュタ文化（前2100-1800年）からであり、前述したように、二頭立て戦車の表象として、車輪とともに埋葬施設に置かれるようになる。これらが、ペトロフカ文化、アンドロノヴォ地平を通じて東方に波及するが、西シベリアの草原地帯では、埋葬施設ではなく、墳丘内の埋納坑にウマを含む動物の頭骨・四肢を入れるようになる（図10:4）。

　モンゴル高原では、アファナシェヴォ文化やチェムルチェク文化の墓から動物骨が出土するが、脚部や肋骨が中心であり、他地域でも一般的な肉の供献であっただろう[4]。その後、アンドロノヴォ地平の影

響を受けて、おそらくある段階で頭骨・四肢副葬が導入されたと推定されるが、ヘレクスルの段階になってウマの頭骨・蹄副葬として顕在化する。前述したように、ヘレクスルのウマ頭骨の分析でも戦車利用が示唆されている。さらにヘレクスルのプランが戦車或いはウマに曳かれた移動ゲルを模しているという見解もある（Taylor et al. 2021）。この是非は置いておくとしても、アンドロノヴォ地平から戦車利用を継承することで、頭骨・脚部或いは蹄副葬が広がったことは明らかだろう（図11）。

　ただ、前1200年以降の千頭を超えるウマ頭骨・蹄埋納を伴うヘレクスルの出現については、西方からの由来だけでは説明できない。これについては、車馬坑が盛行した中国の殷との競合を想定しておくべきである。そして、殷のほうがウマの大量供儀に関して、漠北よりも100年は早い[5]。

お　わ　り　に

　ウマの家畜化は、草原地帯西部から中部の広い範囲で銅器時代に達成されたことは間違いない。騎乗も試みられたであろうが、自由な操縦と高速移動は馬具の改良が必要であった。戦車利用はスポーク車輪、軟質銜、内面突起付盾形鑣という形で出現し、西アジアに拡散する過程で、金属製銜に改良される。さらに、カフカス南麓から西アジアでの連結銜の発明、カルパチアでのウマに痛みを与えない棒状・角形銜の発明を経て、自由な操縦と高速移動を伴う騎乗が成立したといえよう。ゲノム研究で指摘されたように、ドン・ヴォルガ川流域がイエウマの形成地であり、ここを中核として、草原地帯では東ウラルからカルパチア、西アジアではアナトリアからメソポタミアにかけて継続的

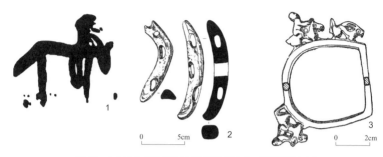

図 12　カラスク文化末期と夏家店上層文化の騎乗図像と鑣
1. クレストハヤ　2. トルガジャク　3. 寧城南山根 3 号墓（1: Белокобыльский 1988, Legrand 2006 を再トレース; 2: Савинов 1966; 3: 中国社会科学院考古研究所内蒙古発掘隊 1975 から作成）

な交流関係が築かれていたのだろう。それには家畜の頭骨・脚部などの副葬及び埋納風習も含まれていた。

　東方へのウマの拡散に関しては、漠北ではアファナシェヴォ文化の段階にきたといえるが、本格的な利用については戦車導入の際であった。中国に関しても似たような状況であったと推定される。戦車の東方拡散に関しては、かつてピゴットは北回りでヴォルガからミヌシンスク、南回りでカスピ海から天山という古シルクロードを通じてきたという南北二経路を提示した（Piggott 1974）。ピゴットの場合、中国への直接の影響はフェルガナ辺りとしており、ここで二経路が合流するとしている。そして、南カフカスと殷の戦車の関係を論じつつも、戦車自体は西アジア都市社会ではなく、草原地帯の諸文化に由来するとした（Piggott 1983: 103-104）。中国への拡散は、井中偉（2013）が示したように金属製の内面突起付鑣が殷後期でみられることから南ルートが重要であったと推定されるが、戦車の岩刻画をもとに草原地帯から南下したとする見解（川又 1994）や、ミヌシンスク盆地のカラスク文化の馬具や青銅製武器類が戦車とともに殷にまとまって影響したと

する説もある（Wu 2013）。しかし、カラスク文化の馬具は棒状鑣であり、絵画資料ではすでに騎乗をしている（図12: 1, 2）。関連の深いシラムレン・ラオハ川流域の夏家店上層文化でも戦車と騎馬を併用しており（図12: 3）、カラスク文化と異なってすでに金属製の銜と鑣を使用していた。銜と鑣ともに西周と草原地帯の系譜を引くものが混在している点も特徴である。西周ではすでに前10-9世紀に連結銜と金属製鑣を採用していることから（高浜 2014）、この時期が戦車と騎馬の混在時期であったのだろう。ヘレクスルからも金属製銜が出土しており、草原地帯東部ではミヌシンスク盆地から中国にかけて、騎馬利用の波が押し寄せていたといえる。問題はカラスク文化に金属製銜が不在である点である。原スキタイの出現地の中核であるトゥヴァが牽引地域であったのかもしれない。

　一方、ミヌシンスク盆地と殷及び長城地帯との青銅武器類の影響関係の方向については、必ずしも一方的に殷に影響を与えたとはいえず、初期は長城地帯も含めたモンゴル高原がミヌシンスク盆地に影響を与えていた（高浜 1995; 松本 2018）。むしろ、相互交流のなかで中継地点にある漠北の社会にウマ利用に関する刺激を与えたと考えるべきだろう。

注
1)　アンソニーとデヴァインの論争及びウマ家畜化議論については、川又正智（2005）、林俊雄（2007）、諫早直人（2019）、中村大介（2019）に詳しい。
2)　グリゴリエフは予てより草原地帯の戦車は西アジアから広がったとしており（Grigoriev 2002）、この視点自体が問題であるとアンソニーに批判されている（Anthony 2007）
3)　近年は発掘されたプロシリオ（Prosilio）2号墓では前14-13世紀と推定される墓から2組の金属製銜・鑣が出土した。型式はミケーネで出土したものと全く同じである。

4) ヤムナヤ地平の影響を受けて成立するサヤン・アルタイ地域のアファナシェ
ヴォ文化では明確な頭骨副葬の事例はなく、知られている約150の墓地のうち、
数基にヒツジの肩甲骨や肋骨が副葬されるのみであった。まだ発掘されていな
い墓地が多いので、今後、ウマなどの事例が加わる可能性もある。

5) 春秋戦国時代にはゴビ砂漠以南の長城地帯でヒツジ、ウマ、ウシの多量頭骨
副葬が盛行するが、戦車をキーワードとした場合、ヘレクスルのウマ供儀とは
異なる脈絡である可能性が高い。

【日本語】

諫早直人 2019「草原の馬具—東方へ与えた影響」『ユーラシアの大草原を掘る』
勉誠社

岡村秀典 2021『東アジア古代の車社会史』臨川書店

川又正智 1994『ウマ駆ける古代アジア』講談社

川又正智 2005「馬の家畜化をめぐる研究動向」『国士舘大学文学部人文学会紀
要』37

高浜秀 1995「西周・東周時代における中国北辺の文化」『文明学原論』山川出版
社

高浜秀 2014「中国初期のくつわをめぐって—西周時代のいわゆる角形鑣を中心
に」『金沢大学考古学紀要』35

中村大介 2019「馬利用に関する近年の研究動向」『埼玉大学紀要（教養学部)』55
(1)

中村大介 2020「馬利用に関する近年の研究動向」『埼玉大学紀要（教養学部)』56
(1)

林俊雄 2007『スキタイと匈奴—遊牧の文明』講談社

林俊雄 2018「車の起源と発展」『馬が語る古代東アジア世界史』汲古書店

林巳奈夫著・岡村秀典編 2018『中国古代車馬研究』臨川書店

松本圭太 2018『ユーラシア草原地帯の青銅器時代』九州大学出版会

雪嶋宏一 2006「前2千年紀前半中央ユーラシアの円盤型鑣について」『西アジア
考古学』7

雪嶋宏一 2014「黒海北岸草原地帯における青銅製銜の始原について」『ユーラシ
アの考古学』雄山閣

【中国語】

井中偉 2013「綏策、釘歯鑣与鑣銜：公元前二千紀至前三世紀中西方御馬器比較研
究」『考古学報』2013(3)

中国社会科学院考古研究所内蒙古発掘隊 1975「寧城南山根遺址発掘報告」『考古
学報』1975(1)

【英語】

Anthony D. W., 2007. *The horse, the wheel and language.* Prenston University Press, Woodstock（東郷えりか訳 2018『馬・車輪・言語—文明はどこで誕生したのか』筑摩書房）

Anthony D. W., Khokhlov A. A., Agapov S. A., Agapov D. S., Schulting R., Olalde I., Reich D., 2022. The Eneolithic cemetery at Khvalynsk on the Volga River. *Praehistorische Zeitschrift.* 97(1)

Avilova L. I. & Gey A. N., 2018. On the construction features of wheeled vehicles in Iran and Mesopotamia（third to first millennia BC）. *Archaeology, Ethnology & Anthropology of Eurasia.* 46(3)

Azzaroli A., 1985. *An Early History of Horsemanship.* Brill, Leiden

Bakker J. A., Kruk J, Lanting A. E. & Milisauskas S., 1999. The earliest evidence of wheeled vehicles in Europe and the Near East. *Antiquity.* 73

Bar-Oz G. et al., 2013. Symbolic Metal Bit and Saddlebag Fastenings in a Middle Bronze Age Donkey Burial, *PLOS ONE.* 8(3)

Batbold N., 2016. *Archaeological relics of Mongolia IV: Rock art Of Mongolia.* Ulaanbaatar

Bolohan N., Gafincu A. & Stoleriu I., 2015. Middle Bronze Age Chronology East of the Carpathian Area. A Bayesian Model. In: Nemeth, R. /Rezi, B.（eds.）, *Bronze Age Chronology in the Carpathian Basin. Proceedings of the International Colloquium from Târgu Mureș, 2–4 October 2014（Cluj-Napoca: Mega）*

Buchanan B., 1966. *Catalogue of ancient Near Eastern seals in the Ashmolean Museum.* Clarendon Press, Oxford

Burmeister S., 2017. Early Wagons in Eurasia: Disentangling an Enigmatic Innovation. in: Stockhammer P. W. & Maran J.（eds.）*Appropriating Innovations: Entangled Knowledge in Eurasia, 5000–1500 BCE.* Oxbow, Oxford

Cherlenok E. A., 2006. The chariot in Bronze Age funerary rites of the Eurasian steppes. in Olsen S. L. et al.（eds.）*Horses and Humans: The Evolution of Human-Equine Relationships.* BAR, Oxford

Chechushkov I. V. & Epimakhov A. V., 2018. Eurasian Steppe Chariots and Social Complexity During the Bronze Age. *Journal of World Prehistory.* 31

Chechushkov I. V., 2020. Early evidence for horse utilization in the Eurasian steppes and the case of the Novoil'inovskiy 2 Cemetery in Kazakhstan. *Journal of Archaeological Science: Report.* 32: 102420

Drews R., 2004. *Early riders: the beginnings of mounted warfare in Asia and Europe.* Routledge, New York

Frankfort H. 1935. *Oriental Institute discoveries in Iraq, 1933/34: fourth preliminary report of the Iraq expedition.* University of Chicago Press, Chicago

Gaunitz C. et al., 2018. Ancient genomes revisit the ancestry of domestic and Przewalski's horses. *Science.* 360

Gimbutas M., 1970. Proto-Indo-European Culture: The Kurgan Culture during the Fifth, Fourth, and Third Millennia B. C. in G. Cardona, H. M. Hoenigswald, and A. Senn, eds., *Indo-European and Indo-Europeans.* University of Pennsylvania Press, Philadelphia

Grigoriev S. A., 2002. *Ancient Indo-Europeans.* Rifei, Chelyabinsk

Grigoriev S., 2021. The evolution of antler and bone cheekpieces from the Balkan-Carpathian region to central Kazakhstan: Chronology of "Chariot" cultures and Mycenaean Greece. *Journal of Ancient History and Archaeology.* 8(2)

Guimaraes S. et al., 2020. Ancient DNA shows domestic horses were introduced in the southern Caucasus and Anatolia during the Bronze Age. *Science Advances.* 6 (38): eabb 0030

Kristiansen K. & Larsson T., 2005. *The rise of Bronze Age society: travels, transmissions and transformations.* Cambridge University Press, Cambridge

Kuzmina E. E, 2007. *The Origin of the Indo-Iranians.* Brll, Leiden

Legrand S., 2006. The emergence of the Karasuk culture. *Antiquity.* 80

Librado P. et al., 2021. The origins and spread of domestic horses from the Western Eurasian steppes. *Nature.* 598

Lindner S., 2020. Chariots in the Eurasian Steppe: a Bayesian approach to the emergence of horse-drawn transport in the early second millennium BC. *Antiquity.* Vol. 94(374)

Littauer M. A. and Crouwel J. H. (drawings by More J.), 1979. *Wheeled vehicles and ridden animals in the ancient Near East.* Brill, Leiden

Marciniak A. et al., 2017. Status of animals in funerary rituals of founders and users of ceremonial centres of the Yampil barrow cemetery complex (4th/3rd–2nd millennium bc): a zooarchaeological perspective. *Baltic-Pontic Studies* 22(1)

Metzner-Nebelsick C., 2021. Chariots and horses in the Carpathian lands during the Bronze Age. in Baragli B. (eds.), *Distant Worlds and Beyond: Special Issue Dedicated to the Graduate School Distant Worlds* (*2012–2021*)

Milisauskas S., Kruk J. and Hudson K., 2019. Bronocice Funnel Beaker Vessel with Wagon Motif: Different Narratives. *Archaeologia Polona.* 57

Mühl S., 2014. Metal makes the wheel go round: the development and diffusion of studded-tread wheels in the Ancient Near East and the Old World. In Galanakis Y., Wilkinson T. & Bennet J. (eds.), *AΘYPMATA: Critical Essays on the Archaeology of the Eastern Mediterranean in Honour of E. Susan Sherratt.* Archaeopress Archaeology, Oxford

Novozhenov V., 2020. *Rock Art Chronicles of Golden Steppe*. vol. 1. UNESCO Center for the Rapprochement of Cultures, Alamty

Outram. A. K. et al. 2009. The earliest horse harnessing and milking. *Science*. 323

Piggot S., 1962. Heads and Hoofs. *Antiquity*. 36(142)

Piggot S., 1974. Chariots in the Caucasus and in China. *Antiquity*. 48(189)

Piggot S., 1983. *The earliest wheeled transport: from the Atlantic coast to the Caspian Sea*. Thames and Hudson, London

Przybyła M. M. 2020. New finds of antler cheekpieces and horse burials from the Trzciniec Culture in the territory of western Little Poland. *Analecta Archaeologica Ressoviensia*. 15

Reinhold S. et al., 2017. Contextualising innovation: cattle owners and wagon driversin the North Caucasus and beyond. *Appropriating Innovation: Entangled Knowledge in Eurasia, 5000–1500 BCE*. Oxbow, Oxford

Smith S., 1933. An Early Painted Vase from Khafaji. *The British Museum Quarterly*. 8 (1)

Scheu A. et al., 2015. The genetic prehistory of domesticated cattle from their origin to the spread across Europe. *BMC Genetics*. 16. doi: 10. 1186/s 12863-015-0203-2

Spar I. eds., 1988. *Tablets, cones, and bricks of the third and second millennia, B. C.* Metropolitan Museum of Art, New York

Steinhauer G., 2001. *The archaeological museum of Piraeus*. OLKOS Publishing. Athens

Takahama S. et al., 2006. Preliminary Report of the Archaeological Investigations in Ulaan Uushig I (Uushigiin Övör) in Mongolia. *Bulletin of archaeology, the University of Kanazawa*. 28

Taylor W., Bayarsaikhan J. & Tuvshinjargal T., 2014. Equine cranial morphology and the identification of riding and chariotry in late Bronze Age Mongolia, *Antiquity.* 89 (346)

Taylor W. et al., 2021. Understanding early horse transport in eastern Eurasia through analysis of equine dentition. *Antiquity*. 94(384)

Turbat Ts., 2016. *Archaeological relics of Mongolia II: Deer stone of Mongolia*. Ulaanbaatar

Velušček A. eds., 2009. *Stare Gmajne Pile-Dwelling Settlement and Its Era: The Ljubljansko barje in the 2 nd half of the 4 th millennium BC*. Slovenian Research Agency, Slovenian Book Agency and Scientific Research Centre of the SASA, Ljubljana

Wu H., 2013. *Chariots in early China: origins, cultural interaction, and identity*. BAR, Oxford

【ドイツ語】

Berezanskaja und Kločko V. I., 1998. *Das Gräberfeld von Hordeevka*. VML GmbH, Rahden

Broffka N., 1998. Bronze- und früheisenzeitliche Geweihtrensenknebel aus Rumänien und ihre Beziehungen: Alte Funde aus dem Museum für Geschichte Aiud, Teil II. *Eurasia Antiqua.* 4

Hüttel H. G. 1980. *Bronzezeitliche Trensen in Mittel- und Osteuropa: Grundzüge ihrer Entwicklung.* C. H. Beck, München

Ivantchik A. I., 2001. *Kimmerier und Skythen.* Steppenvölker Eurasiens Band II. Moskau

【ルーマニア語】

Motzoi-Chicideanu I. & Şandor-Chicideanu M., 2015. Câteva date noi privind cronologia culturii Monteoru. *Mousaios.* 20

【ロシア語】

ДэвлетМ. А., Дэвлет Е. Г., 2005. *Мифы в камне. Мир : наскального искусства России.* Алетейа, Москва

Васильев И. Б., Матвеева Г. И., 1979. Могильник у с. Съезжее на р. Самаре. *Советская Археология.* 1979（4）

Виноградов Н. Б., Дегтярева А. Д., Кузьминых С. В., МедведеваП. С., 2017. *Образы эпохи : могильник бронзового века Кривое Озеро в Южном Зауралье.* Абрис, Челябинск

Белокобыльский Ю. Г., 1988. Изображение всадника из карасукского могильника Крестхая（Хакасия）. *Известия Сибирского отделения Академии НаукСССР.* 1988（10）

Бобомуллоев С., 1999. Раскопки гробницы бронзового века на верхнем Зеравшане. *Stratum plus.* 1999（2）

БочкаревВ. С., Кузнецов П. Ф., 2013. Культурно-типологические характеристики древнейших дисковидных псалиев Северной Евразии. *Проблемы Периодизации и Хронологии в Археологии Эпохи Раннего Металла ВосточнойЕвропы.* Санкт-Петербург

Генинг В. Ф., Зданович Г. Б., Генинг В. В., 1992. *Синташта.* Челябинск

Клочко В. И., Козыменко А. В., 2011. *Наш недавний бронзовый век.* Киев

Кузьмина Е. Е., 1994. *Откуда пришли индоарии?* Москва

Мыльникова Л. Н., Дураков И. А., Кобелева Л. С., 2010. Исследование кургана №25 могильника Заречное-1. *Андроновский мир.* Изд-во ТюмГУ, Тюмень

Пустовалов С. Ж., 2000. Курган«Тягунова могила»и Проблемы колесного транспорта Ямно-Катакомбной эпохи в восточной Европе. *Stratum plus.* 2000（2）

Савинов Д. Г., 1996. *Древние поселения Хакасии: Торгажак.* Санкт-Петербург

Синицын И. В., 1948. *Памятники предскифской эпохи в степях Нижнего* Поволжья. *Советская археология.* X

Ткачёв А. А. 2010. Проблемы происхождения и хронологии нуринских комплексов Центрального Казахстана. *Андроновский мир.* Изд-во ТюмГУ, Тюмень

Хавански А. И. 2010. Относительная хронология орнаментации керамики Синташтинских могильников. *Российская Археология.* 2010（3）

Чечушков И. В., Епимахов А. В. 2010. Колесничный комплекс Урало Казахстанских степей. *Кони, колесницы и колесничие степей Евразии.* Екатеринбург Самара Донецк

Чечушков И. В., 2013. *Колесничный комплекс степей Евразии（от Днепра до Иртыша）.* Диссертация на соискания ученой степени к. и. н. Москва

【ウクライナ語】

Iльчишин В. Поховання коней епохи Бронзи в кургані біля Гусятина Тернопільської області. *Вісник Рятівної Археології.* 2

東部ユーラシア草原地帯の馬と馬具
―― パジリク文化期と匈奴期の特徴ある 2 事例を中心に ――

大 谷 育 惠

は じ め に

　本稿では、東部ユーラシア草原地帯の遺跡から出土した馬とそれに伴う馬具のうち、山地アルタイのパジリク文化期（前 4 世紀後半〜前 3 世紀[1]）の馬、そしてモンゴル高原の匈奴期（前 3 世紀末〜後 1 世紀）の関連資料から注目される例を取り上げてみてゆきたい。

第 1 節　アルタイを中心とする南シベリアの馬と馬装

　アルタイ地域は標高も高く冷涼な気候であり、地下深くに埋葬施設を設けて築かれたクルガンからは馬とそれに付随する馬具が良好な状態で出土している。通常であれば残存しにくい木、皮革、織物など有機物を素材として製作された馬具が残存するだけでなく、馬自体も一部ミイラ化した状態で確認できる点で、同地域からは貴重な知見が得られる。ここでは、パジリク 1 号墳の第 10 号飾馬を例に、その姿をみてゆきたい（図 1-1）。

パジリク 1 号墳　第 10 号飾馬の馬装

　パジリク 1 号墳には、木槨内に 10 頭の馬が殉葬されていた（Gryaznov 1950）。まず頭部からみてゆくと、10 号馬はトナカイを模した革製マスクを装着していた。顔を覆うマスク部分は厚いフェルトの

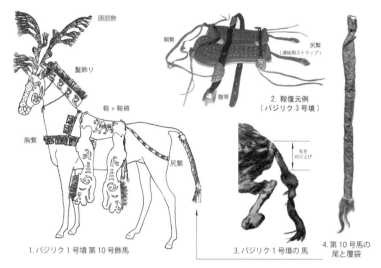

図1 パジリク文化の飾馬
1. Gryaznov 1950, p. 30, fig. 10　2. Stepanova 2016, fig. I 上　3. Rudenko 1953, p. 150, fig. 88
4. Simpson & Pankova 2016, p. 250, fig. 171

上に赤く染色した革を張っており、鼻筋部分には円形金箔をちりばめ
た青く染めた毛皮が張られている。105 cm あるトナカイを模した角
は革を円筒形に巻いて作られており、各枝角先からは赤く染色した馬
の毛が垂れ下がる。

　鬣には鬣飾りをかぶせていた。鬣飾りは厚いフェルトの上に錫箔を
箔押しした革を重ねた二層構造で、長方形を2つ折りし、その両面に
デフォルメされたトサカの目立つニワトリ文様の革アップリケを貼り
つけて装飾している。10号馬の鬣自体は隠れてしまうが、鬣飾りの2
つ折りして輪になった稜線の上には、馬の毛を撚り合わせて2つ折り
にした毛束を綴じつけているので、あたかも鬣があるかのようにみえ
る（各毛束の根元やや上の部分を腱で連続して結び、直立するよう工夫して

48

いる）。

　胴部に装着された鞍(くら)は、クッション部分のみからなる軟式鞍である（図1-1では、鞍の上に鞍とほぼ同形の鞍褥(あんじょく)を被せているため、鞍の大部分は隠れている）。鞍については2013年に復元製作された3号墳出土品を例にとると（図1-2）、蝶々形に切った大きな2枚の革の周囲と中央ラインを縫い合わせ、左右にシカの毛を詰めて2つのクッションになるようにしている。左右クッションの前方と後方には、木の葉形に切った革が上下2枚の鞍革の間に加わるので、サポート部として高さが出るようになっている。特に前方サポートの高さは、年代の古い古墳から出土した資料の方が高く、年代が新しくなるほど低くなる傾向があるという[2]。クッション部分の詰め物は片寄らないように細い革紐で上下の革を貫くように4列刺し縫いがされており、またサポートを形成する木の葉形の4枚の革も、下半部のみ半弧形に3列刺し縫いされている。左右クッションの上には3本の革帯が縫い付け渡されており、その中央の1本が腹帯になる。シベリア地域の馬具の特徴として、胸繋(むながい)は腹帯に連結して水平に渡し、首付け根の位置で固定する紐を別に派生させる（図1-1）。尻繋(しりがい)は後方の木の葉形のサポート中央から出した連結用の革帯とストラップを介して連結する。そしてこの軟式鞍の下には、鞍とほぼ同じ形の厚いフェルトを縫い付けるので、全体として二重構造になる。鞍褥は赤色に染めたフェルト製で、馬の背骨をはさんで対称にトラのアップリケ（錫箔箔押し革製）を縫い付け、下端には有角のライオン形に切り出したフェルト製吊るし飾りが縫い付けられている。

　加えて、馬はそのしっぽも飾られる。10号馬の場合は尾の毛を刈って、尾椎とそれを覆う皮膚だけになった尾（dock）に覆袋をかけていた（図1-1, 4）。覆袋は異なる色の革を縫い合わせて渦文様を表

現したもので、下端は青色の毛糸と赤い馬の毛で縁飾りされている。このほかにもパジリク古墳群から出土した馬の尾をみると、尾の付け根から約25cmの範囲の毛を刈り、それ以下の毛は三つ編み、五つ編み、あるいは玉結びして束ねた例が確認できる（図1-3）。

パジリク文化の馬資料の中にみる周辺地域と共通する特徴

　パジリク1号墳第10号飾馬を例として、パジリク文化期の古墳に殉葬された馬の馬装を確認した。騎乗用の馬具を大きく分けると、①馬を制御する役割のもの（銜 、 鑣 、頭絡、手綱など）、②騎乗者を安定させるもの（鞍、 韂 ）、③馬体を保護するもの（蹄鉄、馬甲など）、④その他（馬具として補助的な機能を持つもの：辻金具、牌飾、装飾関連の金具など）となる。先行研究（林1988、1996）をみると、種類によって考察対象となる頻度に多寡があり、ウマの家畜化や移動手段としての利用の開始と関連する①銜・鑣については考察が多く（本書第1章参照）、また②は後4世紀以降の鐙や高 橋 鞍という新種の馬具の登場（本書第5・6章参照）、そしてその高橋鞍の登場とも密接にかかわる重装騎兵が用いた③馬 冑・馬甲も、汎ユーラシア的に馬具研究の重要なテーマであるため考察が多い。馬具の部位によっては土の中に埋まっている間に腐朽・分解してしまうものも多いので、当時の馬具を装着した馬全体の姿を考察できる山地アルタイの例は、極めて珍しい例ということができる。

　それでは、例に挙げたパジリク1号墳第10号飾馬のような馬装が当時日常的あるいは一般的な馬装であったのかというと、その点には疑問符が付く。10号飾馬のような馬は、墳丘の大きさからみて階層的にも上位の大型墳にともなう犠牲馬であり、最大限に装飾された特別な馬であるといえるためである。むしろ、スキタイ・サルマタイ並

突出する鬣

尾の段

階段状の
縁装飾

1. パジリク 5 号墳出土
幨幕の騎馬人物

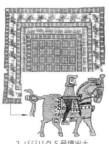

2. パジリク 5 号墳出土
絨毯の騎馬人物像

3. アレクサンダー・モザイク
（ダレイオス三世と引かれる馬）

図 2　鞍褥あるいは韉にみられる階段状装飾

1. Barkova 2012, p. 38, fig. 37　2. Barkova 2012, p. 28, fig. 29、Rudenko 1953, p. 354, fig. 196　3. マッツォレーニ・パッパラルド 2006, 59 頁

行期のユーラシア草原地帯の騎馬遊牧民の馬騎乗と馬具を考察する際の考察材料となってきたのは、出土した実物の馬具ではなく、画像資料であった。パジリク文化の馬装は地域的な独自性もあるが、他方でスキタイ・サルマタイ並行期のユーラシア草原地帯上にある遺跡としての共通性も垣間見える。共通性に着目するという点で、以下の 3 点をみてゆきたい。

1.　体毛に加えた変形：尾

　パジリク古墳群の馬の尾に加えた変形は、先述のとおりである。馬のミイラがその他地域では確認できないこともあるが、馬の尾の毛を刈る変形はパジリク文化にのみ確認できる特徴的な風習とされている。しかし、馬の尾の毛を編んだり、結束したりしている例は草原地帯とその周辺で広く確認されており、例えばフィリッポフカ 1 号墳[3]の容器縁金具の騎馬人物像、ペルシア絨毯の騎馬人物像（図 2-2）、始皇帝陵兵馬俑の軍馬などで確認できる。また、しばしば尾の途中に跳ね上がりや段があり、段より上の部分の方がそれより下の毛束よりも高く、

何かで覆っているように見えるため、尾付け根側に短い覆袋をかけていたのではないかと推測されている（柳生2009）。

2. 体毛に加えた変形：鬣

鬣についても、一部で長い毛束を残しながら刈り整えた鋸歯状整髪のある例が、パジリク5号墳の槨壁に張り巡らした幔幕にある騎馬人物像で確認できる（図2-1）。一房だけ長く残した毛束は始皇帝陵兵馬俑の軍馬でも認められる（東京国立博物館ほか2015）。鋸歯状整髪は19世紀調査の中央アジアの民族誌例でも確認されており（Trousdale 1968）、その風習はユーラシア草原地帯で長く続いたと考えられる[4]。

3. 階段状の縁装飾のある韉、鞍褥

パジリク5号墳の騎馬人物は左腰にゴリュトス（弓袋と矢筒が一体になったもの）を下げているため確認しづらいが、跨っている鞍は軟式鞍であり、ゴリュトス後方からは階段状に段のある三角形のものが見えている（図2-1）。同様のものは同5号墳から出土したペルシア絨毯の騎馬人物像（図2-2）、アレクサンドロス大王がペルシアのダレイオス3世に勝利した、前333年のイッソスの戦いを表現したモザイク画[5]（図2-3）にあり、韉織物の縁装飾であるとみられる。以前よりパジリク古墳群で出土する動物文様にはアケメネス朝美術の影響があると指摘され、その同時代性が編年の観点から注目されてきたが（マルサドーロフ1991）、馬具についても共通点がうかがえる。階段状縁装飾のある韉の実物はパジリク5号墳、鞍褥はアクーアラハⅢ墓地1号墳から出土しており、注目される（Korol'kova 2012）。

図3　ノヨン・オール31号墳出
　　　土幔幕に刺繡された馬と騎
　　　士。エレグゼン・梁時恩
　　　2017, pp. 300-301, 図425

図4　ケルト-ローマ式馬具（典型例
　　　としての復元図）。Bishop 1988,
　　　fig. 29

第2節　匈奴期の遺跡から出土した東西交渉の注目資料

　モンゴル高原に分布する匈奴の遺跡から出土する馬具については、諫早がまとめている（諫早2019）。ここでは東西交渉という点から、近年新たに発掘されたノヨン・オール墓地の出土品に着目したい。

　2009〜2016年、モンゴル科学アカデミー考古学研究所とロシア科学アカデミーシベリア支部考古学・民族学研究所は、匈奴上位階層の古墳群として知られるノヨン・オール墓地の発掘調査を実施した。その中の1基である31号墳からは毛織物の幔幕が出土した。縦長1m、全長とその主題構成は保存状態が悪く断裂しているため不明であるが、その中の「拝火壇に向かう行列図」には、馬を引いて歩む人物が登場する（図3）。その鞍を見ると、前後が2つずつ盛り上がった表現になっている。先にパジリク文化の軟式鞍の例をみたが、この高まりを左右に分かれた2つのクッションの前後サポートとみるには高さがありすぎる。おそらくこの鞍は、ケルト-ローマ式鞍（図4）であると

図5 馬具装飾（ノヨン・オール 20 号墳）。Poloc'mak et al. 2011, p. 111, fig. 4-40 6；同 p.98, fig. 4-19; 同 p. 100, fig. 4-24 下

考えられる。ケルト－ローマ式鞍は、四隅に角状の突起がある形状を特徴とし、その突起は後方の2つは直立に近いが、前方の2つはやや外側に開くように突出する。この幔幕は主題においても図像表現においても西方で製作された輸入品であり、匈奴人の姿を表現したものとは言えないが、シリアあるいはバクトリアと推定されている製作地ではケルト－ローマ式鞍が使用されていたことを示唆する資料として興味深い。

　31 号墳幔幕自体は匈奴に由来しないが、そこに表現されたケルト－ローマ式鞍をのせた馬装は示唆を与えてくれる。馬の右肩部には円形の辻金具があり、各方向への革紐の連結点となっているが、このような辻金具を装飾した円形薄板装飾（ファレラ, phalerae）が匈奴上位階層の墳墓で出土している（図5）。瓢箪形をした杏葉は、海昏侯劉賀墓（江西省／前 59 年）、楽浪の石厳里 219 号墳（平壌）、石寨山遺跡（雲南省）など漢とその周辺領域で出土していることから、これら飾金具を漢製とみるか、それともその他の地域産とするかについては従来から議論があった。しかし、ノヨン・オール 20 号墓から明らかにギリシャ－ローマ美術に題材[6]をとった図像のファレラが出土したことから、少なくともモンゴル高原には西方産の馬具そのものが流入していた可能性が高いと考えられる。

おわりに

　スキタイ・サルマタイ並行期の東部ユーラシア草原地帯の馬具については、時間的あるいは地域的な空白も多く、特にトータル・コーディネートされた馬1頭分の馬装となると、その姿を具体的に想像するのは難しい。パジリク文化では、その埋葬施設の構造と葬法がここで取り上げたパジリク古墳とよく似たベレル古墳群が新たに発掘調査され、多くの殉葬馬が出土したことにより、自然科学的な手法も取り入れてウマとその馬装の調査が進むことが期待されている（雪嶋2019）。また匈奴関連でも、本稿で紹介したような新たな資料の追加がある。より具体的な姿を描けるよう、考察を進めてゆきたい。

注

1）パジリク文化の年代については様々な意見があるが、この年代をとる。同地域の馬具の研究としてはシュリガの著書（Shul'ga 2015）が最もまとまっており、実際にはパジリク文化期の中でも3段階（先バシャダル期、バシャダル期、パジリク文化後期）に分けて比較される。

2）年代的に古いグループから順に、バシャダル2号墳とトゥエクタ1号墳が10〜20 cm、パジリク1号墳と2号墳が10〜15 cm、パジリク3〜5号墳が10〜13 cm（Stepanova 2016: 8）。

3）ウラル川流域（ロシア・オレンブルク川）にある前5世紀末のリルマタイの古墳。

4）柳生（2019）は鋸歯状整髪の例を広く集めている。ただ、鋸歯状整髪が草原地帯東部で前2世紀を境に終焉を迎えるとし、これを前2世紀を画期とする変化諸要素の1つであると評価するのは誤りと考える。唐代の馬にも鬣変形がみられるので（深井1967）、匈奴期にあたる画像資料がそもそも少ないことを考慮すれば、より慎重に考えるべきであろう。

5）年代について触れておくと、ポンペイのファウヌスの家のエクセドラ（談話室）床にあったこのモザイク画は、ギリシャの画家フィロクセノスが前4世紀末頃に描いた有名な絵画の模作で、製作年代は前120年頃とされている（マッツォレーニ・パッパラルド2006: 56-58）。（ポンペイが壊滅するヴェスヴィオ山の噴火は後79年8月24日）

6) モンゴル語での報告時点では（Tseveendorj ほか 2007: 292）、ポンペイのディオスクロイの家の壁画を例にあげ、ペルセウスとアンドロメダにあてていた。

参考文献
【日本語】
諫早直人 2019「草原の馬具 – 東方へ与えた影響について」『ユーラシアの大草原を掘る』（アジア遊学 238）、勉誠出版

東京国立博物館ほか編 2015『特別展始皇帝と大兵馬俑』NHK・NHK プロモーション・朝日新聞社

林俊雄編・訳 1988『中世初期ユーラシア草原における馬具の発達』馬事文化財団

林俊雄 1996「鞍と鐙」『創価大学人文論集』8

深井晋司 1967「三花馬・五花馬の起源について」『東京大学東洋文化研究所紀要』43

マッツォレーニ D.・パッパラルド U.・野中夏美訳 2006『古代ローマ邸宅の壁画』岩波書店

マルサドーロフ L.S.（雪嶋宏一・畠山禎訳）1991「パズィリクとセミブラーチェフの編年について」『古代文化』43 巻 3 号

柳生俊樹 2009「兵馬俑博物館における鞍馬俑の観察」『金大考古』63

柳生俊樹 2012「前 2 世紀のユーラシア草原地帯東部における馬の鬣の鋸歯状整髪の終焉」『オリエント』55-2

雪嶋宏一 2019「サカの遺跡 – ベレル古墳群について」『ユーラシアの大草原を掘る』（アジア遊学 238）、勉誠出版

【韓国語】
エレグゼン G.・梁時恩：에렉젠 G.・양시은 2017『흉노 : 몽골의 첫번째 유목제국, 흉노의 문화유산』진인진. [『匈奴：モンゴル最初の遊牧帝国、匈奴の文化遺産』ジニンジン]

【ロシア語】
Barkova L. L.: Баркова Л. Л., 2012. *Красота, сотканная из тайн : Древнейшие в мире ковры*, Изд-во Государственного Эрмитажа, Санкт-Петербург. [『秘密が織りなす美：世界最古の絨毯』エルミタージュ美術館出版]

Gryaznov M. P.: Грязнов М. П., 1950, *Первый Пазырыкский курган*, Изд-во Государственного Эрмитажа, Ленинград. [『パジリク 1 号墳』エルミタージュ美術館出版]

Korol'kova E. F.: Королькова Е. Ф., 2012. Сарматские бляшки как элэмент сакрального *орнамента, Евразия в скифо-сарматское время (Труды Государственного исторического музея, вып.191)* [「聖なる装飾要素としてのサルマタイの牌飾」『スキタイ – サルマタイ期のユーラシア』（国立歴史博物館紀

要191)］

Poloc'mak N. V., Bogdanov E. S., Tseveendorj D.: Полосьмак Н. В., Богданов Е. С., Цэвээндорж Д., 2011. *Двадцатый Ноин-улинский курган,* Инфолио, Новосибирск. ［『ノヨン・オール20号墳』インフォリオ］

Rudenko S. I.: Руденко С. И. 1953. *Культура населения Горного Алтая в Скифское время,* Изд-во АН СССР, Москва–Ленинград.［『スキタイ時代の山地アルタイ住民の文化』ソ連邦科学アカデミー出版］

Shul'ga P. I.: Шульга П. И., 2015. *Снаряжение верховой лошади в Горном Алтае и Верхнем Приобье, Ч. II（VI–III вв. до н. э.）,* ИАиЭ СО РАН., Новосибирск.［『山地アルタイとオビ川上流の乗馬具』ロシア科学アカデミーシベリア支部考古学・民族学研究所］

【英語】

Bishop M. C., 1988. Cavalry equipment of the Roman army in the first century A. D., *Military equipment and the identity of Roman soldiers（BAR international series 394)*

Simpson St John, Pankova Svetlana, 2017. *The BP exhibition Scythians: warriors of ancient Siberia*, Thames & Hudson, London.

Stepanova E. V., 2016. Reconstruction of a Scythian saddle from Pazyryk barrow No. 3, *The Silk Road, vol. 14*

Trousdale William, 1968. The crenelated mane. Survival of an ancient tradition in Afghanistan, *East and West, vol.* 18–1/2.

【モンゴル語】

Tseveendorj D., Poloc'mak N. V., Batbold N., Erdene-Ochir N.: Цэвээндорж Д., Полосьмак Н. В., Батболд Н., Эрдэнэ-Очир Н., Цэнгэл М., 2007. Ноён уулын хүннүгийн язгууртны 20-р булшны судалгаа（урьдчилсан үр дүнгээс）, *Археологийн судлал, т 24,* ШУА Археологийн хүрээлэн, Улаанбаатар.［「ノヨン・オール20号墓匈奴貴族墓の調査（初歩的成果)」『考古学研究』24巻　モンゴル科学アカデミー考古学研究所］

第2章　モンゴル帝国の祭祀とウマ犠牲

白 石 典 之

は じ め に

13世紀初頭、チンギス・カン（？－西暦1227年）の統べるモンゴル族は、モンゴル高原東北部に発し、またたく間にユーラシア大陸を席巻して、その東西にまたがる巨大国家を築きあげた。モンゴル帝国（西暦1206-1388年）の成立である。いかにしてモンゴル族は強大化し、モンゴル帝国が勃興できたのか。そのメカニズムの解明は、世界史上の大きな研究課題であるが、じつはよくわかっていない。ただ、強大化に大きく貢献したとして人口に膾炙されているのが騎馬軍団の機動性で、それを支えたのは巧みな乗馬技術であった。

たしかに、モンゴル族は幼児のころから騎乗をこなす[1]ほど、生涯においてウマとのつながりが強かった。ウマは軍事だけでなく、暮らしのさまざまな面でモンゴル族を支えてきた。たとえば、移動や運搬の手段として、また、革や毛などの加工品として日常生活に深く浸透していた。ウマとのかかわりあいのなかに、当時のモンゴル族の実像があらわれていると考えても、あながち的外れではないだろう。

当時の人とウマとのかかわりを知ろうとする際、まず目が向くのが、生活のようすを記した文字資料であろう。ただ、その数は少なく、それだけで目的を達成することは難しい。そこで考古資料に注目してみると、ウマは、おもに骨という状態で、モンゴル高原の遺跡から数多くみつかる。出土状況には大きく分けて二者がある。ひとつは食物残

滓として廃棄されたもの、もうひとつは墓に殉葬されたり慰霊で捧げられたりしたものである。前者は日常生活、後者は祭祀というように、いずれも当時の人々の実態に迫り得る資料になるが、ことのほか祭祀は、人とウマとの精神的な深いつながりを明らかにする上で重要と考える。

　そこで本稿では、モンゴル帝国の祖宗興隆の地であり、モンゴル族が活躍したモンゴル高原をフィールドとし、祭祀関連の遺構から出土した考古資料を使って、モンゴル帝国期のウマを犠牲とした祭祀の復元を試みる。その際、文献史料や文化人類学的成果も援用する。これによってモンゴル族とウマとのかかわり合いの一端が明らかになるものと期待できる。

第1節　史料にみるウマ犠牲

　ウマを犠牲とする祭祀を論ずるうえで、はじめに文献史料を確認しておきたい。モンゴル帝国の祭祀について考究する際、まず繙かれるのは『元史』であろう。この書は、モンゴル帝国のうち漢地を中心とするアジア大陸東部を統括した大元ウルス（1271-1368年）の正史である。モンゴル高原も大元ウルスに含まれていた。この『元史』祭祀志のなかに、「国俗旧礼」という項が設けられ、当時のモンゴル族の伝統的な祭祀が列記されている。そこからウマについて触れた箇所を抜き出してみる。

　　毎歳、皇帝が御駕で上都に行幸し、六月二十四日を以ておこなわれる祭祀を洒馬妳子という。馬一、羯羊八、綵段練絹各九匹、白い羊毛を以て纏めて穂のようにしたもの九、貂鼠皮三を用いる。

蒙古巫覡および蒙古と漢人の秀才と達官の四員に命じてその事を
領めさせ、再拝して天に告す。また太祖成吉思の御名をよび、こ
れを祝して曰く「托天皇帝の福蔭、年々祭賽するものなり」と。
礼畢れば、掌祭官四員には、おのおの祭幣の表裏一を与え、余幣
および祭物は、則ち凡て祭に参加した者に分け与える。[2]

　ここにはウマ1頭が、去勢ヒツジ8頭とともに供物とされたことが
記されている。また、この祭祀が「洒馬妳子（さいばないし）」、すなわち "馬の乳を
注ぐ" と名付けられていることからみて、馬乳も主要な供物のひとつ
であったとわかる。
　この祭祀は皇室の祖先慰霊であるが、チンギス・カンを天帝にみた
て、国家安寧を祝す祭天の意味合いも込められていたとわかる。この
儀式での供物には残余があり、参列者に分配されていたこともうかが
える。祖先慰霊は権力継承の正統性を示し、社会秩序を維持するため
の最重要な行事で、その祭祀における供物の余りを参列者に分配する
ことは、紐帯を確認し、強固にする役割があったと考えられている
（王ほか 2012: 21）。
　つぎにあげるのも歴代皇帝の定例の慰霊祭で、「焼飯（しょうはん）」とよばれた。
大都（北京）にあった「焼飯院」という祭場でおこなわれた。

　　毎歳、九月内及び十二月十六日以後、焼飯院の中で、馬一、羊三、
　　馬乳、酒、紅織金幣及び裏絹各三匹を用い、蒙古達官一員に命じ、
　　蒙古巫覡とともに、地に穴を掘ってそこで肉をあぶり、さらに酒、
　　馬乳を注いでそれらを焼く。巫覡は国語で歴代の御名をよんでこ
　　れを祭る[3]。

犠牲としてはウマ1頭とヒツジ3頭が用いられ、そのほかに馬乳、酒、紅織金幣及び裏絹各3匹も供物としてあげられている。馬乳や酒は液体で燃えないが、供物を焼くときにそれらを注ぎかけ、蒸気として天に届けたのであろう。

　皇帝以外にも、祖先慰霊の際にウマが犠牲として用いられたことを『元史』と同じ14世紀第3四半期ごろ、葉子奇によって書かれた『草木子（そうもくし）』が伝えている。

　　元朝人が死ぬと焼飯という祭りをおこなう。その大祭は馬を焼く[4]。

　この記述からは、規模の比較的小さい祭事、すなわち「凡祭」ではヒツジ、一方、「大祭」ではウマというように、祭事の規模の大小で犠牲の種類を分けていたことがうかがい知れる。

　これと同様とみられるウマを犠牲とした葬礼については、欧州人の旅行記録にもあらわれる。1246年ごろモンゴル高原を旅したイタリア人修道士のプラノ・カルピニの『モンガル人の歴史』には、供物として捧げられたウマは、葬儀の参列者によって食され、残った骨は火にかけたとある。

　　死者とともに子馬のある雌馬と、手綱と鞍の付いた雄馬が埋められ、さらに別の馬を食べ（中略）食べた馬の骨は、死者の魂のために燃やす。また、よく女たちが集まって男の霊魂のために骨を燃やすが、そのことは我々が自分の目で見たし他から聞いたとおりである。（高田訳 2019: 43）

　ここでひとつ留意すべきは、ウマが殉葬されたということである。この点、漢文史料には見出せない。『元史』に皇帝の霊柩を運ぶ飾り馬（金霊馬）が出てくるが、これを犠牲に用いたという記述はない。

　以上のような、モンゴル高原においてモンゴル族の間でみられた、いわば伝統的な祭祀が、モンゴル帝国の拡大、さらに大元ウルスの成立を経て、漢地の祭祀も変質させた。

　目を漢地に転じてみよう。中華王朝の伝統的な国家祭祀の代表に郊祀と宗廟があった。いずれも多分に儒教的要素が取り入れられていた。郊祀は祭天地祇、すなわち天と地を祀り、宗廟は皇室の祖先の慰霊を目的としていた。歴代王朝の郊祀における犠牲は、ウシが中心で、それにヒツジ、ブタ（イノシシ）が加わるのが基本であった。そこに大徳 9 年（1305）にウマが加わった[5]。また、宗廟の祭祀も、歴代中華王朝と同様の儒教にのっとった太廟の制をとり、ウシ、ヒツジ、シカ、イノシシを犠牲としてきたが、大徳元年（1297）にウマを加えることが定まった[6]。

　このようにモンゴル帝国、とくに大元ウルスの祭祀において、ウマは葬礼や祖先慰霊の供物として重要な位置を占めていたことがわかった。ただ、文献史料に、儀礼の構成や次第など、その用いられ方の細部については触れられていない。そこで、史料からはうかがい知れないウマを犠牲とする祭祀の実態に、考古資料から追ってみたい。

第 2 節　ウマの殉葬

　まず、カルピニが報告したウマの殉葬について検討してみる。これは漢文史料には見出せなかったことであった。しかも、これまで数百基にのぼるモンゴル高原における当該期の墓の発掘例のうち、ウマの

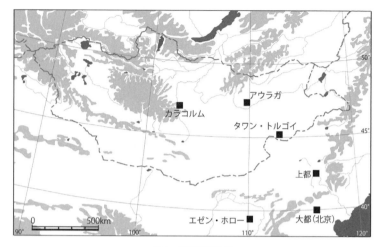

図1 関連遺跡地図

　殉葬の確実例は、モンゴル国スフバータル県オンゴン郡タワン・トル
ゴイ墓地遺跡で確認されているのみである（図1）。

　タワン・トルゴイ墓地は、ゴビとよばれる礫漠地帯中の低丘陵に営
まれている。およそ2km四方に複数の墓群があり、全体で100基を
超える墓があるとみられる（Tumen et al. 2006）。

　墓は、地表に礫を径6〜8mの環状に配したタイプで、これまでに
10基が調査され、そのうち5号墓は、環状配石の直下に2.5m×2m
の方形プランで、深さ3.2mの墓坑を設けていた。坑底の西側には、
西北方向に頭を向け仰臥伸展の姿勢の遺体を納めた木棺が置かれてい
た。木棺は板材を使った直方体の箱形棺で、3か所を鉄製の箍で巻き
留めていた。棺材はカラマツであったが、7号墓ではモンゴル高原に
自生しないシナモンが使われていた（Youn et al. 2016）。

　ウマの殉葬はいまのところ3例知られている。金銅製馬具一式を装

図2　ウマの殉葬例：タワン・トルゴイ61号墓（Erdenebat 2016: 246–247）

着したウマ1頭が、1号墓では頭部の無い状態で、5号墓と61号墓では完体で検出された（図2）（Erdenebat 2016: 246–247）。

　副葬品として特筆すべきものをあげると、1号墓からは、金製指輪の石座の裏側（指側）にハヤブサが陰刻されたものが2点出土している。また5号墓では、金製指輪、金冠、真珠と金で飾られた貴婦人の帽子、金耳環、軟玉製品、銅鏡、絹製品、革靴、金製仏具（独鈷）、キビ粒の入った銀碗など豪華多種の品々が納められていた。

　墓の年代は炭素14法で、1号墓は人骨から西暦1030–1220年、5号墓は木片から1150–1280年という暦年較正値が出ているが（Youn et al. 2016）、いずれもやや古めの値といえる。とくに後者は仏具が伴うことから、大元ウルス段階と考えられる。そこで筆者は発掘担当者からキビ粒を譲り受け、日本の専門機関で年代の再測定をした。その結果、

図3　タワン・トルゴイの石人（筆者撮
　　　影）

1302-1412 年という値が得られた。このほうが副葬品の年代観と整合的で、墓はおおむね 14 世紀に造営されたと考えてよい。

　墓の規模や副葬品からみて、被葬者はきわめて高いランクのエリートであったとみられる。そのなかでも 1 号墓から出土したハヤブサを陰刻した金指輪を副葬された女性は、チンギス・カンの娘と想定されている。調査者は、この墓地を彼女の嫁ぎ先一家のものと考えている（Youn et al. 2016）。

　しかし、筆者はそのような解釈に賛同できない。ハヤブサをチンギス・カン家のトーテム（集団を象徴する動物）とすることに、何ら正当な根拠が無いからである。それにくわえて、報告者がタワン・トルゴイ墓地の特徴を正しく理解していないことも理由にある。

　この墓地には石人とよばれる人をかたどった大理石の石像が伴う（図 3）。この石人は、盛装をした男性で、片手で胸前に盃をもち、椅子に腰かけた姿をしている。石人自体は青銅器時代からモンゴル高原にみられ、突厥時代に盛行するが、ここでいう例は、モンゴル帝国時代の後半に、モンゴル高原東南部に広がったもので、第 5 代君主クビライ・カアン（位 1260-1294 年）によってロシア平原からこの地に連れてこられたキプチャク軍団の構成員が残したとされる（林 2005: 201-206）。

　被葬者のゲノム解析の結果、男性はいずれも西ユーラシア人の特徴

を示していた（Youn et al. 2016）。これはキプチャク族の到来と整合的である。キプチャク族にはウマを殉葬する伝統があり、すでにロシア平原で考古学的に確認されている（Pletneva ed. 1981）。さきにかかげたカルピニの記述は、中央アジア以西で目撃されたことかもしれない。

　タワン・トルゴイにみられたウマの殉葬は、モンゴル族の伝統ではなく、キプチャクという西方の異なった遊牧集団が伝えたものと考えたほうがよい。なお、ハヤブサが陰刻された指輪をもった女性は、東ユーラシア人であることがゲノム解析でわかった（Youn et al. 2016）。彼女は嫁ぎ先のキプチャクの伝統に従って葬られたとみるのが妥当であろう。ただ、チンギス・カンの娘か否かは、また別の話である。

第3節　祭天祭地のウマ犠牲

アウラガ遺跡の焼残物

　つぎに、喪礼や慰霊のためにウマ骨を焚焼した遺構に目を向けたい。食用とされ、残滓のなかにまぎれたウマ骨は、この時代の集落遺跡から頻繁に出土する。しかし、祭祀行為に関連したものとなると探し出すのが難しい。おそらく、モンゴル国ヘンティー県デルゲルハーン郡アウラガ遺跡の検出例が唯一であろう。

　アウラガ遺跡は、12世紀末から15世紀初頭にかけて営まれた集落跡である。最初に鉄鍛冶をおこなう工房群が設けられ、13世紀第1四半期には大規模な集会施設、居宅などが東西1200 m×南北500 mの範囲に立ち並ぶ、都市ともいえる規模になった（図4）。漢地産の陶磁器類や中央アジア産のガラス製品など外来の産物が集積する物流拠点でもあった。

　文献史料にはチンギス・カンの宮廷「大オルド」がヘルレン川流域

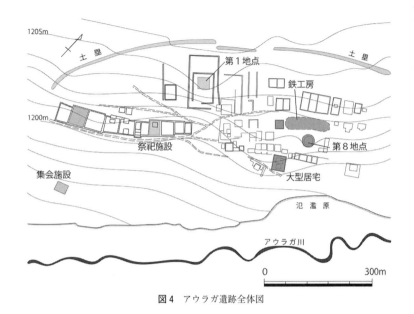

図4　アウラガ遺跡全体図

にあったと記されている。アウラガ遺跡はヘルレン川から約10km
と至近距離にあり、くわえて、悉皆的にみてヘルレン川流域にはアウ
ラガ遺跡を除いて13世紀前半の集落跡は存在しない。ここがチンギ
ス・カンの「大オルド」で、モンゴル帝国初期における政治・経済の
中心地であったと考えてよかろう（白石 2002）。

　ところが、チンギス・カンの死後の13世紀第2四半期になると、
国家の拠点はカラコルムに移された。するとアウラガから居宅などの
日常生活の痕跡が消え始め、かわりに廟のような宗教施設が建造され
た。やがて、人間活動の痕跡は、第1地点と第8地点という、ふたつ
の区域だけにみられるようになった。

　このふたつの地点は、特殊な性格を帯びていたとみられる。おびた
だしい焼け残り（焼残物）が堆積し、そのなかから比較的多いウマの

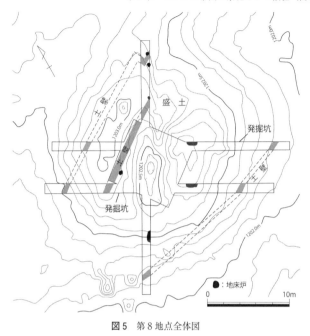

図5　第8地点全体図

焼骨が出土した。ここは史料の記述にあらわれた葬礼や慰霊のために
ウマ骨を焚焼した場であったと考えられる（白石2005）。

祭天祭地円丘

　第8地点は遺跡の東端部にあり、直径25m、高さ0.8mの円丘が
残る（図5）。その円丘を発掘したところ、旧地表面に高さ1mほどの
低い土塁で仕切りを作り、そのなかで幾度となく焚焼行為が繰り返さ
れたことがわかった。焚焼による焼残物がそのまま遺棄された上で、
何度も焚焼がおこなわれて新たな焼残物が積み重ねられた結果、マウ
ンド状となった。焼残物の炭素14年代は13世紀第2～第3四半期で

表1 地点別にみた同定破片数と最小個体数

出土地点		標本数	ウマ	ウシ	ヒツジ	鳥類	タルバガ	イヌ	不明
第1地点	基壇東裾	同定破片数 251点	8.4%	2.0%	–	8.4%	6.0%	–	75.2%
		最小個体数 40点	3頭	1頭	–	2羽	1匹	–	
	基壇北裾	同定破片数 662点	7.9%	4.3%	10.4%	–	–	–	77.4%
		最小個体数 73点	4頭	4頭	9頭	–	–	–	
第8地点		同定破片数 4823点	3.0%	5.7%	26.6%	–	0.4%	0.2%	64.1%
		最小個体数 1211点	2頭	4頭	25頭	–	2匹	1匹	

あった（白石 2021: 79）。

　焼残物には動物骨のほか、布の断片、白樺樹皮製容器、青銅製装飾品などもみられ、一般の食物残滓とは趣を異にしていた。焚焼を繰り返し、その焼残物を積み重ねるという遺構も、近隣の同期の遺跡に類例はない。祭祀の場であったと理解して大過ないと考える。

　しいて類例を求めるならば、漢地王朝における郊祀の壇である。郊祀とは皇帝が主宰する天を祀った国家祭祀で、壇が円丘状を呈していることや、土塁によって周囲から隔絶されているところが第8地点との類似点といえよう。焼残物を高く積み上げていることが、天を意識した行為と考えれば、第8地点は祭天の場であったと理解できる。

　また、ここでは動物犠牲のほかに、キビ、大麦、小麦などの雑穀類だけを供物として焚焼した痕跡も確認されている。これは穀物の豊穣を願ったものと考えられる。アウラガ周辺からは耕作地が確認されている。豊穣の祈願としては祈雨が思い浮かぶ。これは祭天の範疇といえる。ただ、大地の恵みという点で地祇への祈りも込められていたとみれば、祭地であったともいえる（白石 2021: 91）。

　筆者らは第8地点で135㎡を発掘し、4823点という膨大な焼けた動物骨のなかから、種類を判定できる1211点を選別して、動物種の

図6　第1地点基壇周辺図

最小個体数（少なくとも何頭が屠られたか）を調べた。その結果、ヒツジが25頭でもっとも多く、つぎにウシが4頭で、ウマは2頭ともっとも少なかった（表1)[7]。漢地王朝の祭天祭地、すなわち郊祀の犠牲は、おもにヒツジで、ウシがそれに次ぎ、基本的にウマは用いられなかった。それに対して、大都でおこなわれた大元ウルスの郊祀だけはウマが用いられた。ただ、その数は少なく、ヒツジ9頭に対してウマ1頭、あるいはヒツジ18頭に対してウマ1頭という割合であった[8]。これは第8地点の出土状況と類似する。

　第8地点での祭祀は、そこがチンギス・カンの本拠地「大オルド」であったことから、おそらく国家的な行事であった。その祭事にはモンゴル族の伝統をベースに、前述のような郊祀の要素を加味していた

ことは興味深い。この祭祀は、国家の中心がモンゴル高原から漢地に遷るとともに終了したが、大都でおこなわれた郊祀のなかに、ウマの犠牲が採用されるなど、その残影をとどめた。

第4節　祖先慰霊のウマ犠牲

チンギス・カンの霊廟

　一方で第1地点は、アウラガ遺跡のほぼ中央に位置し、標高が遺跡内でもっとも高い。二重の土壁で囲まれた方丘形をした基壇が認められる（図6）。

　二重の土壁のうち、外壁は南北220 m×東西94 m、内壁は南北85 m×東西65 mであった。外壁について述べれば、設計にはカラコルムの造営と同じく1尺を31.6 cmとする宋・金尺が使われたとみられ、南北700尺×東西300尺と復元できた。また、基壇の規模は南北25 m×東西22 m、高さ約1 mであった。これにも31.6 cm尺が使われたとみられ、南北80尺×東西70尺と復元できた。

　カラコルムの本格的な造営は1235年から始まったので、これを念頭に囲壁と基壇の構築年代を想定すると、おおむね13世紀第2四半期ということになろう。炭素14年代からも、囲壁と基壇はほぼ同時に、13世紀第2四半期に築かれたという値が得られている。

　基壇上の北寄りには、日干しレンガを用いて箱形の建物が築かれていた。礎石の芯々寸法は間口19 m（60尺）、奥行きは11 m（35尺）であった。これを下部建物とよぶ。下部建物は13世紀第3四半期に崩落した。その後、基壇が上積みされ、13世紀第4四半期には新たに間口10.3 m、奥行き7.4 mで凸字形プランの建物が築かれた。これを上部建物とよぶ（図7）。

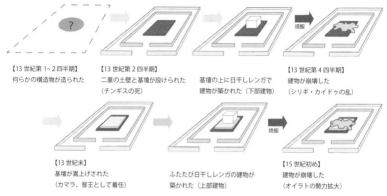

【13 世紀第 1～2 四半期】
何らかの構造物が造られた

【13 世紀第 2 四半期】
二重の土壁と基壇が設けられた
（チンギスの死）

基壇の上に日干しレンガで
建物が築かれた（下部建物）

【13 世紀第 4 四半期】
建物が崩壊した
（シリギ・カイドゥの乱）

【13 世紀末】
基壇が嵩上げされた
（カマラ、晋王として着任）

ふたたび日干しレンガの建物が
築かれた（上部建物）

【15 世紀初め】
建物が崩壊した
（オイラトの勢力拡大）

図 7　第 1 地点における建物の変遷

　上下ふたつの建物の築造と廃絶には、この地をとりまく社会状況が
密接に関連している。まず、下部建物が建てられたのは、チンギス・
カンが死去したことで、大オルドが政治の場から、彼の霊を祀る神聖
な場へと変化したことが関連しよう。下部建物が崩壊したのは、シリ
ギの乱（1276-1282 年）やカイドゥの乱（1269-1305 年）といった皇族ど
うしの権力闘争に、大オルドが巻き込まれたことが関係したと考えら
れる。1292 年になると、チンギス・カンの遺宮を管理するため、ク
ビライ・カアンの孫のカマラが晋王としてこの地にやってきた。上部
建物の造営はこの出来事と関連すると想定している。そののち 1368
年に大元ウルスが崩壊し、1388 年には皇統が途絶えてモンゴル帝国
は滅亡する。アウラガ遺跡では人々の活動が細々と続くが、モンゴル
族にかわって敵対勢力のオイラト族が台頭する 15 世紀前半には、人
跡が完全に途絶える（白石 2005）。

　さて、第 1 地点の特徴は、基壇や内外壁の裾から、大量の焼けた動
物骨を含む焼残物が検出されたことである。焼残物は 2 m×1 m ほど
の浅く掘った穴に入れられ、上から丁寧に土を被せて埋められていた。

図8 基壇北裾動物骨出土状況（筆者撮影）

このような行為をここでは「埋置」とよぶ。埋置は明らかに生活残滓の廃棄とは異なる行為で、祭祀の痕跡と理解してよかろう。

第1地点では、このような埋置跡がレーダー探査によって数百か所も確認されている。筆者らは基壇北裾18㎡、内壁東区20㎡、基壇東裾2㎡の計40㎡で発掘をおこなって、埋置の状況を確認した。その結果、地層の堆積状況から同じ場所で何度も埋置が繰り返されていたことがわかった。

埋置された焼残物は、祭祀の途中で焼かれたと考えられる。焼いた場所のひとつとして、基壇上から検出された屋外炉があげられる。この炉は聖なる供物を煙として天に届ける重要な役割を果たしていた。

下部建物に伴う焼残物の埋置は、13世紀第2四半期から第3四半期にかけて、上部建物に伴う焼残物の埋置は、13世紀第4四半期から15世紀第1四半期にかけて形成されたことが、炭素14法による暦年較正年代から明らかになっている。

表2　地点別にみたウマの部位出現率（単位：％）

地点	頭蓋骨	環椎	肩甲骨	肋骨	上腕骨	橈・尺・中手骨	寛骨	大腿骨	脛・腓・中足骨	標本数
第1地点基壇東裾	0	0	0	100	0	0	0	0	0	21点
第1地点基壇北裾	0	0	11	0	27	11	8	12	31	52点

　第1地点の発掘調査で出土した913点の動物骨のうち、種の同定できた103点から、最小個体数で7頭のウマの存在を確認している（表1）。これはモンゴルの伝統祭祀で主要な位置を占めたヒツジ9頭より少ないが、ウシ5頭よりも多い。このようにウマが特徴的に伴い、しかもその骨が焼かれていることは、前述の文献史料でみた、ウマを犠牲にした祖先慰霊を想起させる。

　アウラガ遺跡がチンギス・カンの拠点的な営地であったことを考え合わせると、第1地点は彼の慰霊の場で、下部建物と上部建物は霊廟であったとみてよい（白石 2005: 10）。

上腕骨を多く含む焼残物

　第1地点の基壇北裾に埋置されていた焼残物には大量の動物骨が含まれていた。ここでは繰り返し埋置がおこなわれたため、一回分の焼残物を正確に分けて捉えることが難しかった。そこで少なくとも4回分の焚焼行為による焼残物を一括して分析した（図8）。

　動物骨の総点数は662点で、同定破片数の割合は、ヒツジ10.4％、ウマ7.9％、ウシ4.3％であった。多くの破片は、火受けによる骨の破砕が激しく、種の同定が難しかった（表1）。さらに、そのなかでもかろうじて部位のわかる破片から最小個体数を求めたところ、ヒツジ

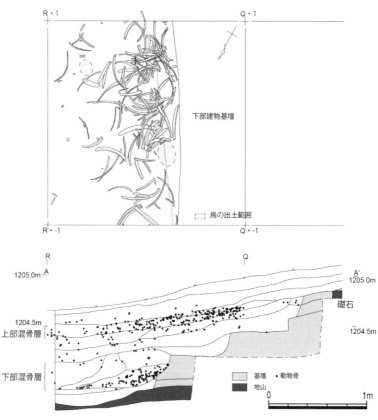

図9 基壇東裾における動物骨出土状況

9頭、ウシ4頭が屠られたと判明した。ウシとヒツジでは頭蓋骨の出土が目立つ反面、上腕骨と大腿骨は検出されなかった。

ところがウマでは、頭蓋骨と肋骨はみられなかった一方で、上腕骨、下腿骨（脛骨）、中足骨が多く、とくに上腕骨が27％を占めるほど突出していた（表2）。ここでの上腕骨は少なくとも4頭分あった。後述するが、上腕骨（その部分の肉）は当時の祭祀のなかで特別な意味を

もっていた。

　この焼残物の年代は、木炭の炭素14法による暦年較正年代で1300
–1425年という値が得られ、伴出した景徳鎮枢府窯産の卵白釉磁碗が
14世紀第1四半期に盛行したもの（亀井編2009: 100）ということを考
え合わせると、おおむね14世紀前半としてよかろう。

肋骨を用いた祭祀

　第1建物基壇の東裾部分を発掘したところ、上下二層に分かれて動
物骨を含む土層の存在を確認できた（図9）。上の方を上部混骨層と、
下の方を下部混骨層とよぶ。

　上部混骨層は、表土を除去すると現れる厚さ20cmほどの灰褐色
土で、黄白色の日干しレンガの欠片が含まれることから、同様のレン
ガで築かれていた上部建物の崩壊土と考えられる。そのなかに含まれ
ていた動物骨は、集中することなく広く散在して検出されたので、祭
祀の痕跡ではなく、無造作な投棄、あるいは基壇上からの流れ込みに
より、その場にもたらされたものと考える。

　上部混骨層の下には10〜15cmの無遺物の流土層があり、その下
から下部混骨層がみつかった。下部混骨層は30cmほどの厚さがあ
り、基壇裾の長さ2m×幅1mの範囲から、動物骨がまとまって出土
した。そこはちょうど基壇と旧地表面との傾斜変換の窪み部分にあた
る。骨は日干しレンガの崩壊土と混在していた。混骨層の上面には、
やや大きめのレンガブロックが集中し、人為的に塞がれたようにみえ
る。骨は流入したというよりも、意図的に埋納されたものと考えたい。

　この日干しレンガは上部建物のものとは異なり黄褐色を呈する。こ
れは下部建物の壁に使われていたものなので、下部混骨層の形成は、
下部建物が建てられてから機能を終えて壁が崩落した時期の間とわか

表3　基壇東裾における出土肋骨の構成

真／仮	真 肋				ドゥルブン・ウンドル				仮 肋										計
頭側からの順番	1	2	3	4	5	6	7	8	9	10	11	12	13	14	15	16	17	18	
右半身（点数）					1		2	1	1		1	2	2	3	1		1		15
左半身（点数）					1	2	1			1	1								6

る。骨の炭素14暦年較正年代は1166-1261年であった。下部建物の建造は考古学的所見から1230年前後と考えられているので（白石2005:7-8）、それをあわせて推定すると、下部混骨層は13世紀第2〜第3四半期の間に形成されたとみられる。

　下部混骨層から出土した動物骨は全部で251点あり、種としてはウマ、ウシ、カモの仲間の鳥類、げっ歯類（後世の混入の可能性あり）がみられた（表1）。ヒツジがみられないのは、当地の祭祀としては特異である。ウシとウマは、全体の1%に満たない程度の四肢骨が含まれていたが、ほぼ肋骨に限定されていた。それらの肋骨は破片数で90点あった。

　ここでは、そのうち残りが良く同定に適した26点を選んで検討の対象とした。その内訳（同定破片数）は、ウマが21点、ウシが5点であった。

　ウシの肋骨では、左半身の肋骨が2点、右半身の肋骨が3点で、左右ほぼ同数であった。一方、ウマ21点の肋骨のうち、左半身の肋骨は6点、右半身の肋骨は15点と、右半身の方が多く、約7割を占めた（表3）。ウマでは右半身が意図的に選択されていたとみられる。

　一頭のウマには18対36本の肋骨がある。そのうち頭に近い8対を真肋、尾に近い10対を仮肋とよぶ（図10）。概して真肋は幅広で短く、

78

仮肋は細く長い。この
真肋と仮肋とに分類し
てみると、左半身では
6 点のうち真肋が 4 点
と過半数を占めたが、
右半身では真肋は 4 点
で、仮肋が 11 点と多
数を占めた。

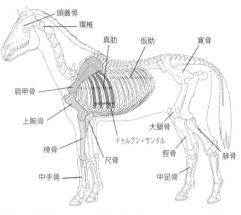

図 10　関連するウマの部位（加藤 1970: 5, 125 に加筆）

　36 本の肋骨はそれ
ぞれ異なった形状をも
ち、頭から尻へ左右と
も 1〜18 まで番号が付されている。真肋は 1〜8 番、仮肋は 9〜18 番
である。それに基づき下部混骨層から出土した肋骨が何番目に相当す
るか調べてみた。

　その結果、まず、右側の第 14 肋骨が 3 点あることがわかった。こ
れは少なくとも 3 頭のウマが犠牲になったことをあらわす。つぎに、
1 頭のウマの第 12〜15 肋骨がまとまって確認できた。これは当該部
位が骨付きブロック肉として一括で切り分けられたことを示す。さら
に、真肋では、左右ともに第 5〜8 肋骨というもっとも太い部分に限
られていることもわかった。これらはモンゴル族が神聖視している
「ドゥルブン・ウンドル（4 つの貴いもの）」という部分にあたる。

　出土した各肋骨には、端部のみに火受けの痕跡が認められた。肉付
きの状態で焼かれたため、端部のみに火受け痕が付いたのである。な
お、煤が付着する程度の火受け痕なので、低い火力で焙ったとみられ
る（白石 2021: 85）。

第5節 民族例にみるウマ犠牲

以上みてきたウマを犠牲とする祭祀を理解するために、比較的近い過去と現在に生きるモンゴル族の祭祀を、文化人類学者のフィールドワークに基づく詳細な報告（楊2004）から検討してみる。

あらためて述べるまでもなく、多くの人々が移動的な牧畜をなりわいとするモンゴル族にとって、家畜のなかでもウマは特別な存在であった。肉や乳を食料として、また、毛や皮を日用品の素材として活用している点では、ヒツジやウシといったほかの家畜と同様である。しかし、ウマは乗り物として、とくに速度と持久力における優位さにおいて、日常生活はもちろん、交易や軍事で多大な力を発揮してきた。

そのためウマは、ときとして崇め奉ったり天に捧げられたりと、祭祀の対象となってきた。そうであっても、やみくもにウマを屠ることはない。ウマが犠牲となるのは、特別な祭礼のときだけである。その特別な祭礼とは、チンギス・カンの慰霊である。それはおもに内モンゴルのオルドス地区エゼン・ホローにあるチンギス・カン祭殿（成吉思汗陵）でおこなわれてきた。

このチンギス・カン祭殿は、15世紀前半にアウラガ遺跡の霊廟が南遷し、いくつかの地を流転したのち、エゼン・ホローに落ち着いた姿であると考えられている（白石 2005: 14-16）。

チンギス・カン祭殿では、例大祭として四季それぞれに内モンゴルをあげて大きな慰霊祭祀を催す。春の陰暦3月21日には「白い群れの祭」、夏の陰暦5月15日には「湖の祭」、秋の陰暦8月12日には「口枷の祭」、冬の陰暦10月3日には「皮綱の祭」がおこなわれることが知られている。そのうち、口枷の祭では牝ウマの丸煮が供えられるという（楊2004: 78）。

　丸煮とは、文字通りウマの全身を茹で上げたものである。頭を斧などで打撃して屠ったウマを、内臓を取り出し、皮を剥がして、肉を骨付きのままいくつかに切り分ける。その内臓と肉を大鍋で煮る。祭壇に供える場合は、茹で上がったすべてを盛り付け、最後に頭を上に置く。

　ただ、それではアウラガ遺跡で出土したように焚焼されることはない。そこで、もうすこしモンゴル族の伝統祭礼を調べてみると、「ガリル祭」という祖先慰霊にいきついた。

　内モンゴルには、チンギス・カンの祭殿だけでなく、彼に所縁のある人物や器物を祀った祭殿もある。そのひとつにチンギス・カンの末子トルイを祀った祭殿がある。チンギス・カン祭殿とトルイ祭殿には、それぞれダルハトという司祭者がいて、独自の祭祀をおこなっている。そのなかで年に一度だけ、トルイ祭殿のダルハトがチンギス・カン祭殿に出向いておこなう祭祀がある。それが「ガリル祭」である。ガリル祭は、チンギス・カン祭殿の大祭である「白い群れの祭」の前夜、すなわち陰暦3月20日の夕刻に挙行される（楊 2004: 127）。

　ガリル祭は、チンギス・カン祭殿から1kmほど離れた場所で、供物（ガリル）を焚焼する儀式である。20世紀末におこなわれたガリル祭では、骨付き肉を供物とし、骨から肉を剥がし、その骨を火に入れ、ときどき乳酒をかけながら燃やした。骨は燃え尽きるまで完全に焚焼し、一方で、剥がした肉は下賜されて、参加者が持ち帰ったという（楊 2004: 132）。

　そのときダルハトは、この供物を「堅いもの」とよんでいたという。これは丸煮を乾燥させたものだという。基本はヒツジで、オルドス地区の各旗から献上されたものとされる。ただ、オトク旗からはウマの「堅いもの」も献上されるという（楊 2004: 135）。ウマの骨が焼かれた

のならば、それはアウラガの出土例を理解する上で参考になる。

20世紀中頃のガリル祭では、アマン・フズー（環椎）、黒い胸椎（最後の胸椎）、黒い腰椎（最前の腰椎）、橈骨、脛骨、腸骨、膝蓋骨、踵骨、尾骨の9部位が供物として用いられたという。ただし、この場合の「堅いもの」はヒツジであった（楊 2004: 135）。

だが、時期を少しさかのぼって20世紀初めの報告をみると、ヒツジの腸骨、脛骨、肋骨、黒い腰椎のほかに、ウマの脛骨、肋骨も用いられたという。さらに古い17世紀の記録には、ウマとヒツジの丸煮をつくり、その丸煮を祭場に持っていって焼き、祭場から戻って残りの供物を一同で食べたとある。焼かれたのは右半身の「ハ」という部位であった（楊 2004: 134）。

「ハ」とは家畜の前肢で、ひと続きになった橈骨、上腕骨、肩甲骨、肋骨を指す。肋骨を伴わない「ハ」は、「裸のハ」とよばれるという（楊 2004: 123）。通常の儀礼では左半身の「ハ」が用いられるが、ガリル祭では右半身が用いられた（楊 2004: 156）。

肋骨のなかでも格付けがあり、前述のように真肋のなかで最大の4本を「ドゥルブン・ウンドル」とよんで重んじる。とくにチンギス・カン祭祀においては、この部分が選ばれるという（Mostaert 1956: 280-281）。

ここで、もうひとつウマの犠牲を用いる儀式を紹介しておこう。先後が入れ替わるが、ガリル祭のおこなわれる日、すなわち3月20日の早朝に、ダルハン・カーという司祭者によって3〜5歳の妊娠していない牝ウマが屠られる。解体して丸煮にされ、昼頃にすべての肉の上に頭を載せた形でチンギス・カン祭殿に供えられる。その際、脛骨・上腕骨は祭殿の西に、肩甲骨・寛骨・橈骨・頸椎は東に置かれる。最後に取り仕切った司祭者に「ヤム」が分配されるという（楊 2004:

130）。

　ヤムとはそのとき分配される供物の骨付き肉のことで、司祭者の職掌によって部位が異なる。ヒツジを用いた一般的な例をみると、8 つの職掌のうち、もっとも上位のオトク・ユルールチには肩甲骨、実務的なダルハン・カーには寛骨・大腿骨が与えられる。ほかにマンナイとトゥールという役には上腕骨が与えられる。ただ、肋骨部分はヤムに含まれないとされている（楊 2004: 122）。

　さいごに、第 1 地点基壇東裾の下部痕骨層から検出された、端部に弱い火受けのみられる肋骨を考える上で参考になりそうな事例をあげておこう。現在の内モンゴルのモンゴル族のあいだで、「拝火祭」というものが広くおこなわれている。それは陰暦 12 月 23 日もしくは 24 日に同一父系親族集団の全構成員が集い、ヒツジの胸肉を骨の付いたままで供物として火で焙る儀式であるという（楊 2004: 115-116）。

第 6 節　ウマを犠牲とする祭祀の位置づけ

　ふたたび考古資料に目を向けよう。モンゴル帝国時代の祭祀におけるウマの犠牲は、アウラガ遺跡第 8 地点の祭天祭地にも用いられたが、それに比して、第 1 地点でおこなわれた祖先慰霊において多用されていたことは特筆できる。

　その祭事の具体的な進行には不明な点が多いが、骨の焼け方によっておおまかに推定できる。出土した橈骨や脛骨といった四肢骨は、斧のような道具で縦割りや横割りして、骨髄を取った後に焼かれていた。骨に肉が付着した状態では割りにくいので、肉を剥ぎ取ってから割ったと思われる。肉を剥ぎ取るには、茹でてあれば骨離れが良い。おそらく、食べる際に肉を剥がしたのであろう。

出土所見から整理すると、基本的な祭事の進行は、犠牲の屠殺→解体→茹でる→肉を骨から剥がす（食べる）→四肢の太い骨を割って骨髄を取り出す→骨を地床炉で焚焼する→焼残物を埋置する、と復元できる。なお、骨を焼くときに使う燃料は、針葉樹の材のほか、ウマの糞が使われたことが、燃え滓から明らかになっている。

　さて、ひとくちに祖先慰霊といっても、肋骨を主体とするものと、上腕骨を主体とするものという、少なくとも二種の形態が焼残物の検討から明らかになった。

　上腕骨が目立つ基壇北裾では、肩甲骨、前腕骨（尺骨・橈骨）、寛骨、大腿骨も焼かれていた。前肢だけをみれば、それは肋骨を含まない「裸のハ」に相当し、ヤムとして参加者に分配する重要な部位であった[9]。

　どこが焼かれ、どこが欠落しているかに、祭祀の性格や目的が反映されていると理解できる。このような事例は、ガリル祭といった、いまに伝わるモンゴル族の伝統祭祀のなかにもみられた。

　また、基壇東裾から肋骨がまとまって出土した事例も、拝火祭のように何らかの意図をもって胸部だけが集められ、焚焼されたとみてよかろう。とくに「ドゥルブン・ウンドル」という貴き部位と認識されている４本の最大級の真肋が含まれていること、仮肋も含めると右半身の方が多いという人為的な選択が明確に認められた。

　この一度の祭祀で用いられたウマは、少なく見積もっても３頭とみられる。すでに概観したように史料も民族例も、ひとつの祭祀におけるウマの犠牲は１頭であったことを考えると、破格の大祭がアウラガ遺跡で執りおこなわれていたと判明する。その詳細の解明は今後の課題であるが、チンギス・カンの実像に迫りうる内容を秘めた祭祀の存在が浮かびあがる。

お わ り に

さいごに、今後の研究展望を述べておきたい。

『元史』祭祀志にみられた「洒馬妳子」は、いまなお往時に近い形で残る。内モンゴルのチンギス祭殿（成吉思汗陵）で、陰暦 3 月 21 日におこなわれる「白い群れの祭」では、地面に無数の「ジャラマ」を挿し立てて置く。ジャラマとはススキのような植物の堅い茎を軸とし、その先端に白いヒツジの毛を穂のように巻き付けたものである。列を成して立てられたジャラマを、夜空に輝く天の川に見立てて、そこに馬乳を振りかけるという祭祀である。まさにジャラマは、祭祀志のいうところの「白い羊毛を以て纏めて穂のようにしたもの」と一致する（楊 2004: 73-76）。

このように肉だけでなく、ウマの乳もまた祭祀には欠かせない供物であったとわかる。今後こうした点にも目配りが必要である。ただ、残念ながら考古学では、いまのところその痕跡を見出せていない。そのようななか有効なのが生化学との協業である。乳プロテインの検出などにより、遺構や遺物から馬乳の利用の痕跡を特定することができれば、その解明が一気に進むものと考える。もちろん文献史学と文化人類学との協業も、ますます必要となろう。

ウマを犠牲とする祭祀の研究は、当時のモンゴル族の真相やチンギス・カンなど為政者の実像といった、いままで立ち入ることのできなかった領域への有効な接近法であると考える。その発展を大いに期待している。

本稿は日本学術振興会科学研究費（15H02607, 18H00726, 19H01327）による成果の一部である。

注

1) 「三歳以索維之鞍、俾手有所執、従衆馳騁」(『黒韃事略』116 頁)、「子供から大人まで弓に長け、2 歳か 3 歳の子供の時からすぐ馬に乗り始め、馬を操り、乗って走り、年齢に応じた弓を与えられ、矢を射ることを学ぶからである」(『モンガル人の歴史』47 頁)。

2) 『元史』巻 77「毎歳、駕幸上都、六月二十四日祭祀、謂之洒馬妳子。用馬一、羖羊八、綵段練絹各九匹、以白羊毛纏若穂者九、貂鼠皮三、命蒙古巫覡及蒙古、漢人秀才達官四員領其事、再拝告天。又呼太祖成吉思御名而祝之、曰:「托天皇帝福蔭、年々祭賽者」。禮畢、掌祭官四員、各以祭幣表裏一與之:餘幣及祭物、則凡與祭者共分之。」(1924 頁)。

3) 『元史』巻 77「毎歳、九月内及十二月十六日以後、於燒飯院中、用馬一、羊三、馬湩、酒醴、紅織金幣及裏絹各三匹、命蒙古達官一員、借蒙古巫覡、掘地為坎以燎肉、仍以酒醴、馬湩雑燒之。巫覡以国語呼累朝御名而祭焉。」(1924 頁)。

4) 『草木子』巻 3 下雑制篇「元朝人死。致祭曰燒飯。其大祭則燒馬。」(63 頁)。

5) 『元史』巻 72「自大德九年冬至、用純色馬一、蒼犢一、羊鹿野豕各九。」(1792 頁)。

6) 『元史』巻 74「大德元年十一月、太保月赤察兒等奏請廟享増用馬、制可。二年正月、特祭太廟、用馬一、牛一、羊鹿野豕天鵝各七、餘品如舊、為特祭之始。」(1836 頁)。

7) データは旧稿 (白石 2021) を踏襲するが、2022 年の再整理で新たな知見を得たので、一部の数値を修正してある。表 2、表 3 も同様である。

8) 『元史』巻 72「自大德九年冬至、用純色馬一、蒼犢一、羊鹿野豕各九。(中略) 惟至大三年冬至、正配位蒼犢皆一、五方帝犢各一、皆如其方之色、大明青犢、夜明白犢皆一、馬一、羊鹿野豕各十有八 (下略)」(1792 頁)。

9) 上腕骨を特別に扱う儀礼は、漢地では時代をさかのぼって唐代の『通典』にもみられた。たとえば同書巻 112 礼 72、開元礼纂類 7、吉礼 4 (祭五嶽四鎮四海四瀆)「祝率齋郎以俎進、減神座前三牲胙肉、各取前脚第二節共置一俎上、以授初献、初献受以授齋郎。」(2899 頁)。ここでいう「前脚 (脚) 第二節」が上腕骨のことで、そのことは同前「牲體、牛羊豕皆用右胖。前脚三節、節一段、肩、臂、臑皆載之。」(2897 頁) に前脚が「肩臂臑」の三節からなると記され、その「肩臂臑」とは『礼経釈例』巻 5『儀礼』釈牲上篇に「前體謂之肱骨、又謂之前脛骨。肱骨三:最上謂之肩、肩下謂之臂、臂下謂之臑。」(103 頁) と説明されていることからわかる。モンゴル帝国期に近いところでは金朝において胙肉のうち「前脚第二節 (第二骨)」を特別に扱ったようすが、『金史』礼志の「郊」(707 頁)、「朝享儀」(742 頁)、「嶽、鎮、海、瀆」(812 頁) にみられる。上腕部の重視には漢地からの影響も考慮する必要がある。

参考文献

【日本語】

王巍・劉曄原・陳建憲・姜波 2012「中国古代の祭祀」（「宗像・沖ノ島と関連遺産群」世界遺産推進会議編）『「宗像・沖ノ島と関連遺産群」研究報告』Ⅱ-2

加藤嘉太郎 1970『家畜比較解剖図説』（上巻・増訂改版）養賢堂

亀井明徳編 2009『カラコルム遺跡出土陶瓷調査報告書』Ⅱ（専修大学アジア考古学研究報告 3）専修大学

白石典之 2002『モンゴル帝国史の考古学的研究』同成社

白石典之 2005「チンギス＝ハーン廟の源流」『東洋史研究』63-4

白石典之 2021「モンゴル帝国における「焼飯」祭祀」『東洋史研究』80-1

林俊雄 2005『ユーラシアの石人』雄山閣

楊海英 2004『チンギス・ハーン祭祀―試みとしての歴史人類学的再構成』風響社

【英語・フランス語・ロシア語】

Erdenebat, U. 2016. Elite tombs of the Mongol period. *Archaeological Relics of Mongolia*. vol. 2, pp. 239–261, Institute of History and Archaeology, Mongolian Academy of Sciences, Ulaanbaatar

Mostaert, A.1956. Matériaux ethnographiques relatifs aux Mongols Ordos. *Central Asiatic Journal*. 2

Pletneva, S.A. ed.1981. Плетнева, С.А. ред *Степи Евразии в эпоху средневековья, Археология СССР.* Наука, Москва

Tumen, D., Navaan, D., Erdene, M. 2006. Archaeology of the Mongolian period: A brief introduction. *The Silk Road*. 4-1

Youn, M., Kim, J. C., Kim, H. K., Tumen, D., Navaan, D., Erdene, M. 2016. Dating the Tavan Tolgoi site, Mongolia: Burials of the nobility from Genghis khan's era. *Radiocarbon*. 49-2

『通典』［唐］杜佑：王文錦等［点校］1988『通典』（校点本）中華書局

『黒韃事略』［南宋］彭大雅撰・徐霆疏：許全勝［校注］2016『黒韃事略校注』蘭州大学出版社

『金史』［元］脱脱等：傅樂煥等［点校］1975『金史』中華書局

『元史』［明］宋濂等：中華書局編輯部［点校］1976『元史』中華書局

『草木子』［明］葉子奇：中華書局編輯部［点校］1997『草木子』（初版は 1959 年）

『礼経釈例』［清］凌廷堪：鄧聲國・劉蓓然［点校］2017『禮經釋例』江西人民出版社

『モンガル人の歴史』プラノ・カルピニ：高田英樹［訳］2019「カルピニ『モンガル人の歴史』」（高田英樹［編訳］）『原典中世ヨーロッパ東方記』名古屋大学出版会

第Ⅱ部

中国の馬文化
——馬車から騎馬へ——

第3章　中国古代の車馬

岡 村 秀 典

は じ め に

　紀元前3千年紀のメソポタミアに牛やオナガー（野ロバ）の牽く板車輪の四輪車が出現し、前2千年紀に中近東からユーラシア草原地帯で馬の牽く輻（スポーク）式二輪の戦車が開発されると、それはまたたく間に西はヨーロッパから東は中国まで広がった。前13世紀はじめ、エジプト・ラムセス2世の率いる2万の軍勢にヒッタイト・ムワタリ2世の戦車隊2500台が急襲したカデシュの戦い、前11世紀後半には周武王の率いる戎車300乗・勇士3000人・甲士4万5000人が殷紂王70万の軍勢と激突した牧野の戦いなど、ユーラシアの東西で国家の存亡をかけた車戦がくりひろげられた（川又 1994: 54-150）。

　前1千年紀になると、車戦から騎馬戦へと戦法が転換してゆく。北メソポタミアに勃興したアッシリア帝国は、戦車隊と騎馬隊からなる強力な兵力によってエジプトまで領域を拡大した。つづいて興起したペルシア帝国は、強力な騎馬軍団を擁して支配領域をいっそう広げた。木材を組み立てた車は重くて壊れやすく、荒野での戦闘には騎兵の方が効率的で機動力にすぐれていたから、車馬はしだいに戦場から姿を消していったのである。一方、ペルシアの進攻を阻んだギリシアでは市民の重装歩兵による密集戦が中心であり、地中海を制覇したローマ帝国では重装歩兵を中心に騎兵隊を組み合わせた。

　中国でも前5世紀までは世族の成員たちによる車戦が中心であり、戦いは一両日で決着がついた。しかし、戦国七雄の中央集権的国家が

成立し、徴兵制によって数十万の歩兵を主力とする大軍団が編成されると、長期にわたる野戦や包囲戦が主になっていった。さらに、北方の騎馬遊牧民に対抗するため騎兵が登場し、前2世紀の前漢時代には戦車が急速に消失していった。

このように戦車から騎馬へのシフトは、ユーラシアの西と東でタイムラグがあるものの、おおむね軌を一にする進化をたどった。前4世紀にアレクサンドロス大王の東方遠征によって本格的なユーラシア東西交渉が幕開け、前1千年紀末には東に秦漢帝国、西にローマ帝国が成立し、いわゆるシルクロードが開通する。しかし、東西がさらに同一歩調をとるところか、秦漢帝国において車馬は官僚たちのステイタスシンボルとなり、西方ユーラシアには例をみない車社会を形成することになる（岡村 2021: 394-411）。前2千年紀にユーラシアの東西に広がった戦車は、秦漢帝国において、なぜ、どのように官僚たちの乗用車に転換したのだろうか。

第1節　殷墟出土車馬とその源流

草食動物の羊・牛・馬は西方ユーラシアで家畜化された。羊は前4千年紀に黄河上流域まで伝来し、近年のDNA分析によれば、西方に起源する家畜牛はおそくとも前3千年紀末には黄河上流域と華北平原に到達していた（蔡ほか 2014）。馬の伝来はさらにおくれて前14～前13世紀の二里岡上層期とされる（菊地 2017）。ただし、前2000年ごろにさかのぼる陝西省北部の石峁遺址から出土したウマ属の歯は、5本のうち上顎の4本は蒙古野ロバよりもサイズが大きく、DNA分析によって家畜馬と判明したという（胡ほか 2016）。詳報が待たれる。

殷王墓地の南にある武官村北地では、整然と並ぶ40基の犠牲坑が

発掘され、そのうち殷墟前半期の 30 基から計 117 体の馬が出土した（中国社会科学院考古研究所安陽工作隊 1987）。鑑定された 93 体の馬は、オス 73 体、メス 2 体、性別不明 18 体であり、働き盛りの 7〜11 歳馬が 81 体を占め、6 基の馬坑には馬具がともなっていた。戦車につながれた現役の馬をそのまま犠牲にしたのであろう。未発掘の坑を含めると、馬の犠牲は殷王墓地全体で 500 体を下らないと推算される。そうした莫大な浪費を補う馬の供給体制が、殷の王都では馬の伝来から 100 年ほどの間に急速に確立したことがわかる。

　殷が安陽殷墟に遷都した前 13 世紀ごろ、輻式二輪の戦車が突如として出現する。郭家荘 M 52 車馬坑を例にみると（図1）、東西 3.5×南北 3.3 m の長方形坑に 2 頭立て車馬 1 台と殉人 2 体を埋めていた（中国社会科学院考古研究所 1998）。車輪・軸・輈にあたる部分をあらかじめ掘り凹め、殺した馬を向かい合わせに横たえた上に二輪車を安置している。車体の木材は腐朽していたが、輿の平面は長方形で、左右最大長 1.61×前後最大幅 1.03 m、後ろの乗降口のほかは木柵に囲われている。車軸の長さは 3.08 m、両端に直径 1.5 m の車輪を通し、輻の数は 18 本、両輪の間隔（軌間）は 2.3 m。輿から長さ 2.6 m の輈がゆるくカーブしながら伸び、先端近くで衡（横木）を渡し、馬をつなぐ人字形の軛（首木）を結わえている。

　このような殷墟出土二輪車の源流のひとつが、アルメニアのルチャシェン墓地出土例である。ピゴット（Piggott 1974）によると、3 基の墓から輻式車輪の戦車 2 台と車輪 1 台分が出土し、木材の炭素 14 年代はおよそ前 1500 年ごろという。車輪径 0.98〜1.02 m、輪縁（牙）は半円形にたわめた 2 本の木材を相欠きで接合し、28 本の輻を差し込んでいる（図2）。車軸長は 2.25 m、両側に車輪の轂を挿入し、はずれないよう車軸に木轄（ピン）を差し込んでいる。軌間は 1.7 m。

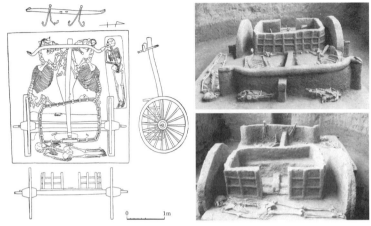

図1 河南省安陽市郭家荘M 52 車馬坑（中国社会科学院考古研究所 1998：図100、図版
59・60-1）

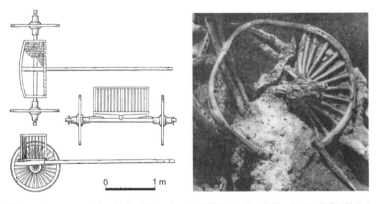

図2 ルチャシェン出土二輪車の復元　左：11 号墓出土 1 号二輪車、右：10 号墓車輪出土
状況（Piggott 1974: fig. 1, Pl. 4 b）

輿は左右1.10×前後0.51 m、後方が外に少し彎曲している。輿の床には網代に編んだ皮革を張り、両側面と後方を木柵で囲うが、前面には囲いがなく、これだと立乗の戦車にはふさわしくない（Piggott 1983: 96）。轅長3.5 m、2台とも馬をつなぐ衡や軛は発見されていない。

かつて林巳奈夫（1959）は殷墟大司空村車馬坑の発掘例をもとに古代オリエントから完成された形で車馬が伝わったと首唱し、ルチャシェンの戦車をふまえてピゴットは輻式車輪の車馬が6500 kmの懸隔を越えて殷墟まで伝播したと論じた。また、ショナシー（Shaughnessy 1988）は前2000年ごろにさかのぼる草原地帯シンタシュタ文化の輻式二輪車を紹介し、後出するカラスク文化の車馬具や武器が車馬とセットで殷に影響を与えたと考え、川又正智（1994: 75-85）は草原地帯の岩画にあらわされた馬2頭立て輻式二輪車を「草原型車両」と呼んで、それが東のかた殷墟に伝わったと論じている。

殷墟ではこれまでに100基近い車馬坑が発掘され、殷後期300年ほどの間に車馬が急速に普及したことがわかる。甲骨文の「車」字（図3の①-⑥）も車馬の出現とほぼ同じ武丁期にはじまり、やや後れて青銅器の銘文（金文）にも「車」字があらわれる（同⑦-⑨）。いずれも上からみた車の形を象っているが、硬い甲骨にナイフで小さく字を刻む甲骨文は、字画を省略することが多い。金文の3例と甲骨文③・⑤は輿を長方形であらわし、金文の3例と甲骨文①・③・④は郭家荘M52のように衡の両端を屈曲させ、金文の3例と甲骨文②・③は人字形の軛を表現している。骨板1をみると、右から6行目の第3字Aと第8字Bの「車」字がちがっている。5行目第5字からの卜辞は「甲午の日に王が兕（水牛）の狩りに行ったところ、小臣古の車馬が岩に当たって壊れ、王の車を御せる子央もまた墜ちた」という。つまり、小臣古の壊れた車をいうA字は、甲骨文④と同じ車軸が折れた形

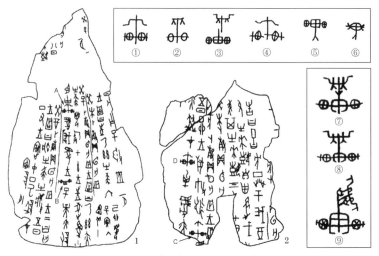

図3 殷墟甲骨・金文の「車」字 ①−⑥：甲骨文、⑦−⑨：殷金文、1：合集10405、2：合集483＋合集9498（劉 2000：図1-4を改変）

であり、子央が墜ちた車のB字は轅が失われた形である。また、骨板2は左から2行目に「五日丁卯の日に王は敵に狩りするに、車が壊れた。馬は…、亦た□は車に在り、□馬は亦た…」とあり、2行目の末字Cは甲骨文③と同じく轅が折れた形である。このように王はしばしば車に乗って狩猟に出かけたが、ときどき車両が壊れ、甲骨文の「車」字にはその壊れ方をあらわしていたのである（劉 2000）。ちなみに甲骨卜辞の「車」の用例をみると、田猟は6件、人名ないしは地名は3〜4件、戦争はわずか1件、方国からの捕獲も1件であり、車馬が戦争で用いられることは少なかった（劉 2003）。車は壊れやすかったことが一因であろう。

第2節　西周時代における戦車の改良

　周の文王は岐山のふもと周原から豊邑（陝西省西安市長安区）に遷都し、東方進出の足がかりとした。前11世紀のことである。『史記』周本紀によると、文王を継いだ武王は、即位11年12月戊午の日に戎車300乗・勇士3000人・甲士4万5000人を率いて盟津（洛陽の北）から黄河を渡り、翌年2月甲子の日の早朝、諸侯の戦車4千乗と合流して紂王のみやこ朝歌に近い牧野に布陣した。紂王は70万人の兵をもって迎え撃ったが、武王の攻撃によってあえなく潰滅したという。陝西省西安市臨潼区から出土した西周初期の「利」簋には「武王が商を征し、甲子の日の朝に勝つ」（集成4131）という銘文があり、『史記』に伝える戦いの日時が史実であることを裏づけた。わずか1日で決着した戦いの様子まではわからないが、周の開発した最新鋭の戦車が実戦で活用され勝利をもたらした可能性が高い。

　豊邑の一角で発掘された西周前期の張家坡2号車馬坑は、東西3.4×南北5.6mの長方形坑に2台の車馬を埋めていた（図4）。4頭立ての1号車馬は、中央の馬2頭が衡につながれた服馬、両側の2頭が驂馬（そえ馬）である。驂馬にも人字形の軛を装着し、服馬が疲れたとき、すばやく交替できるようにしている。軛の頭に銅鑾、頭絡・馬面・鞥（腹部の革帯）には青銅製の大きな飾金具を着けている。1号車の衡は驂馬の邪魔にならないよう1.4mと短いのに対して、2号車の衡は軌間とほぼ同じ2.1mの長さがあり、両端に銅矛を装着している。敵陣に切り込む先鋒車としての役割をもっていたのだろう。両車とも青銅製の車軸頭を装着するが、2号車には1号車のような飾金具は少なく、とくに轂の両端に口金（銅錧）を嵌めているのは、荒野を疾駆する軽戦車としての耐久性が求められたからだろう。

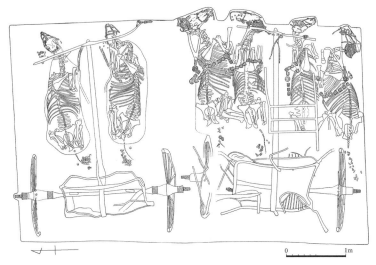

図4　張家坡2号車馬坑（中国科学院考古研究所 1962：図94）

　殷墟出土車馬と比べて張家坡のそれは、①4頭立ての出現、②車軸や車輪の小型化、③輻の本数の増加、④銅軎による轂両端の補強、⑤銅製轄と木製伏兔の出現、などの特徴をもつ。①については、2馬力から4馬力になったのではなく、車を牽く服馬の交替用に驂馬2頭が加えられたのである。これにより車馬の走行可能距離が増し、威儀を高める効果が大きくなったのであろう。とくに4頭立ての1号車馬は、豪華な青銅金具で馬を飾っているから、軍の指揮官が乗車したのであろう。戦車として重要な改良は②〜⑤で、いずれも車軸と車輪に関係している。②は負荷による車軸や車輪の破損を防ぐ措置である。菊地大樹（2010）の分析によると、軌間長は殷〜西周間に平均35cmも狭くなり、車輪径も平均13cmほど小さくなっている。車体ごとのばらつきはあるものの、西周以後の変化はさほど大きくなく、殷〜西周

間に小型化が一気に進んだことがわかる。③の輻の数についても、平均で殷は18本、西周は24本、春秋は27本、戦国は30本であり、時代が下るにつれて輻の本数が増えている。それは車輪を頑丈にするための工夫である。④の銅軸は轂が割れないよう補強する口金であり、2頭立て車馬には敵陣に突撃する軽戦車として耐久性と機動力が求められたのであろう。⑤の銅轄は車輪が抜け落ちないよう車軸頭に差し込むピン、伏兔は輿の軫と軸との間に挟む木製の枕木であり、車輪の轂が内側に入るのを止める役割がある（張・張 1980）。これにより車輪の轂が轄と伏兔の間にしっかり固定され、車輪の回転がより安定するようになった。

　陝西省眉県礼村出土と伝える西周前期の小「盂」鼎は、康王25年の作器であり、王命により諸侯を率いて鬼方を討伐した盂の事績が銘文に記されている（集成2839）。すなわち、数次にわたる鬼方との戦いで盂は計5千人以上の首級をあげ、加えて俘虜1万3081人・馬□匹・車30両・牛355頭・羊38頭、また別の戦役で馬104匹・車108両を捕獲したという。馬・牛・羊という戦利品からみて鬼方は黄土高原地帯に勢力をもつ牧畜民と考えられる。その5千人以上を殺し、1万3000人あまりを捕虜としたことからみると、周は数万人規模の軍を派遣してその居住地を攻撃したのであろう。西周前期は殷を滅ぼした勢いのまま積極的に対外拡張政策を進めていたのである。

　前1千年紀はじめになっても、黄土高原地帯の遊牧民は西周の辺境付近を遊動していた。陝西省扶風県から出土した西周後期の「師同」鼎には師同が戎の遊動部隊を攻撃し、「車馬」5乗・「大車」20両・羊100頭を捕獲したことが記されている（図5）。銘文2行目の「車馬」は馬の牽く戦車、3行目の「大車」は牛の牽く荷車である。「車」字の形がちがっていることに注意したい。4行目からは戎の銅冑30・戎

図5　陝西省扶風県黄堆郷下務子村出土「師同」鼎（蔡 2002）

鼎 20・鋪 50・剣 20 点を鋳つぶしてこの鼎を鋳造したことが記され（李 1983）、それをもとに戎兵の構成は次のように推算される（李 1992）。戦車には車右・御者・射手の 3 人が乗り、それぞれの戦車に歩卒 3 人がしたがうと、5 乗で計 30 人となる。この 30 人が銅冑をかぶる車兵であり、そのうち御者と射手を除いた 20 人が銅剣を帯びていた。また、牛車 20 両にはそれぞれ車夫（牽牛）1 人が随行し、戦車の 30 人と合わせて計 50 人の兵士で構成される。それは盛食器の銅鋪 50 点と数が一致する。つまり、戎兵は自炊用の食器をもって周の辺境に出没する機動部隊であり、少なくとも軽戦車の車馬 5 台と輜重用の牛車 20 台で編成されていたのである。

第 3 節　戦国・秦漢時代における戦車から騎兵への転換

　春秋初期の晋は、城濮の戦いで 700 乗、鞌の戦いで 800 乗の戦車を用い、斉桓公の兵力は 800 乗であったという。世族の成員たちは戦車

に乗り、「万乗の国」「千乗の国」という語が生まれたように、その数
が武力ひいては国力のバロメーターになっていた。会戦では双方が平
地にて戦車の配列を整え、車上から弓を射ながら密集して敵に攻め込
み、一両日のうちに勝負がついた。ところが戦国時代になると、富国
強兵政策のもと、徴兵制によって歩兵の数が激増した。数十万人の兵
による野戦や包囲戦が主になり、数年におよぶ持久戦が多くなった。
とくに弩の発明によって遠射が可能になると、平地における密集型の
車陣は標的になりやすく、地形的に有利なところに陣取ることが重要
になった。また、関所を設けて軍隊を駐屯させ、国境に長城を築いて
防禦を固めた（斉 1938／楊 1980: 279-314）。

　騎馬遊牧民の侵入に悩まされていた趙の武霊王は、前307年に「胡
服騎射」すなわち乗馬に適した胡人の服装で馬上から矢を射る訓練を
導入した。それが中国における騎馬のはじまりとされる。そのころ秦
に対抗して六国の合従を説いた蘇秦によれば、燕は「帯甲数十万、車
六百乗、騎六千匹」、趙は「帯甲数十万、車千乗、騎万匹」、魏は各種
の兵士70万と「車六百乗、騎五千匹」とされる（『史記』蘇秦列伝）。
また、秦との連衡を説いた張儀によれば、秦は「虎賁の士百余万、車
千乗、騎万匹」という（同張儀列伝）。どちらも多少の誇張があるとは
いえ、武霊王が胡服騎射を採り入れるころには、各国とも戦車の数が
騎兵の10分の1ほどになり、戦車の役割はますます薄れていった。

　ユーラシア草原地帯では、前1千年紀はじめには騎馬がさかんに
なっていたが、中国に騎馬の証拠があらわれるのは前1千年紀中頃の
ことである。夏家店上層文化の内蒙古自治区寧城県南山根3号石槨墓
出土の銅環は、環外の2か所に騎馬人物像を配し、上方の像は兎のよ
うな動物と対向している（図6左）。どちらも素朴な造形であるが、両
手を馬の頭の方に伸ばし、足をくの字形に強く曲げて馬の背やや後方

図6 内蒙古自治区寧城県南山根3号石槨墓出土銅環（中国科学院考古研究所内蒙古工作隊 1975：図版7）と伝洛陽金村出土金銀象嵌鏡の騎馬像（岡村 1993：図3）

にまたがっている（いわゆるロバ乗り）。南山根102号石槨墓からは2頭立て車馬2台を刻んだ骨板が出土しているから、長城の北側に位置する夏家店上層文化では車馬と騎馬とが並存していたことがわかる。

　かねてより初期の騎馬像として注目されているのが、東京の永青文庫に所蔵する伝洛陽金村出土鏡である。戦国末期の前3世紀後半ごろの作品であり、騎兵と猛獣との戦いを金銀象嵌であらわしている（図6右）。騎兵は馬の手綱を左手で引いて馬を止め、剣を猛獣に差し向けて馬から飛び降りようとしている。馬の背中には小さな鞍の表現がある。林巳奈夫（1972: 431-432）が注意するように、馬を駆ったまま手綱を執らずに弓矢や刀剣を使うのは至難の業であり、馬を止めて騎射するか、地上に降りて戦うのがふつうであったらしい。

　秦始皇帝陵の兵馬俑坑は、約6千体の歩卒俑を主とする1号坑、馬4頭立て戦車64台・騎兵96組と弩弓兵・歩卒俑からなる2号坑、全体を指揮する3号坑からなる。それは歩兵を主力とし、戦車と騎兵を機動的に用いる始皇帝の軍団をあらわしている。

　前200年、漢高祖の率いる30万の軍勢が平城（山西省大同市）白登山にて匈奴の精兵40万騎に敗れた。これにより漢は騎兵の組織的な

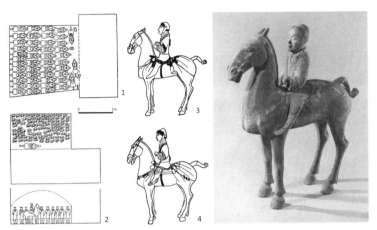

図7　楊家湾漢墓の兵馬俑　1：騎兵俑坑、2：歩卒俑坑、3・4：騎兵俑（展・周 1977：図
1・2・5）、5：騎兵俑（陝西省文管会ほか 1977：図版1）

育成に努め、前177年に匈奴が侵入したときは8万5000の騎兵を
もって迎撃し（『史記』灌嬰伝）、前166年に匈奴単于が14万騎を率い
て雍の甘泉に迫ったときは「車千乗、騎十万」をもって長安の防衛に
あたらせた（同匈奴列伝）。まだ戦車も用いられていたが、匈奴との戦
いでは騎兵が戦車の100倍にふくれあがっていたのである。

　漢建国の功臣周勃（前169年没）の墓と伝えられる陝西省咸陽楊家
湾4号墓では、墓坑の内外に車馬坑3基、南70mに兵馬俑坑10基と
車馬坑1基が配置されていた。墓坑外のK6車馬坑には8台の車馬模
型があり、そのうち4台は傘蓋車で、無蓋車も漆塗りの車体をもつこ
とから、すべて儀仗用の車と考えられる。騎兵俑は6坑に計583体、
ほかの4坑は歩卒俑を中心に計1965体を数え、騎兵の数は歩卒の約
3分の1となる（図7）。秦始皇陵の兵馬俑と比べると、騎兵の比率は
確実に増え、戦車は儀仗車に転換していったのである。

第4節　秦漢時代における乗用車馬の発達と普及

　戦争の変化とともに戦車が衰退した一方、王朝儀礼の整備にともなって威儀を示す礼車や交通手段としての乗用車馬が開発された。傘蓋や屋根をもつ車は春秋中後期に出現し、戦国楚簡にみえる車馬には傘蓋をもつ「蓋」と屋根形の「屋」の2種がある（羅 2017）。秦始皇帝陵から出土した4頭立て2号銅車馬は、周りを囲った車輿に亀甲形の低い屋根があり、馬衝に「安車第一」という朱書がある（図8）。

　漢代に下ると、『史記』や『漢書』には漢の皇帝が①封王、②封公・列侯、③二千石以上、④長者・賢者、⑤使者、⑥匈奴に「安車駟馬」を賜与する記事が頻出する（王 1997: 81-98）。「駟馬」は馬4頭立て単轅車であり、「安車」は坐乗の大型車である。秦始皇陵の2号銅車馬をはじめとする大型車は、秦漢時代に王侯や功臣たちの乗る高級車として利用されたのである。

　傘蓋車のうち秦漢時代にもっとも広く普及したのが「軺車」というコンパクトカー（口絵3）である。その名称は湖北省雲夢龍崗秦簡が初出であり、漢末の劉熙『釈名』釈車は「軺車の軺は遥なり。遥は遠なり。四向遠望の車なり」という。傘蓋をもつが、輿の周囲が遮蔽されていないので、四方が遠望できるのである。南郡の少吏を埋葬した前217年ごろの雲夢睡虎地11号墓には馬3頭立て軺車模型1台、前194年ごろの荊州張家山247号墓には馬1頭立て軺車模型1台が副葬されていた。どちらも服馬1頭で牽く双轅車であろう。

　始皇帝は中国統一直後から全国土に馳道という幹線道路網を整備し、ニーダム（田中ほか訳 1979: 2-38）の推算ではその総延長は5700 km、公道以外の道を合わせると9800 kmにおよぶ。さらに前漢時代には1万2400 km、後漢時代には4600 kmが新たに建設され、秦代の道路

図8　秦始皇帝陵2号銅車馬（秦始皇兵馬俑博物館・陝西省考古研究所 1998：彩版19)

と合わせた総延長は2万7000 km に達するという。道なき荒野を疾
駆する戦車なら服馬2頭の牽引力が必要だが、乗員を3人から2人に
減らして車体を軽量化し、轂と車軸の摩擦を軽減するため間に鉄釭と
鉄鐗を入れる工夫がほどこされたことにより、整備された道路なら、
服馬1頭の双轅車でも十分に走行できただろう。

　馬の繋駕法が改善されたことも重要である。西アジアの牛車にはじ
まる単轅車は、軛と革帯（靳）で馬の首をつなぐため、服馬は喉を締
め付けられて呼吸に苦しみながら車を牽く非能率的な牽引法であった。
これに対して双轅車は、馬の胸前に幅広い帯をめぐらし、その後端を
轅の曲がり目あたりに結んで車を牽く合理的な繋駕法である（林
1959）。また、経済効率という面でも、単轅車の服馬2頭は歩調を合
わせて車を牽く必要から一対で飼養し調教されたが、双轅車は服馬1
頭なので御しやすく、飼養と調教の手間が半分で済む。

　それまで車馬はもっぱら戦車として用いられ、公的に所有されてい

たが、馬1頭立て双轅車というコンパクトカーの開発によって車馬を私的に所有することがはじまった。雲夢睡虎地11号墓や荊州張家山247号墓に副葬されていた軺車模型は、地方の少吏であった墓主が生前に乗用していた軺車をかたどったものであろう。前145年、景帝は「夫れ吏たる者は、民の師なれば、車駕・衣服は宜しく称うべし」（『漢書』景帝紀）とする詔を下した。すなわち、官秩をもとに六百石以上の長吏と四百石以下とに分け、泥よけの轓（耳）によって官位が視覚的に区別できる車制を制定した。換言すれば、この詔により車馬は官吏のステイタスシンボルとして公認されたのである。

　一方、漢高祖は商人の乗車を禁止し（『史記』平準書）、武帝は商工業者などが所有する軺車に財産税として毎年2算（＝240銭）を課税した（『漢書』食貨志上）。このことからみると、漢初には車馬が民間の富裕層にも広く普及していたことがうかがえる。

　前漢後期に下ると、車馬を所有する農民が出現する。居延出土の「礼忠」簡によれば、長城を守る候長に仕官していた張掖郡觻得県（甘粛省張掖市）広昌里の礼忠は、30歳にして田5頃を所有する民爵最上位の公乗であり、動産として軺車2台・馬5頭・牛車2台・牛2頭を所有していた。馬5頭のうち2頭は軺車を牽く服馬、のこり3頭は驂馬または騎馬であろう。それぞれの評価額は、軺車1台＝5千銭、牛車1台＝2千銭、馬1頭＝4千銭、牛1頭＝3千銭である。当時の候長は月俸1200銭であったから（佐原 1988）、礼忠は7.5か月分の俸給で軺車1台と馬1頭をセットで購入できた計算になる。その軺車はおそらく民間工房で制造され、市場に流通していたのだろうが、礼忠の農業収入を考えると、マイカーは現代日本のサラリーマンより手が届きやすかったといえるだろう。

　礼忠の出身地に近い武威市磨嘴子からは、同時代の木製の車馬・牛

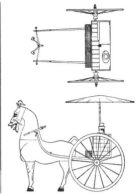

図9　武威磨嘴子48号墓出土木軺車（甘粛省博物館 1972：図7）

車模型が出土している。そのうち磨嘴子48号墓は紀元前後の比較的大きな洞室墓で、夫婦とみられる男女を合葬し、木軺車1組（車・馬・御者）、木牛車2組、木牛・犁1組、木俑9体、小木馬11体などを副葬していた（甘粛省博物館 1972）。木製の軺車模型（図9）は馬1頭立て双轅車で、銅製の車軸頭や蓋弓帽で部分的に装飾している。車輪は6枚の弧形板を接合し、竹製の輻は16本ある。俯瞰図をみると、車輪全体を浅く凹ませる「綆」の手法（林 1959）が用いられている。それは車輪が左右にぐらつかないようにするための工夫である（『周礼』考工記「輪人」）。輿には泥よけの軬がない。木製の荷車・牛・犁をともなうことから、礼忠と同じように墓主は田畑を所有し、軺車に乗る少吏であったと考えられる。

　性能のすぐれた双轅式の馬1頭立て軺車が出現しても、馬4頭立て単轅式の安車はしばらく高級車として用いられていたが、後漢時代にはほとんど消失してしまう。『続漢書』輿服志は、『王度記』の「天子駕六」をそのまま継承しつつ、単轅から双轅への変化に対応し、太皇

太后以下の后妃と皇太子・皇子・公・列侯は「駕三（服馬１と左右の驂馬）」、中二千石以上は「右騑（服馬１と右の驂馬）」としている。ちなみに『後漢書』劉盆子伝に「盆子は王車に乗り、三馬に駕し、数百騎を従う」とあり、注に引く『続漢志』には「王車は朱班輪・青蓋にして、左右騑の三馬に駕す」という。これは王莽が倒れた後、関中に侵攻した赤眉軍が劉盆子を皇帝に擁立したとき、格落ちの「王車」が与えられたというエピソードであるが、それは輿服志の規定と同じ馬３頭立て双轅車であった。

　漢末に下ると、鄭玄は『礼記』曲礼上に「安車は坐乗す。今の小車の若きなり」と注し、劉熙は『釈名』釈車に「安車は、蓋く坐乗し、今の吏の乗る所の小車なり」と説明した。漢末には安車と小車（＝軺車）の区別がなくなっていたのである。それは後漢時代に安車も服馬１頭の双轅車になり、小型化したからであろう。

　また、『周礼』巾車の「安車」に鄭玄は「安車は、坐乗の車なり。凡そ婦人の車は皆な坐乗する」という。前漢時代までは男女による車種のちがいはなかったが、後漢時代には女性用の車が出現し、輿服志は太皇太后以下王妃・封君までの女性は「軿車」に乗ったという。それが「駕三」の双轅車であったことは上述した。

第５節　車制の成立

　用鼎制度に代表される周の礼制は、春秋戦国時代の社会変動にともなって崩壊し、中央集権的な秦漢帝国では官僚制にもとづく新しい礼制が編成された。その中核となるのが輿服（車馬衣服）制度である。

　前節にみた景帝中元５年（前145）５月詔は輿服制度のはじまりを告げるものだが、儒学が重んじられた前漢末期になると、前13年には

「聖王は礼制を明らかにして以て尊卑を序し、車服を異にして以て有徳を章らかにする」詔が下されている。さらに後3年には安漢公王莽の奏請により「車服の制度、吏民の養生・送終・嫁娶・奴婢・田宅・器械の品」が定められ、新莽の始建国元年（後9）には新たに「車服・黻冕は各おの差品有り」という（劉 1993）。具体的な内容は不明だが、『続漢書』輿服志にまとめられている後漢時代の車制へとどのように展開してゆくのか、考古学から検討しよう。

　喪葬儀礼に用いられた車馬については、戦国前期の曾侯乙墓（湖北省随州市）出土竹簡が重要である。それは曾侯乙の葬儀に用いられた車馬兵甲のリストであり、「安車」「広車」「乗車」「遊車」「路車」などさまざまな名称の車がある（蕭 2011: 162-165）。羅小華（2017: 272-290）はそれを6頭立て6台、4頭立て22台、3頭立て2台、2頭立て10台、総計40台に復元している。また、墓内に副葬された車馬具の数をみると、車軸頭は車38台分、馬銜は40頭分、銜留は25頭分になるという（常 2015）。車の数に比べて馬の頭数は少ないが、40台ほどの車馬が葬儀に用いられたことがわかる。

　『詩経』鄘風「干旄」の孔穎達疏に引く『王度記』には「天子は六馬に駕し、諸侯と卿は同じ四に駕し、大夫は三に駕し、士は二に駕し、庶人は一に駕す」とあり、身分の上下に応じて駕馬の数が定まっていたという。『王度記』の成書年代は不明だが、「礼は庶人に下らず」（『礼記』曲礼上）とされること、先秦時代に馬1頭立て双轅車は用いられていなかったことから、少なくとも「庶人駕一」は秦漢時代の加筆であろう。とはいえ、曾侯乙墓の例などからみて戦国時代に「駕六」が存在し、それが最上位の車馬と考えられていたことがわかる。

　戦国中期後半の熊家冢墓地（湖北省荊州市）で発掘された車馬坑は、全長132.6mの大型坑とその後方に2列に配置された小型坑39基か

109

らなっている。大型坑は全体の3分の2ほどが発掘され、車馬は6頭立て3台、4頭立て33台、2頭立て7台の計43台があり、馬は計164体出土した。6頭立てを最上位とし、4頭立てが3/4あまりを占める車馬編成は、曾侯乙墓の竹簡から復元される喪葬儀礼のそれに近似する。調査者らはこれを楚の王族クラスの墓と考え、大型坑全体で計72台の車馬が車戦における「横式車陣」の配列で埋葬されたものと推測している（武ほか 2015）。しかし、6頭立ての24号車と2頭立ての34号車は傘蓋車で、全体に漆で彩色した華麗な車が多いことから、車陣というより葬儀の車列を埋めた可能性が高い。

　また、湖北省棗陽市九連墩では並列する戦国中期末の大墓2基が発掘され、1号墓は楚の上大夫クラス、2号墓はその夫人墓と推測されている。2号墓にともなう車馬坑からは8台の車馬が出土し、4頭立て1台、2頭立て6台で、6号車は傘蓋車、8号車は屋根形の車蓋をもつ安車である（湖北省文物考古研究所ほか 2019）。6頭立てを含まず、2頭立て車馬が多いのは熊家冢の車馬坑よりも格落ちしているが、6号車と8号車の2台は戦車ではなく女性墓主に関わる礼車であろう。

　このような陪葬の車馬坑は戦国後期に衰退し、それと交代するように盛行するのが兵馬俑坑である。秦始皇帝陵や周勃墓とされる楊家湾4号墓のそれについては第3節にみたが、車戦から歩卒と騎馬を主体とする戦術へ、戦車から礼車への転換によって、車馬坑は兵馬俑を主体とする陪葬坑に交代していったのであろう。しかし、前154年の呉楚七国の乱を契機として中央集権的な体制が確立すると、武力を表象する兵馬俑坑は急速に衰退してゆく。

　諸侯王墓にともなう前漢前期の兵馬俑坑が、臨淄斉国故城の南5.5kmのところで発掘されている（図10）。主墓は未調査だが、坑は東西3.2×南北15.3mの木槨内に、北から①門闕と車騎行列、②前院と歩

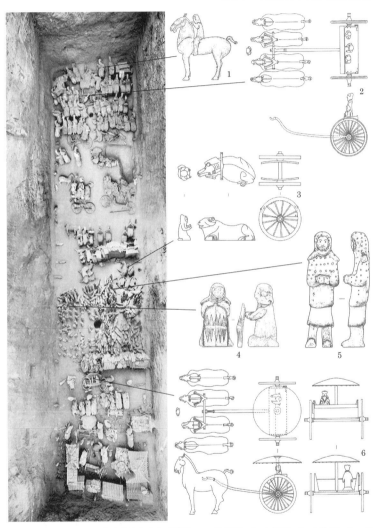

図10　臨淄山王村斉王墓陪葬坑と出土兵馬俑　1：騎兵俑、2：1号車、3：6号車・牛・牛飼い、4：跪坐俑、5：歩卒俑、6：8号車（徐 2019：図2／山東省文物考古研究所・淄博市臨淄区文物管理局 2016：図41・44／同 2017：図110 を合成して筆者作図）

卒俑の方陣、③後院と車馬、④坑の周囲を護衛する方陣の4部分から構成されている（山東省文物考古研究所・淄博市臨淄区文物管理局編 2017）。①の門闕建物は坑の北端両側にあり、車騎は馬4頭立て戦車模型5台を騎兵俑49体が取り囲んでいる。戦車の中央には背の高い御者、その左右に甲冑を着けた兵士が立乗し、車左は弓弩を、車右は戟矛を執っている（図10の2）。騎兵は甲冑を着け（同1）、戦車とともに先陣を構成している。②の前院では門の内側に6号・7号牛車模型2台があり、牛の前にそれぞれ牛飼いが跪いている（同3）。前院の内側で飼われている牛の情景をあらわしたのだろう。その後ろに約300体の方陣があり、前方と後方の東側が立俑、西側が坐俑である（同4・5）。いずれも甲冑を着け、盾をもつものが多い。③の後院には4台の車馬模型が縦列し、それぞれの車馬には騎兵俑が2体ずつ随伴している。前方の8号・9号車は傘蓋をもつ4頭立て単轅車で（同6）、墓主（夫婦？）が乗る安車であろう。9号車に並列する10号車は傘蓋のない4頭立て単轅式の護衛用戦車、最後尾の11号車は2頭立て双轅式の従車である。坑の周囲を護衛する④の兵士俑は64体を数える。

主墓未発見のため、年代を決めるのはむずかしいが、報告者は、騎兵俑は前漢中期に衰退すること、跪坐俑は徐州獅子山の例に類似すること、建物や倉庫などの模型明器は前漢中後期に流行することから、これを前漢中期に位置づけ、墓主は斉王閎（前117-110在位）または二千石以上の高官とする。これに対して徐龍国（2019）は、模型明器の種類が徐州漢墓第2期の例に類似することから、文景帝期から五銖銭の発行される前118年までの間に位置づけ、墓主は斉王寿（前153-132在位）の可能性が高いという。しかし、斉国は前164年に封地が6分割されて国力が衰えていたところに、七国の乱後に斉王将閭（前164-154在位）は自殺し、「諸侯は唯だ租税をもって衣食するを得るのみに

して、貧しき者は或るものは牛車に乗る」（『漢書』高五王伝）ほど困窮している。この情勢からみると、七国の乱後に強大な軍事力をあらわす兵馬俑を陪葬したとは考えがたく、むしろ封地削減前の文王則（前178-165 在位）の可能性が高い。

　年代と墓主の比定は今後の課題としても、墓主の乗る馬4頭立て安車と服馬1頭の双轅車という組合せが出現し、多数の兵馬俑を擁する陪葬坑として最後の段階にあることは確かであろう。

　次に列侯の喪葬儀礼に用いられた車騎行列について。第2代軑侯利豨（前168年没）を埋葬した湖南省長沙市馬王堆3号墓では、出土した副葬品リストの遣策に「右方車十乗、馬五十匹、附馬二匹、騎九十八匹、輜車一両、牛車十両、牛十一、豎十一人」（簡73 木牘）という車騎行列の総計があり、その内訳は次の簡60〜簡72 に記されている（湖南省博物館・湖南省文物考古研究所 2004）。

　　安車一乗、駕六馬（簡60）／大車一乗、駕六馬（簡61）／温（輼）
　　車二乗、乗駕六馬（簡62）／䡇車二乗、乗駕六馬（簡63）／大車
　　一乗、駕四馬（簡64）／…、駕四馬（簡65）／軺車二乗、乗駕三
　　匹（簡66）／附馬二匹（簡67）／胡人一人、操弓矢、贖観、率附
　　馬一匹（簡68）／胡騎二匹、匹一人、其一人操附馬（簡69）／騎
　　九十六匹、匹一人（簡70）／輜車一乗、牛一、豎一人（簡71）／
　　牛・牛車各十、豎十人（簡72）

すなわち、木牘の「車十乗、馬五十匹」は簡60〜簡66 の6頭立て「安車」1・「大車」1・「輼車」2・「䡇車」2台、4頭立て「大車」1台と車種不明1台、3頭立て「軺車」2台の計10台と駕馬50体に該当する。「安車」は坐乗の車、「大車」は小車（＝軺車）に対する大型

の車、「輼」と「輬」は『説文』に「臥車なり」とあり、『漢書』霍光伝の注に引く孟康説には窓を閉めれば温かく（輼）開ければ涼しい（輬）という。秦始皇陵出土2号銅車馬（図8）のように、輿の周囲を遮蔽して窓を設けた大型車であろう。6頭立てと4頭立ては単轅車だが、3頭立て「軺車」は服馬1頭の双轅車であったと考えられる。この車馬編成をみると、「天子駕六」とされる6頭立て車馬が計6台もあるのは僭越だが、安車・大車・輼車・輬車という高級車を多数そろえることが列侯である墓主にとっての理想であったのだろう。しかし、実際のところ秦漢時代には6頭立て車馬が消失したらしく、秦始皇帝陵で発見された車馬はすべて4頭立てで、漢初には「天子よりして鈞駟を具えること能わず。而して将相の或るものは牛車に乗る」（『史記』平準書）とあり、天子ですら同じ色の4頭立て車馬を備えることができなかったからである。また、荊州張家山247号墓の『二年律令』簡516・517には長沙丞相が「長沙の地は低湿なため、馬には適しておりません。置には不足があって馴馬を一組すらそろえることができず、まだ伝馬はありません」とする報告を上げ、馬を購入して供給することが許可されたという記録がある（「三国時代出土文字資料の研究」班 2006）。漢初において南辺の長沙では馬の入手が困難で、4頭立て車馬を備えることもできなかったという。

　簡70には「騎」兵96体、簡69には「胡騎」兵が2体あること、その合計が木牘の「騎九十八匹」にあたること、「胡」の1体は弓矢を操ることをいう。「胡騎」は騎馬を指導する遊牧民であろうが、それが特記されていることからみると、漢人はまだ騎射に慣れていなかったことがうかがえる。

　簡71・72に「輼車」1台と「牛車」10台があげられているのは異例である。「輼車」は幌を架けた荷車、「牛車」は幌のない荷車で、い

ずれも輸送や農作業に用いる牛車であろう。先秦時代の大型墓に牛車
やその模型が副葬されることはなく、農業に基盤を置く墓主の性格を
ものがたっている。

　ちなみに、初代の軟侯利蒼は江夏郡軟県（河南省信陽市）の 700 戸
を受け（『漢書』高恵高后文功臣表）、さらに長沙国の丞相として社会
的・経済的基盤を築いた。馬王堆 3 号墓の遣策（簡 42）をみれば、墓
主にしたがう「男子明童」（木俑）は計 676 体、その内訳は官吏 15 体、
宦官 9 体、楽人 4 体、侍従 196 体、兵卒 300 体、召使い 150 体などで
ある。それぞれの内訳は簡 2 から簡 41 までの竹簡に分けて記され、
それが生前の家人と兵士の実数をあらわしているのかはともかく、利
豨の代にはいっそう大きな豪族に成長していた可能性が高い。

　最後に、同時期の地方官吏の車騎行列についてみておこう。湖北省
荊州市鳳凰山では 1973～75 年に 20 基あまりの前漢墓が発掘され、そ
のうち 168 号墓から生けるがごとき男性遺体が発見された（紀南城鳳
凰山一六八号漢墓発掘整理組 1975）。遺体の口中には「遂」と刻んだ玉
印が含まれ、55 歳ほどで死亡したらしい。1 槨 2 棺をもち、辺箱から
出土した竹牘には 4 行にわたって次の墨書があった。

　　十三年五月庚辰、江陵丞敢えて地下丞に告ぐ、市陽の五大夫の燧
　　みずから言えらく、大奴良等二十八人、大婢益等十八人、軺車二
　　乗、牛車一両、騶馬四匹、騚馬二匹、騎馬四匹と与にす、と。吏
　　に命じて以て事に従う可し、敢えて主に告ぐ。（大庭 1984）

これは江陵県の役人から冥界の役人にあてた「伝」という文書形式で
ある。墓主は南郡江陵県市陽里の人、名は「遂（燧）」、官爵最下位の
五大夫にあり、文帝 13 年（前 167）夏 5 月に没した。五大夫は二十等

爵の第9級で（公乗の1級上）、兪偉超（1975）は県令クラスの官吏と推測している。前漢後期に官秩六百石と爵位五大夫とが対応するものとされ、県令は秩千石から六百石であったからである。

　竹牘の「大奴」は成年男子の召使い、「良」はその名、「大婢」は同じく女の召使い、「益」はその名である。男の召使い28人と女の召使い18人、4頭立てと2頭立ての軺車各1台、牛車1台、騎馬4頭を地下の冥界へと道連れにしたことがわかる。「驕馬」は足の速い馬、「騮馬」は栗毛の馬であろう。

　辺箱からはまた遣策74枚が出土している。簡はばらばらの状態で出土したため順番は便宜的だが、召使いと車について記した簡1〜簡10の釈文は次のとおり（湖北省文物考古研究所 1993）。

　　案車一乗、馬四匹、有蓋、御一人、大奴（簡1）／軺車一乗、蓋一、馬二匹、御一人、大奴（簡2）／従馬男子四人、大奴（簡3）／令史二人、大奴（簡4）／（謁）者一人、大奴（簡5）／美人女子十人、大婢（簡6）／養女子四人、大婢（簡7）／田者男女各四人、大奴大婢各四人（簡8）／牛車一両、豎一人、大奴（簡9）／凡車二乗、馬十匹、人卅一、船一艘。（簡10）

簡10は簡1〜簡9の総計であり、簡の上端を黒く塗っている。簡1の「案車」は「安車」。竹牘に「軺車二乗」とあったのを遣策では簡1「案車一乗、馬四匹、有蓋」と簡2「軺車一乗、蓋一、馬二匹」に分けている。頭箱には車馬模型が副葬され、安車は4頭立て単轅車、軺車は2頭立て双轅車であり、車輿にちがいはないという。簡1・簡2に「御一人、大奴」とあり、いずれも「大奴」の御者が1体ずつ跪坐している。『周礼』大司徒では「御」は「六芸」のひとつであった

が、この時期には召使いが車馬の御者を務めるようになったのである。双轅式の軺車は服馬と驂馬の 2 頭。輿の中心に傘蓋があり、竹の蓋弓は 24 本。車輪は木板の牙 4 枚を接合し、竹の輻は 20 本である。牛車も双轅式で、後部に 4 本の横木を並べ、長方形の木柵を立てた簡単な車箱をもつ。車輪は木板の牙 4 枚を接合し、竹の輻は 13 本である。馬車は「乗」、牛車は「両」で数えている。簡 9 の「豎」は牛車を牽く男奴。

　頭箱と辺箱には、木俑 46 体（袖手女侍俑 10・持物女侍俑 3・持農具奴婢俑 17・佩剣男俑 4・騎馬男俑 4・御者男俑 2・牽牛男俑 1・漕船男俑 5 体）、木馬 10 体（うち鞍馬 4 体）、木牛 1 体、車と船の模型が副葬されていた。そのうち頭箱には佩剣俑 2・騎馬俑 2 体、4 頭立て単轅車 1 台、その両側に女俑 1 体ずつ、後ろに佩剣俑 2・騎馬俑 2 体、2 頭立て双轅車 1 台、その両側に女俑 1 体ずつ、後ろに双轅の牛車 1 台、農夫俑、5 人の乗る船が順に配列されていたという。墓主の霊魂は歩卒と騎兵に先導された安車に乗り、後ろに騎兵、軺車・牛車・船、家内労働者や農業労働者たちをしたがえて地下の冥界に旅立ったのであろう。簡 10 に計 41 人とあり、竹牘より 5 人少ないことについて、報告者は船上の 5 体を含まないからとしている。

　168 号墓の北 9.5 m に 1 椁 1 棺の 167 号墓があり、墓主は老年女性である（鳳凰山一六七号漢墓発掘整理小組 1976）。椁上から遣策が出土し、車模型と俑に関する簡 1〜簡 16 の釈文は次のとおり（吉林大学歴史系考古専業・赴開門弁学小分隊 1976）。

　軺一乗（簡 1）／駟牡馬二匹、歯六歳（簡 2）／御者一人（簡 3）／紫蓋一（簡 4）／謁者二人（簡 5）／侍女子二人、大婢（簡 6）／青侍女子二人、綉衣大婢（簡 7）／養女子二人、綉衣大婢（簡 8）／

牛者一人、大奴一人（簡9）／女子二人、持櫛箟綉大婢（簡10）／牛、牛車一両（簡11）／耕大奴四人（簡12）／責大婢四人（簡13）／小奴一人、持□□□（簡14）／大奴一人、持鉐（簡15）／小奴二人、持鋤（簡16）。

木椁の辺箱には木製の男女俑24体、馬・牛各1体、馬車・牛車各1台が副葬されていた。先頭は戟をもつ木俑2体で、「謁者」にあたる。墓主の軺車を迎え入れる門衛である。「軺一乗」の軺車模型1台は、168号墓の軺車と同じような2頭立て双轅車で、全長は60cm。車輪は木板の牙4枚を接合し、輻は16本である。輿の中央に傘蓋の柄が差し込まれ、傘蓋径61cm、蓋弓は23本、蓋帷は赤色で縁取りした紫色の絹布を張っている。それが簡4の「紫蓋一」にあたる。輿の外面は彩絵、内面は絹布で飾り、敷物と屏障にしている。前漢時代には女性用の軿車は用いられておらず、軺車とはいえ、女性用に仕立てたのであろう。車上には御者が跪坐している。この軺車にともなう木馬2体は、遣策にいう「騮牡馬二匹、歯六歳」である。「騮」は168号墓の「駵馬」と同じ栗毛の馬。軺車の後ろには男女俑が2列9行に並んでいる。前5行が女侍俑、後ろ4行が農具をもつ男俑で、牛車が後続している。車箱には薪を積み、簡9に車夫の「牛者一人」がある。牛車は輸送や農作業に用いられたのであろう。

　167号墓には紀年銘をもつ遺物がなく、墓葬や副葬品の型式からみて168号墓と同時期の夫婦異穴合葬墓と考えられている。使用人の数は計24人で、168号墓の半分ほどだが、墓主の老女は2頭立て軺車に乗り、侍女や農民たちをしたがえて冥界に旅立ったのである。

　一方、荊州市謝家橋1号墓は呂后5年（前183）に爵五大夫の「郎中大夫昌」が亡母のために造営した1椁1棺墓であり、「子・婦、

図 11　荊州市謝家橋1号墓出土車馬模型複製品（成都華通博物館・荊州博物館編 2011：
134-137 頁から合成作図）

偏・下妻、奴婢・馬・牛」の随葬を記した地下丞あての竹牘が出土し
た（荊州博物館 2009）。副葬された4頭立て安車と2頭立て軺車の模型
は、2台とも同じ赤褐色の傘蓋をもつ単轅車に復元されている（図
11）。詳細は遺策の報告をまつ必要があるが、この組合せは鳳凰山168
号墓と同じで、老女を埋葬した鳳凰山167号墓の例からみても、乗用
する車種に男女のちがいがなかったことがわかる。

　少吏クラスの墓主とみられる同時期の鳳凰山8号・9号墓にも2頭
立て軺車1台が副葬されている。男性墓主の8号墓には「軺車一乗、
蓋一（簡36）」に加えて「騎馬二匹（簡42）／大奴宜騎（簡43）／大奴
雍騎（簡44）」という遺策があり、木製の鞍馬2体が副葬されていた。
つまり、召使いの「宜」と「雍」の2人が騎馬にて墓主の乗る軺車に
したがっていたのである。御者や騎馬をはじめ車の管理や馬の世話な
ども、すべて召使いの役目だったのだろう。

　以上、斉王墓にともなう臨淄山王村の兵馬俑坑、列侯の長沙馬王堆
3号墓に副葬された遺策、爵五大夫の荊州鳳凰山168号墓、その夫人
の同167号墓、下吏の同8号墓に副葬された遺策と模型明器を例示し
た。山王村の兵馬俑が上述のように斉文王則（前165没）墓にともな
うものであるならば、いずれも文帝期に位置づけられる。それらは喪
葬儀礼の実際をあらわしたものではないとしても、諸侯王や列侯の兵

力は相当に強大であったことがうかがえ、馬王堆の6頭立て「安車」「大車」「輼車」「輬車」など車馬10台の副葬は、曾侯乙墓の例より規模が縮小しているとはいえ、前漢時代の諸侯王墓（岡村 2021：表3.4参照）を質量ともにしのいでいる。しかし、百官については、4頭立て安車を保有できたのは爵五大夫の鳳凰山168号墓と五大夫の亡母を埋葬した謝家橋1号墓だけであり、地方の下吏は2頭立て軺車に乗っていたのである。文帝期には景帝詔に「夫れ吏たる者は、民の師なれば、車駕・衣服は宜しく称うべし」というような車制がしだいに整いはじめていたことがうかがえる。

おわりに——車馬の衰退

　官僚たちのステイタスシンボルとして軺車が普及し、儒教国家としての礼制が整えられてゆく中、車の装備や行列編成に関する車制が成立した。下って後漢時代の画像石や壁画には墓主のかがやかしい地位をあらわす車騎行列が描かれた。その一例として2世紀中葉の内蒙古自治区ホリンゴール「護烏桓校尉」墓をみておこう。

　それは前室・中室・後室と3耳室からなる全長19.85ｍの大型甎室墓で、壁画の榜題によって前室の周壁には墓主が「挙孝廉時」から「郎」「西河長史」「行上郡属国都尉時」「繁陽令」を経て「使持節護烏桓校尉」に栄達するまで各段階の車騎行列図が時系列にそって描かれていた。まず「挙孝廉時」の主車は白蓋、つづく「郎」では黒蓋の1頭立て軺車である。郎官は秩三百石であるから、それぞれ輿服志の「二百石以下は白布蓋」と「三百石以上は皂布蓋」にあたる。「行上郡属国都尉時」の行列では斧車が先導し、輿服志の「県令以上には導斧車を加える」に合致する。「使持節」は上級の将軍号、「護烏桓校尉」

は遊牧民の烏桓を監督する軍政務官で、秩比二千石。車騎行列の先頭
は「雁門長史」と「校尉行部」の導騎、1 頭立て白蓋車 2 台、「功曹
従事」と「別駕従事」の 2 頭立て黒蓋車がつづき、主車は 3 頭立て黒
蓋車である。輿服志は中二千石以上が右騑（服馬と右驂馬の 2 頭立て）、
二千石以下が服馬だけの 1 頭立てというから、それを僭越している。
主車の後ろには従騎 10 人あまりと 1 頭立て白蓋車、3 頭立て斧車が
縦列し、「護烏桓校尉」の車騎行列は全体として車 10 台、馬 129 匹、
騎吏など 128 人を数える壮大な規模である（内蒙古自治区博物館文物工
作隊編 1978）。

　しかし、黄巾の乱（184 年）にはじまる後漢末期の動乱によって、
車馬から騎馬へのシフトが急速に進んだ。騎馬はスピードが速く、安
価にして簡便であったからである。しかも、戦乱によって道路のメン
テナンスが滞り、1 馬力の軺車はもはや無用の長物になってしまった。
　車馬が衰退する一方、騎馬を飾り立てることがはじまる。漢代の
「騎士」は半官半民の身分で（高村 2004）、前節にみたように荊州鳳凰
山 8 号墓の馬には召使いが騎乗しており、騎馬を飾ることはほとんど
なかった。ところが、西晋永寧 2 年（302）の長沙金盆嶺 21 号墓から
出土した 20 体の騎馬俑は、馬に豪華な鞍橋（くらぼね）・障泥（あおり）・胸当てを装着し、
騎吏の 3 体には左足側に鐙（あぶみ）が垂下している。漢晋間において馬具の改
良と装飾化が進められたのである。洛陽西朱村曹魏大墓から「馬五匹、
鞍・勒自副」と刻まれた石牌が出土し、『初学記』武部に引く『魏百
官名』に（三公には）「紫茸題頭高橋鞍一具」とあり（孫 1981）、魏王
曹操が老臣の楊彪に「八百里驊騮馬一匹、赤戎金装鞍轡十副、鈴苞一
具」（「曹公与楊太尉書論刑楊脩」『古文苑』巻 10 所収）を贈ったことなど
からみると、上級貴族の用いる華麗な馬装は漢末・三国時代に出現し
ていた可能性が高い（岡村 2021: 313-326 頁）。

しかし、礼制の中に騎馬が採用されることはなかった。『晋書』輿服志には官爵に対応した馬3頭立てと2頭立ての「安車」、馬1頭立て「軺車」、高貴な女性の乗る馬3頭立てと2頭立ての「軿車」と「安車」が用いられたほか、王公貴族の乗る「雲母車」「皁輪車」「油幢車」「通幰車」という4種の牛車が新たに加えられた。漢代に蔑まれていた牛車が晋では一転して高級貴族の乗り物になったのに、騎馬はいくら表面的に金銀で飾り立てても威信財にはなりえなかったのである。

略号

合集……中国社会科学院歴史研究所編『甲骨文合集』（中華書局、1977-1982年）
集成……中国社会科学院考古研究所編『殷周金文集成（修訂増補本）』（中華書局、2007年）

参考文献
【日本語】
大庭脩 1984「冥土へのパスポート」『木簡学入門』講談社学術文庫 649
岡村秀典 1993「馬車から騎馬へ」『しにか』第4巻第7号
岡村秀典 2021『東アジア古代の車社会史』臨川書店
川又正智 1994『ウマ駆ける古代アジア』講談社選書メチエ 11
菊地大樹 2010「馬車を牽くウマ」『中国考古学』第 10 号
菊地大樹 2017「中国古代家畜馬再考」『駒澤考古』第 42 号
佐原康夫 1988「居延漢簡月俸考」『古史春秋』第5号（同 2002『漢代都市機構の研究』汲古書院に再録）
「三国時代出土文字資料の研究」班 2006「江陵張家山漢墓出土「二年律令」訳注稿その（三）」『東方学報』京都第 78 冊
高村武幸 2004「漢代の材官・騎士の身分について」『日本秦漢史学会会報』第5号（同 2008『漢代の地方官吏と地域社会』汲古書院に再録）
ニーダム，ジョセフ 1979（田中淡ほか訳）『中国の科学と文明（土木工学）』第 10 巻、思索社
林巳奈夫 1959「中国先秦時代の馬車」『東方学報』京都第 29 冊（同 2018『中国古代車馬研究』臨川書店に加筆再録）
林巳奈夫 1972『中国殷周時代の武器』京都大学人文科学研究所

【中国語】

蔡慶良 2002「45 師同鼎」『吉金鋳国史―周原出土西周青銅器精粋』文物出版社

蔡大偉・孫洋・湯卓煒・周慧 2014「中国北方地区黄牛起源的分子考古学研究」『第四紀研究』第 34 巻第 1 期

常懐穎 2015「曾侯乙墓的葬車及相関問題」『江漢考古』第 5 期

成都華通博物館・荊州博物館編 2011『楚風漢韻　荊州出土楚漢文物集萃』文物出版社

鳳凰山一六七号漢墓発掘整理小組 1976「江陵鳳凰山一六七号漢墓発掘簡報」『文物』第 10 期

甘粛省博物館 1972「武威磨嘴子三座漢墓発掘簡報」『文物』第 12 期

湖北省文物考古研究所 1993「江陵鳳凰山一六八号漢墓」『考古学報』第 4 期

湖北省文物考古研究所・襄陽市文物考古研究所・棗陽市文物考古隊 2019「湖北棗陽九連墩Ｍ２発掘簡報」『江漢考古』第 6 期

湖南省博物館・湖南省文物考古研究所 2004『長沙馬王堆二、三号漢墓』（第 1 巻、田野考古発掘報告）文物出版社

胡松梅・楊苗苗・孫周勇・邵晶 2016「2012～2013 年度陝西神木石峁遺址出土動物遺存研究」『考古与文物』第 4 期

吉林大学歴史系考古専業・赴開門弁学小分隊 1976「鳳凰山一六七号漢墓遣策考釈」『文物』第 10 期

紀南城鳳凰山一六八号漢墓発掘整理組 1975「湖北江陵鳳凰山一六八号漢墓発掘簡報」『文物』第 9 期

荊州博物館 2009「湖北荊州謝家橋一号漢墓発掘簡報」『文物』第 4 期

李零 1992「"車馬"与"大車"（跋師同鼎）」『考古与文物』第 2 期

李学勤 1983「師同鼎試探」『文物』第 6 期

劉一曼 2000「殷墟車子遺迹及甲骨金文中的車字」『中原文物』第 2 期

劉一曼 2003「略論商代後期軍隊的武器装備与兵種」『商承祚教授百年誕辰紀念文集』文物出版社

劉増貴 1993「漢隋間的車駕制度」『中央研究院歴史語言研究所集刊』第 63 本第 2 分

羅小華 2017『戦国簡冊中車馬器物及制度研究』武漢大学出版社

内蒙古自治区博物館文物工作隊編 1978『和林格爾漢墓壁画』文物出版社

斉思和 1938「戦国制度攷」『燕京学報』第 24 期

秦始皇兵馬俑博物館・陝西省考古研究所 1998『秦始皇陵銅車馬発掘報告』文物出版社

山東省文物考古研究所・淄博市臨淄区文物管理局 2016「山東臨淄山王村漢代兵馬俑坑発掘簡報」『文物』第 6 期

山東省文物考古研究所・淄博市臨淄区文物管理局編 2017『臨淄山王村漢代兵馬

俑』文物出版社
陝西省文管会・陝西省博物館・咸陽市博物館（楊家湾漢墓発掘小組）1977「咸陽楊家湾漢墓発掘簡報」『文物』第10期
孫機 1981「唐代的馬具与馬飾」『文物』第10期（同 1993『中国古輿服論叢』文物出版社に再録）
王振鐸 1997『東漢車制復原研究』、科学出版社
武家璧・賈漢清・丁家元 2015「横式車陣—熊家冢車馬坑研究之一」『荊楚文物』第2輯
蕭聖中 2011『曾侯乙墓竹簡釈文補正暨車馬制度研究』科学出版社
徐龍国 2019「山東臨淄山王村漢墓陪葬坑的幾個問題」『考古』第9期
楊寛 1980『戦国史』第2版、上海人民出版社
兪偉超 1975「関于鳳凰山一六八号漢墓座談紀要」『文物』第9期
展力・周世曲 1977「試談楊家湾漢墓騎兵俑—対西漢前期騎兵問題的探討」『文物』第10期
張長寿・張孝光 1980「説伏兔与画轓」『考古』第4期
中国科学院考古研究所 1962『灃西発掘報告』文物出版社
中国科学院考古研究所内蒙古工作隊 1975「寧城南山根遺址発掘報告」『考古学報』第2期
中国社会科学院考古研究所 1998『安陽殷墟郭家荘商代墓葬（1982年～1992年発掘報告）』中国大百科全書出版社
中国社会科学院考古研究所安陽工作隊 1987「安陽武官村北地商代祭祀坑的発掘」『考古』第12期
【英語】
Piggott, Stuart 1974. Chariots in the Caucasus and in China, *Antiquity*, Vol. 68
Piggott, Stuart 1983. *The Earliest Wheeled Transport; From the Atlantic Coast to the Caspian Sea*, Thames and Hudson
Shaughnessy, Edward L. 1988 Historical Perspectives on the Introduction of the Chariot into China, *Harvard Journal of Asiatic Studies*, Vol. 48, no. 1

第4章　牧馬の育成
——中国古代養馬史の再構築——

菊　地　大　樹

は　じ　め　に

　ウマの育成に携わるなかで、「種が三分で厩が七分」という言葉がある（小津 1946）。いくら品種改良をして血統のよい仔馬が産まれても、その後の育て方が拙ければ、身体が貧弱で用役に応じた能力を持たず、立派なウマに仕上がることはないと、育成の重要性を説いたものである。

　中国においてウマが本格的に利用され始めたおよそ紀元前 14 世紀以降、軍事、権力、交易、祭祀や通信といった、あらゆる社会・経済システムのなかで、ウマは中核的な役割を担う大家畜となっていく。秦始皇帝陵兵馬俑坑に代表されるように、大軍団を支えた大量の軍馬については良く知るところであるが、それを支えた馬匹生産体制の実態については、多くの歴史書があるものの詳しく記されていない。ウマの大量消費も、その背景に安定的な生産体制が存在していたからに他ならない。本稿では、中国古代の馬匹生産体制に焦点をあて、その実態を解き明かしていきたい。

第1節　中国最古の飼養記録

　中国における本格的な家畜馬の利用は、およそ紀元前 14 世紀の殷代後期に始まる。それ以前の新石器時代遺跡からも馬骨は出土してい

（合集29415）　　　　　（合集29416）

ウマの飼養にかんする甲骨文

殷墟安鋼車馬坑 M1-M5 全景　　　　　　婦好墓出土馬形玉佩

図1　殷墟遺跡にみられる家畜馬の利用
（郭主編 1977-1982、中国社会科学院考古研究所 1980）

るものの散発的であり、いまのところ家畜馬と実証された痕跡は見つ
かっていない。殷代後期の都である河南省安陽市殷墟遺跡からは、突
如として車馬坑や祭祀坑から大量の犠牲馬が出土しており、この時期
からウマの利用が急速に展開していく（図1）。

　殷墟遺跡からは、卜骨や卜甲が大量に出土しており、甲骨文には養
馬や牧にかんする記述が確認できるが、具体的な内容までは記されて
おらず、実態は良くわからない。しかし、たとえば王陵区の武官村北
地祭祀坑にみる大量の犠牲馬は、ほとんどが働き盛りのオスの若壮齢
馬に集中しており（中国社会科学院考古研究所安陽工作隊 1987）、惜しげ
もなくウマの大量消費を可能とした背景に馬匹生産体制の存在が窺え
る。また、飼育地を議論する指標のひとつであるストロンチウム同位
体比の分析からは、在地で集約的に飼われていたブタとは異なり、ウ
マは在地のほか、周辺の複数地点で飼われていた可能性が指摘されて

いる（趙ほか 2015）。牧畜的家畜であるウマは、厩舎のような限定空間だけで飼養管理することは適当でなく、広い敷地とその維持管理が必要となる。そして、車馬坑に代表されるように、戦車に繋ぐなど、用役のための調教もふくめた飼養技術の知識が求められることから、殷の人々がウマを導入する際に、飼養技術体系もあわせて持ち込んだことが強く想定される。こうした馬匹生産体制の具体像を窺い知るには、後世に古典籍が編まれるまでのおよそ 1000 年間待たねばならない。そこでまずは、古典籍や出土文字資料から、中国古代の馬匹生産体制についてみてみることにしよう。

第2節　古典籍、出土文字資料にみる馬飼集団

　ウマは、季節繁殖をする動物で、一年に 1 頭、春先に仔馬を産む。このようなウマの生態にあわせた飼養管理の年間行事が、さまざまな官職のもとで執りおこなわれていたことが、戦国時代から前漢代に編纂された『周礼』や『礼記』といった儒教経典に記されている（岡村 2003、2005、菊地 2012）。

　まず、牧はどのような場所に設置されたのか。一般的にウマを飼養するには広大な土地が必要となる。それについては、牧は都から離れた遠郊の地に設けられていたことが、『周礼』地官載師や『国語』周語から知ることができる。そして、『周礼』夏官牧師には、牧は、牧師という官職が維持管理を掌り、管理する家畜の交配についてもその任を負うと記されている。

　『周礼』夏官校人によると、ウマは校人を長とした組織により、王のウマを調教して養うとあり、選別された良馬は、さまざまな職掌をもった官職によって飼養管理されていた。当時の馬車は 4 頭立てが基

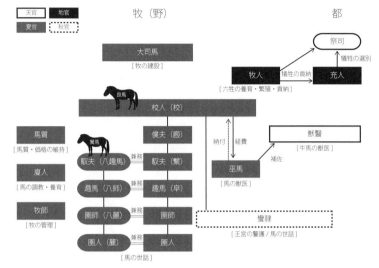

図2 『周礼』にみる馬飼集団 (筆者作成)

本であり、最小単位の一乗 (4頭) ごとに圉師一名と、各馬の世話に圉人が一名配置される。圉師は圉人にウマの飼養方法を教えるとともに、厩舎の環境整備もおこなう。圉人は圉師の指示にもとづき、ウマを直接世話する。一乗の三倍 (12頭) の頭数を「皁」とよび、皁ごとに趣馬という官職が一名配置される。その三倍 (36頭) を「繋」とよび、繋ごとに馭夫という官職を一名置く。この繋の六倍 (216頭) を「厩」とよび、厩ごとに僕夫という官職が一名配置される。そして、厩の六倍 (1296頭) は「校」とよばれ、左右一校ずつ設置し、校人が統括していた。このほか、ウマは貴重な資産であったことから、良馬としての規定に適さない駑馬も、同じように官職を配置し飼養管理している。駑馬は良馬の三倍もの頭数になるため、一人当たりが世話をする頭数が多い。直接ウマを世話する圉人は、最小単位の2頭を世話

し、その八倍（16頭）の頭数を圉師が管理する。そして、趣馬はその八倍（128頭）を監督し、さらにその八倍（1024頭）を駁夫が統率する（図2）。

　秦始皇帝陵の東側では、1976〜77年にかけて、南北に連なる平面が長方形の竪穴土坑が発見された（秦俑坑考古隊 1980）。竪穴には、馬俑ではなく実際のウマが埋葬されており、その傍には圉師が配置され、ウマの頭上に置かれた陶盆には、餌となる雑穀類が入っていたという。また、馬厩坑から出土した陶製の盆や鉢には、「中厩」「左厩」「宮厩」「三厩」「大厩」といった文字が刻まれており、秦王朝における馬厩の編制を知ることができる（図3）。こうした官厩名については、竹簡を封印した封泥のなかにも確認される。

　このように、頭数に応じて配置された官職のもとで飼養管理されるウマは、『周礼』夏官廋人によれば、2歳で去勢、3歳で調教がはじまる。廋人は、ウマの育成や調教を掌るほか、ウマに関わる祭祀や圉人への指導もおこなっていた。去勢の効果はさまざまだが、ひとつには、気性がおさまり制御がしやすくなるという特徴がある。いまのところ、遺跡から出土する馬骨からは去勢の有無を判定することは難しいが、秦始皇陵出土銅車馬のウマは去勢されていることがわかる（袁 2003、図4）。

　このほか、牛馬の疾病に対処する獣医が専属でおり、獣医を補佐し、ウマの疾病に対処する巫馬という官職がいたことが、『周礼』天官冢宰や『周礼』夏官巫馬からわかる。また、『周礼』夏官馬質には、官用馬の購入を掌る馬質という官職がおり、ウマが不足した場合などに、品質や価値を維持しながら、適切に取引きされていたようである。

　このように、さまざまな職掌を担った官職により組織された馬匹生産体制は、季節繁殖するウマの生態に合わせた飼養管理の年間行事が

秦始皇帝陵上焦村馬厩坑

馬厩坑土器出土状況

左厩容八斗

三厩　　　　宮厩

馬厩坑出土土器陶文

図 3　秦王朝における馬厩の編制（筆者撮影、秦俑坑考古隊 1980）

1号俑車馬の局部

騎馬俑の局部

図4　考古資料からわかる去勢の有無（筆者撮影）

執りおこなわれていた。ここでは、『礼記』に依りながら、代表的な行事についてみてみることにする。

　孟春（1月）は、牧師により野焼きが実施される。野焼きには、燃え残った草類の灰が、のちに生える草類の養分となり、生育を促進して柔軟良質な草類を得る効果がある。また、家畜に有害な獣や虫の駆除、灌木などの発生を防止し、放牧時の採草作業を容易にさせる（園田 1932）。季春（3月）には、牧師によりオス馬をメス馬がいる牧に放って交配させる。この時期はウマの発情期であり、ウマの生態を熟知した行事が執りおこなわれていた。仲夏（5月）には、生後一年たった仔馬を母馬から離す。使役馬として調教する場合、2歳頃からはじめるのが適当とされる（久合田 1941）。この行事は「執駒」と呼ばれ、西周時代中期の銘文にも確認される（中国社会科学院考古研究所編 2007、李 1994、図5）。季夏（6月）には干し草を徴収し、寒さが訪れる仲冬（11月）には、放牧飼いから厩舎飼いに切り替える。このように、ウマの生態を熟知しながら、季節性をともなった年間行事が実施されていた（図6）。次に戦国秦から統一秦時代の法律文書を参照しながら、当時の馬匹生産について考えてみたい。

　1975年、湖北省雲夢県睡虎地にて、戦国秦から統一秦時代の墓が

図5 陝西省眉県李村出土盉駒尊（李 1994 を一部改変）

12 基発見された。そのうち 11 号墓には、官吏であった「喜」という人物が、秦の法律および法律関連文書が書かれた竹簡 1155 枚とともに埋葬されていた（雲夢睡虎地秦墓編写組 1981）。秦の法律が記された「睡虎地秦簡」とよばれるこれら竹簡からは、秦が実施していた、馬匹生産にかかわる具体的な政策の一端を知ることができる（睡虎地秦墓竹簡整理小組編 1990）。

　たとえば「倉律」には、馬車を牽く伝馬には禾の給餌が認められており、原則として一日一回に制限されるが、労役に応じて栄養価の高い穀類が複数回与えられることもあった。禾は粟や黍といった C4 植物の穀類を指し、芻稿とは別に帳簿上で管理され、労役に応じた支給量が厳格に規定されていた。芻稿の徴収については、大量の家畜牛馬を維持するための飼葉、稿や穀類を徴収していたことが「田律」に記

図6　季節性をともなったウマ飼養の年間行事（筆者作成）

されている。芻稾の徴収は、所有している田地の規模に応じて決められ、一頃（百畝182アール）ごとに、芻（飼葉）は三石、稾は二石を納める。一石は120斤、睡虎地秦墓竹簡整理小組の注釈では、秦の一斤は現在の半斤（250ｇ）であることから、三石は90ｋｇとなる。このように、秦ではウマへの給餌規定とともに馬匹生産を支える社会制度も整っていたことがわかる。

　このほか、戦国時代には駅伝制の整備にともない交通網が発達すると、諸侯国間の往来が活発となり、ウマへの防疫対策が図られるようになる。「法律答問」をみると、諸侯国から来客があった場合には、馬車の軛（車をウマに繋ぐための装着部品）を燻蒸するとある。これは、ウマに直接触れる軛や革帯には、ウマに害をもたらす寄生虫が付着していることがあり、燻蒸することで寄生虫を死滅させ、流入を防ぐ効

果がある。ノミ、シラミ、ダニといった害虫は、ウマにとっても有害
であり、特にダニは、皮膚炎や家畜伝染性疾病を引き起こすことから
注意が必要となる。燻蒸は、ダニの除去を主要目的としていたのであ
ろう。

第3節　考古科学からみた養馬技術

　近年、考古学の世界では、自然科学分析を取り入れた研究が進展し
ており、考古科学とよばれる分野が確立している。遺跡から出土した
動物骨を分析対象とする動物考古学では、動物骨の形態学的分析から、
大きさ、年齢や性別を推定し、生前の利用形態を復元するほか、同位
体化学を組み合わせることで、当時の食性や飼育地の推定から、家畜
化の程度や飼養形態などが議論されている。

　動物考古学で多用されている同位体分析には、骨コラーゲンの安定
同位体比分析が代表的である。骨コラーゲンは、動物が生存期間にお
いて摂取した食物由来のアミノ酸を平均値で評価することは可能であ
るが（Libby et al. 1964）、時系列を追うことができない。そこでこの課
題を解決するため、骨ではなく、歯のエナメル質に含まれる炭素
（δ^{13}C）の安定同位体比を測定する技術が注目されている（Cerling and
Harris 1999）。哺乳動物の歯のエナメル質に含まれる炭素原子は、その
動物の成長期に摂取したすべての食物に含まれる炭素に由来している。
エナメル質の形成過程において、消化されて血中に溶出した炭素は、
ハイドロキシアパタイトの炭酸塩に沈着して鉱質化する。そして、一
度エナメル質の鉱質化が完了すると、外部からの炭素供給が止まり、
その後に摂取した食物由来の炭素原子の影響を受けない。その形成時
期は歯種によって異なっており、ウマは、産まれる前の母体中から第

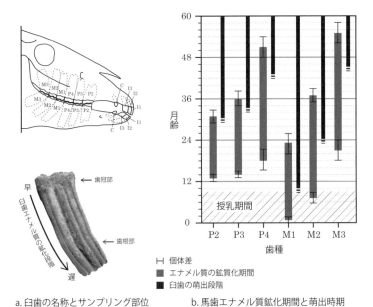

a. 臼歯の名称とサンプリング部位　　b. 馬歯エナメル質鉱化期間と萌出時期

図 7　馬歯エナメル質の同位体比分析
（Cornwall 1956, Hoppe et al. 2004 をもとに筆者作成）

一後臼歯（M 1）の形成がはじまり、第三後臼歯（M 3）歯根部のエナ
メル質鉱質化が完了し、永久歯が完全に生え揃うまでの期間は、およ
そ 60 ヶ月齢を要する（図 7）。そのため、臼歯には 0 歳から 4 歳まで
の炭素同位体比の変動が記録されている（Hoppe et al. 2004）。そこでこ
の特性を利用し、臼歯の萌出段階や四肢骨関節部の癒合状態から年齢
を推定したのち、歯のエナメル質の形成時期を考慮し、ハイドロキシ
アパタイトの炭素同位体比を分析することで、仔馬の成長過程におけ
る給餌実態を復元することが可能となる（菊地ほか 2014）。

　植物は、光合成の代謝経路の違いで C 3 植物（稲、麦、大豆など）、
C 4 植物（粟、黍、トウモロコシなど）と CAM 植物（砂漠などに生息する

多肉植物など）に大別される。東アジアの自然環境下ではC3植物が優占し、C4植物は粟などの一部の栽培植物のみである。CAM植物の分布は地域が限定されているので、食物として利用された可能性は極めて低い。炭素同位体比をみると、C4植物は、C3植物よりも6‰高い値を示すことがわかっており、粟といったC4栽培植物を摂取した哺乳動物の歯のエナメル質の炭素同位体比は、C3植物を摂取したものよりも明確に高い値を示す（Bender 1971）。

今日では、C3植物を主に摂取していた場合の炭素同位体比は−8‰よりも低く、C4植物が主体の場合は−2‰よりも高い値を示すことがわかっており、その中間値については、C3植物とC4植物のどちらにも偏ることなく、両者を摂取していると定義されている（Cerling and Harris 1999、Uno et al. 2011）。

歯のエナメル質の同位体分析は、飼養地の推定や長距離移動の有無を同時に検証することも可能であり、酸素同位体比とストロンチウム同位体比の分析も併せて進めている。

酸素同位体（$\delta^{18}O$）比は、各気候帯において2‰以上の差異を示すことが知られており（中井ほか 1993）、長距離移動した個体を識別するのに有効な指標とされている。また、ストロンチウム同位体比は地質に由来し、岩石に含有するストロンチウム（$^{87}Sr/^{86}Sr$）が地下水などに溶け、飲み水や植物を通じて動物に摂取され、骨や歯に蓄積される。そのため、酸素同位体比と組み合わせることで、移動した個体の識別に有効な手段となる（Hodell et al. 2004、Bentley 2006）。これら二つの安定同位体比は、炭素同位体比の分析でもちいる歯のエナメル質で分析できることから、炭素同位体比と組み合わせることで、時期的な変動を捉えることが可能となり、飼育地の移動の有無を評価することができる。また、同一サンプルで分析できるため、サンプリングによる資料

の損傷も最小限に留める利点もある。次に、実際に遺跡から出土した
馬骨の分析結果をみてみることにしよう。

西周時代の飼養技術

　陝西省西安市長安区の東南およそ 5 km、東西を河にはさまれ、南
には秦嶺山脈をのぞむ小高い丘陵地上に位置する少 陵 原遺跡では、
　　　　　　　　　　　　　　　　　　　　　　　　しょうりょうげん
西周時代前期から後期にわたる 429 基の墓と 3 基の馬坑が発見されて
いる（陝西省考古研究院 2009）。このような環境は、後世の牧が営まれ
る地理的特徴と一致しており、我が国の古墳時代や古代に営まれた牧
の立地環境との共通点もあることは興味深い。少陵原遺跡は、副葬品
などの分析から平民階層の墓地だと考えられており、馬坑はⅠ区から
Ⅴ区まである墓域のⅢ区とⅤ区で発見され、計 10 個体のウマが出土
している。

　一号馬坑は、幼馬が 6 個体、二号馬坑は壮齢馬と幼馬がそれぞれ 1
個体、三号馬坑は老齢馬が 2 個体で、うち 1 個体はメスと考えられる。
ウマの体高（鬐甲から地面までの垂直高で、ウマの大きさをあらわす指標）
は 132〜142 cm であり、一般的な蒙古馬系統の中型馬に相当する（菊
地 2013）。馬歯の同位体分析では、一号馬坑から出土した仔馬のほと
んどが、0〜2 歳時の炭素同位体比が −8‰ 以下を示しており、主に C
3 植物に依存していた。そのなかで 1 号馬だけは、3 歳以降に急激な
炭素同位体比の変動が確認され、C 3 植物主体の食性から C 4 植物の
摂取率が上昇する現象が認められた。また、二号馬坑のオスの壮齢馬
と三号馬坑のメスの老齢馬も特徴的な食性傾向を示しており、出生し
てから成長しきるまでの間、一貫して C 4 植物の摂取率が非常に高
かった。特にメスの老齢馬の下顎第二前臼歯（P2）には、馬銜（ハ
ミ）の異常咬耗によるものと考えられる特徴的な磨滅痕が確認される

ことから、長期的な厩舎飼いによる環境ストレスも考えられる（菊地ほか 2014）。このように、仔馬は野草を食むような自由放牧主体の飼育環境下にあるなか、一定の年齢に達すると人為的な飼料を与えられる環境へ移行していたことが想定された。その一方で、オスの壮齢馬とメスの老齢馬は、出生後から人為的に雑穀類の飼料を給餌されており、年齢や性別によって食性が異なる現象がみられた。

戦国時代の飼養技術

西周時代が終焉を迎えると、群雄割拠の春秋戦国時代がはじまる。戦国時代秦国の領域である陝西省の関中盆地一帯は、古来より馬匹生産に適していることが『周礼』夏官職方氏などに記されており、秦国にかんする遺跡からは、これまで数多くのウマが出土している。西安市北の咸陽市に位置する、秦恵文王の子である武王の永陵に比定される司家荘秦陵の陵園が発掘調査され、中小型墓群とともにウマが一頭ずつ犠牲となる祭祀馬坑群が発見された（陝西省考古研究院 2018）。出土遺物から、年代は戦国中後期と推定される。現地名から名づけられた閻家寨遺跡の祭祀馬坑は 37 基発掘調査され、そのうち 33 個体について分析されている（菊地・覚張 2018、陝西省考古研究院 2018）。犠牲馬の体高は 125〜151 cm と、蒙古馬系統の中型馬から大型馬の体高域にあり、やや幅があるものの、2 個体をのぞき 134 cm 以上であった。年齢と性別が明らかな個体は、すべてオスの若齢馬となる。

分析可能な 9 個体の炭素、酸素およびストロンチウム同位体比は、それぞれ $\delta^{13}C = -4.2 \pm 1.8‰$、$\delta^{18}O = -6.4 \pm 0.3‰$、$^{87}Sr/^{86}Sr = 0.71124 \pm 0.00010$ であった。まず、各個体の炭素同位体比の変動を評価した結果、多くの個体で 0〜2 歳までは、C3 植物と C4 植物の両者を摂取する食性であったが、2 歳以降から次第に C4 植物の摂取率の上昇

が認められ、永久歯が生えそろう頃には雑穀類を主体とする食性となる。ストロンチウム同位体比の変動を個体ごとに検証したところ、炭素同位体比で2歳以降に雑穀類主体の食性となる特徴的な変動を示す個体のなかに、幼馬期の飼育地とは異なる環境下にあった可能性がある個体が認められた。この特徴的な傾向を示した個体に注目し、酸素同位体比の結果と照合したところ変動傾向が一致したことから、成長過程に応じて飼育地が変わっており、複数箇所の牧の存在や、飼養形態に応じた牧の移動、他地域からの流入などの可能性が想定される。そのタイミングは3歳前後であり、『周礼』夏官廋人にみる調教の時期と合致していることから、睡虎地秦簡の「倉律」や「田律」にみる給餌形態とそれを支えた社会制度が示唆するように、使役馬として調教がはじまり運動量が多くなると、栄養価の高い雑穀類が給餌されていたのであろう。このように戦国時代の馬匹生産体制は、萌芽的な西周時代と比較すると、より成熟度が増していたことがわかる。

遊牧民の飼養技術

　戦国秦が東方六国と対峙していた頃、北の黄土高原山岳地帯では、遊牧民が活発に活動しており、彼らは秦国をはじめとする農牧接触地帯に隣接する国と対峙や交流を繰り返していた。陝西省黄陵県で発見された寨頭河遺跡は、戦国時代前中期に魏国との交流が盛んであった遊牧民である戎人の墓地である。墓域からはウシ、ヒツジやヤギとともに、ウマの頭や指骨部分を埋葬する、遊牧民に特徴的な習俗が確認されるほか、2基の馬坑にはウマが全身埋葬されるなど、中国王朝の領域内にみる習俗も受容されていたことが窺える（菊地 2014）。出土馬の体高は、戦国秦のウマと比べるとやや小型の123〜137cmで、犠牲となるウマはすべてオスの若齢馬であった。同位体分析を実施し

た3個体の結果は、ともにC3植物とC4植物のどちらにも偏ることない食性を示し、ストロンチウム同位体比も在地で飼われていた値を示していた（陝西省考古研究院ほか 2018）。当時、彼らが有力諸侯国と活発に交流していたことは、副葬品などの考古資料からも明らかであるが、馬匹生産にかんする技術は受容せず、独自の飼養管理を維持し続けていたことが窺える。

　このように、西周時代に萌芽的であった馬匹生産体制は、戦国時代になると社会制度の整備とあわせて成熟していく。しかし、その飼養技術体系は中国王朝の領域内である農耕民に限定的であり、北の遊牧社会には受容されなかった。次に、彼らが利用していた当時のウマは、どのような様相であったのかみてみることにしよう。

第4節　古代馬の実像

　中国古代では、さまざまなウマが利用されていたことが、古典籍、出土文字資料や考古資料から窺える。ここでは、秦国のウマを中心にみていくことにする。

　秦始皇帝陵兵馬俑坑からは、これまで大量の兵士俑とともに600体ほどの馬俑が出土している。一号兵馬俑坑の隊列に編制された戦車の馬俑（n＝17）の平均体高は131.7 cm（陝西省考古研究所・始皇陵秦俑坑考古発掘隊 1988）、2009〜2011年に同坑北部T23G9より出土した栗毛の彩色が残っていた馬俑は、未修復ながら体高124〜137.6 cmと推定されている（秦始皇帝陵博物院 2018）。二号兵馬俑坑からは、クッション性のある革製の軽量鞍をつけた騎馬俑が出土しており、体高は133 cmであった（袁 2014、図8-1）。このほか三号兵馬俑坑では、実物の二分の一サイズとされる銅車馬が出土している。一、二号銅馬の

140

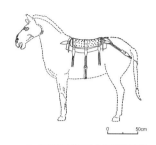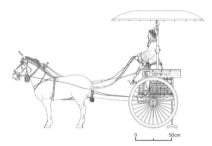

1．秦始皇帝陵二号兵馬俑坑騎馬俑　　　　2．秦始皇帝陵三号兵馬俑坑一号銅車馬

図8　秦始皇帝陵兵馬俑坑出土騎馬俑と銅車馬（1. 袁 2014、2. 秦始皇兵馬俑博物館・陝西省考古研究所 1998）

体高は 65.2〜66.8 cm であり、復元した推定体高は 130.4〜133.6 cm となる（図8-2）。

　秦が興った地は、草原地帯を介して西方の文化をいち早く受容できた。この地を起点とした東西交流史の幕開けは、これまで前漢武帝期に大宛国よりもたらされたとされる汗血馬（かんけつば）に象徴されてきた。しかし、近年のさまざまな研究成果から、新石器時代よりすでに萌芽的な東西交流ははじまっており、原始的なシルクロードの存在が想定されている。秦ではこのような地の利を活かして馬匹生産体制を構築し、軍馬に要求される規定がすでに確立していた。

　睡虎地秦簡の「秦律雑抄」をみると、軍馬の選定条件には五尺八寸以上の体高が要求されている（睡虎地秦墓竹簡整理小組 1990）。当時の秦尺はおよそ 23 cm であることから、軍馬に必要とされる体高は 133.4 cm 以上となる。また、岳麓書院秦簡の「金布律」には、使役馬に性差問わず五尺五寸（126.5 cm）以上の体高を求めており、そこには4歳以上という年齢条件もあった（「秦代出土文字史料の研究」班 2018）。このような規定をみるかぎり、兵馬俑坑の馬俑は、まさに理

想像を表現したものであり、閻家寨遺跡祭祀馬坑群から出土したウマはこの条件を満たしていることから、戦国時代中後期にはこうした規定が制定されていた可能性がある。そして、4歳以上という年齢は、乳歯から永久歯に生え変わり、関節部も成長しきる時期であることから、秦がどれほどウマの生態を熟知していたかが窺えよう。ただし、当時はこうした理想的なウマばかりでなかったことは、『周礼』夏官校人にみる、駑馬の扱いにかんする規定や、戦国秦から統一秦にみる多様な馬意匠からも強く想定される（図9）。戦乱のなかで軍馬の利用形態が車馬から騎馬へと転換する戦国時代において、ウマを熟知していた秦では、その変革の波に適応するため、多種多様なウマを適性に合わせて巧みに使い分けていたのであろう。

第5節　マメ科飼料の導入と飼養技術の東伝

　ウマに与える飼料には大きく二種類あり、ひとつは繊維質を多く含むイネ科の牧草（grasses）、もうひとつは、タンパク質やカルシウム含有量が多いマメ科の牧草（legumes）である（川瀬 1941）。この二種類の牧草を配合してウマに与えることは、時代や地域によって若干種類は異なるものの、古来より脈々と受け継がれてきた。なかでも、マメ科飼料を代表とする「苜蓿」は、前漢武帝の命により西へ遣わされた張騫が、大宛国から汗血馬や葡萄とともに持ち帰ったことは、あまり知られていない。

　苜蓿は、中央アジアが原産といわれる、双子葉植物綱マメ科ウマゴヤシ属の多年草（学名：*Medicago sativa L.*）であり、中国名は「紫花苜蓿」、日本では「ムラサキウマゴヤシ（紫馬肥）」という（図10）。英名では「Alfalfa」や「Lucerne」とよばれる（牧野 1989、中国科学院中国植

142

1. 郵電学院南区秦墓騎馬俑（M123：2）　　2. 洛陽唐宮西路青銅馬（唐宮路 C1M7984：83）

3. 塔児坡秦墓M28057騎馬俑（28057：5）　　4. 秦始皇帝陵兵馬俑坑軍馬俑

図9　戦国秦から統一秦にみる多様な馬意匠
（1.西安市文物保護研究所 2004、2.洛陽市文物工作隊 2003、3.咸陽市文物考古研究所 1998、4.東京国立博物館ほか編 2015）

物志編輯委員会 1998）。この寒気と乾燥を特徴とする中央アジアで生息していた苜蓿は、極めて栄養価の高い牧草として評判となり、古代ユーラシア大陸において、東は漢王朝、西はギリシャやローマ帝国へと、瞬く間に交易路を通じて広がり、文献史料にもたびたび登場する（Berthold 1919）。華北地域では広範囲に繁殖したものの、多湿な風土には適さなかったようで、これまで日本へは 19 世紀の文久享保年間

にようやく輸入されたと考えられてきたが（和
田 1908）、近年、大阪市住吉行宮跡の堀から発
見され、室町時代まで遡ることが明らかとなっ
ている（清水 2017）。

アナトリア高原一帯で早くからウマを利用し
ていたヒッタイト人が、苜蓿の生息地でウマを
越冬させていたことが粘土板に記されているよ
うに（Helen & William 2015）、苜蓿は、早くから
馬匹生産に欠かすことの出来ない飼料として認
識されてきた。苜蓿の情報が、どのように漢武
帝の耳に届いていたのはわからないが、苜蓿は、
張騫によって汗血馬や葡萄とともに漢王朝へも
たらされる。漢の司馬遷『史記』大宛列伝や班固『漢書』西域伝には、
苜蓿は大宛国の周辺に生息し、天馬の子とされていた汗血馬が好む飼
料として知られていた。そして、張騫が派遣されて以降、大宛国の王
が漢王朝と条約を結び、毎年2頭の天馬を献上するなかで、漢の使者
が汗血馬とともに苜蓿の種を持ち帰ったことで、苜蓿は中国国内で広
がっていく。漢の劉歆『西京雑記』巻一には、苜蓿が漢の都に到来し、
人々にひろく知られていたことが記されており、別名「懐風」や「光
風」、前漢武帝の陵墓である茂陵周辺では「連枝草」と呼ばれていた。
また明の李時珍『本草綱目』巻二十七には、繁殖力が非常に高かった
苜蓿が、牛馬の飼料だけでなく民衆の食料にもなっており、漢代以降、
現地に根付いていたことが窺える。

中国古代におけるマメ科飼料の導入

苜蓿によって注目されるマメ科の牧草であるが、中国古代でこうし

た牧草がウマの飼料として浸透したのはいつ頃であろうか。湖北省江陵県で発見された張家山二四七号漢墓からは、前漢初期の頃と考えられる大量の簡牘が出土している。そこから復元された『二年律令』「金布律」には、飼養管理されるウマの性格にあわせて、穀類と豆類を組み合わせる給餌規定がみられる（張家山二四七號漢墓竹簡整理小組 2001、冨谷 2006）。

　睡虎地秦簡には、いまのところ給餌規定にマメ科飼料は確認されておらず（睡虎地秦墓竹簡整理小組編 1990）、戦国秦から統一秦の時期には、マメ科の牧草をウマに与える技術がいまだ定まっていなかったかもしれない。ただし、前漢初期の漢律には、すでにマメ科の牧草を給餌する規定が定められており、突如そのような規定が制定されるとは考え難いため、その萌芽的な飼養技術が秦代には培われていただろうことが推察される。

　甘粛省敦煌市懸泉置遺跡から出土した簡牘には、およそ武帝後期から王莽期末の詔書、通行文書や律令などが確認され、そのなかに官営馬の性格に応じて飼料の支給量を規定した内容がみられる（懸泉置簡 II0214②：556）。都のウマや労働量の多いウマには、穀類の粟のほかに豆（菽）類を与えている。この頃、都ではすでに苜蓿が知られているが、「苜蓿」ではなく「叔」と記されている。「叔」は「菽」であり、マメ類の総称とされることから（胡・張 2001）、マメ類のなかには、大豆のほかに苜蓿なども含まれていた可能性がある。

　このように、マメ科の牧草をウマに給餌する技術は前漢時代に始まっていたことが明らかであるものの、官営馬の給餌規定のなかに苜蓿の名が具体的に登場していないことから、主要なマメ科牧草は、大豆であった可能性もある。

養老廐牧令にみる飼養技術の東伝

　日本最古の法令である『養老律令』には、中央の廐舎と地方の牧場の運営、官営牛馬の飼育、駅および伝馬の設置と運営などにかんする諸規定を定めた「廐牧令」があり、はじめて具体的なウマの飼料が登場する（井上ほか 1976）。そこには、イネ科のほかにマメ科の牧草を給餌することが定められており、古代日本においても、マメ科牧草が馬匹生産にとって必要不可欠な存在であったことが窺える。廐牧令には、馬寮における給餌規定がみられる。

　それをみると、細馬には、粟や稲といった穀類のほか、豆（大豆）が二升与えられているが、中馬には粟はなく、稲もしくは豆が二升与えられる。駑馬にいたっては稲のみであり、豆は与えられない。このように、ウマの階層ごとに給餌規定に違いがあり、雑穀のほか、マメ科の牧草がウマに対して良質な栄養素を供給する効果が当時から認知されていたことが窺える。

　養老令は唐令を継受したものであるが、元の唐令は今日現存するものがなく、『唐令拾遺』や『唐令拾遺補』、近年発見された『北宋天聖令』を手がかりに復元研究が進められている（池田 2000、服部 2010）。宋家鈺氏による「唐開元廐牧令研究」（宋 2006）に拠ると、養老廐牧令と直接対照される条文は見当たらず、駅伝関係条文を検討した市大樹氏によれば、養老廐牧令は、唐令を継承するなかで適宜、取捨選択をおこなっているとされる（市 2007）。給餌規定関連条文のなかには、日本にはいない象、駱駝、驢馬、騾馬や羊にかんする内容も含まれており、それらを整理する過程で取捨選択され、制定されたと考えられよう。

お わ り に

　ウマは季節繁殖する動物であり、年間におよそ1頭しか仔馬を産ま
ないことから大量生産は難しい。そのため、軍事のみならず、権力、
祭祀、交易といった、社会・経済システムを支える大家畜へと成長し
た背景には、安定的な馬匹生産体制が確立されていたであろうことが
強く想定される。王権によって維持された馬匹生産体制については、
『周礼』や『礼記』に代表される古典籍に記された断片的な情報を紡
ぎ合わせることで、さまざまな官職が組織され、季節性をともなった
飼養管理を執りおこなっていたことが明らかとなった。しかし当時、
ウマがどのように飼養管理されていたのか、その具体像に迫るために
は、同時代の記録が乏しいことから、遺跡出土馬骨の実践的な分析が
求められる。

　馬骨の動物考古学的分析に理化学分析を応用した新たな研究視角か
らは、ウマが戦略的に飼養管理され、仔馬が自然放牧による野草を食
む環境から、3歳前後に使役馬として調教がはじまり、運動量の増加
にともない雑穀類を給餌される飼養管理下へと環境が変化する実態が
導き出された。こうした飼養管理は西周時代中期まで遡ることができ、
戦国時代には、ウマの生態を熟知した飼養技術が社会制度の整備とと
もに成熟し、秦漢王朝へと受け継がれる基盤が確立する。秦国では、
用途に応じたウマの体格が厳格に規定されていたことが、秦律から明
らかとなっており、多種多様なウマが適性に合わせて巧みに使い分け
られていた。しかし、共存する遊牧社会には王権による飼養技術は受
容されず、独自の馬匹生産を展開していた。

　苜蓿や大豆といったマメ科の牧草は、馬匹生産において欠かすこと
のできない飼料であり、秦漢王朝においてウマの給餌規定に加わる。

苜蓿は出土文字資料にはみられないものの、ウマの嗜好に合った栄養価の高い飼料として、また、強い繁殖力も評価され、有益なマメ科飼料として、後世の多くの文献史料に登場する。農地経営を考えるうえでもマメ科植物は不可欠な農産物であり、馬匹生産を含めた農業技術が隋唐時代に古代日本へ伝わった可能性が高いことは、日唐廄牧令の比較研究からも強く示唆される。そして、古墳時代が終焉を迎え古代へと移りゆくなか、それまで続いていた朝鮮半島経由の飼養管理技術を継受しつつ、中国からもたらされた新たな制度を取捨選択しながら、日本独自の馬匹生産体制が形成されたのであろう。

本稿は、JSPS20H05819 による成果の一部である。

参考文献
【日本語】
池田温 2000「唐令と日本令（三）唐令復原研究の新段階—戴建国氏の天聖令残本発見研究」『創価大学人文論集』第 12 号
市大樹 2007「日本古代伝馬制度の法的特徴と運用実態—日唐比較を手がかりに—」『日本史研究』544 号
井上光貞・関晃・土田直鎮・青木和夫 1976『日本思想体系 3　律令』岩波書店
小津茂郎 1946『馬と農業経営』農大出版部
岡村秀典 2003「先秦時代の供儀」『東方学報（京都）』第 75 冊
岡村秀典 2005『中国古代王権と祭祀』学生社
川瀬勇 1941『実験牧草講義』養賢堂
菊地大樹 2012「先秦養馬考」奈良文化財研究所編『文化財論叢 IV』奈良文化財研究所
菊地大樹 2013「中国先秦時代馬の様相」『動物考古学』第 30 号
菊地大樹 2014「馬牲の境界」飯島武次編『中華文明の考古学』同成社
菊地大樹・覚張隆史・劉呆運 2014「西周王朝の牧経営」『中国考古学』第 14 号
菊地大樹・覚張隆史 2018「秦国の馬匹生産—考古科学からのアプローチ—」鶴間和幸・村松弘一編『古代東アジア都市の馬と環境』汲古書院
久合田勉 1941『馬学　蕃殖・育成篇』養賢堂
清水和明 2017「ウマゴヤシの果実」『葦火』184 号

「秦代出土文字史料の研究」班・齋藤賢・畑野吉則・藤井律之・宮宅潔・宗周太郎・目黒杏子 2018「嶽麓書院所蔵簡≪秦律令（一）≫訳注稿その（二）」『東方学報（京都）』第 93 冊

園田三次郎 1932『牧野概論』養賢堂

東京国立博物館ほか編 2015『始皇帝と大兵馬俑』NHK、NHK プロモーション、朝日新聞社

冨谷至 2006『江陵張家山二四七號出土漢律令の研究』朋友書店

中井信之・吉田尚弘・森育子・中村俊夫・金田英樹 1993「草食動物化石を用いた AMS 14 C 年代測定とその^{13}C/^{12}C、^{18}O/^{16}O による古環境解析の可能性」名古屋大学年代測定資料研究センター編『名古屋大学加速器質量分析計業績報告書（4）』名古屋大学年代測定資料研究センター

服部一隆 2010「日本における天聖令研究の現状―日本古代史研究を中心に―」『古代学研究所紀要』第 12 号

牧野富太郎 1989『改訂増補　牧野　新日本植物図鑑』北隆館

和田歌吉 1908『緑肥牧草苜蓿とクローバー』有隣堂

Helen & William Bynum 著　栗山節子訳 2015『世界有用植物誌　人類の暮らしを変えた驚異の植物』柊風舎

【中国語】

雲夢睡虎地秦墓編写組 1981『雲夢睡虎地秦墓』文物出版社

袁靖 2003「中国古代家馬的研究」陝西省文物局・陝西省考古研究所・西安半坡博物館編『中国史前考古学研究』三秦出版社

袁仲一 2014『秦兵馬俑的考古発現与研究』文物出版社

郭沫若主編 1977-1982『甲骨文合集（全 13 冊）』中華書局

咸陽市文物考古研究所 1998『塔児坡秦墓』三秦出版社

胡平生・張徳芳 2001『敦煌懸泉漢簡釈粋』上海古籍出版社

秦始皇帝陵博物院 2018『秦始皇帝陵一号兵馬俑陪葬坑発掘報告 2009〜2011』文物出版社

秦始皇兵馬俑博物館・陝西省考古研究所 1998『秦始皇陵銅車馬発掘報告』文物出版社

秦俑坑考古隊 1980「秦始皇陵東側馬厩坑鉆探清理簡報」『考古与文物』1980 年第 4 期

睡虎地秦墓竹簡整理小組編 1990『睡虎地秦墓竹簡』文物出版社

西安市文物保護研究所 2004『西安南郊秦墓』陝西人民出版社

陝西省考古研究院 2009『少陵原西周墓地』科学出版社

陝西省考古研究院 2018「陝西咸陽閣家寨戦国秦遺址、墓葬発掘簡報」『考古与文物』2018 年第 4 期

陝西省考古研究院・延安市文物研究所・黄陵県旅游文物局 2018『寨頭河』上海古

籍出版社

陝西省考古研究所・始皇陵秦俑坑考古発掘隊 1988『秦始皇陵兵馬俑坑一号発掘報告 1974〜1984』文物出版社

宋家鈺 2006「唐開元廐牧令の復原研究」天一閣博物館・中国社会科学院歴史研究所天聖令整理課題組校証『天一閣蔵明鈔本天聖令校証　附唐令復原研究』中華書局

中国科学院中国植物志編輯委員会 1998『中国植物志』第 42 巻第 2 分冊、科学出版社

中国社会科学院考古研究所 1980『殷墟婦好墓』文物出版社

中国社会科学院考古研究所編 2007『殷周金文集成　修訂増補本』中華書局

中国社会科学院考古研究所安陽工作隊 1987「安陽武官村北地商代祭祀坑的発掘」『考古』1987 年第 12 期

張家山二四七號漢墓竹簡整理小組 2001『張家山漢墓竹簡（二四七號）』文物出版社

趙春燕・李志鵬・袁靖 2015「河南省安陽市殷墟遺址出土馬与猪牙釉質的鍶同位素比値分析」『南方文物』2015 年第 3 期

洛陽市文物工作隊 2003「洛陽市唐宮西路東周墓発掘報告」『文物』2003 年第 12 期

李西興 1994『陝西青銅器』陝西人民美術出版社

【英語】

Bender M. M., 1971. "Variations in the $^{13}C/^{12}C$ ratios of plants in relation to the pathway of photosynthetic carbon dioxide fixation", *Phytochemistry* 10

Bentley R. A., 2006. "Strontium isotopes from the earth to the archaeological skeleton: A review", *Journal of Archaeological Method and Theory* 13

Berthold L., 1919. *Sino-Iranica; Chinese Contributions to the History of Civilization in Ancient Iran, with Special Reference to the History of Cultivated Plants and Products*, Field Museum of Natural History, Chicago.

Cerling T. E. and J. M. Harris., 1999. "Carbon isotope fractionation between diet and bioapatite in ungulate mammals and implications for ecological and paleoecological studies", *Oecologia* 120

Cornwall I. W., 1956. *Bornes for the archaeologist*, J. M. DENT & SONS LTD, London.

Hodell D. A., R. L. Quinn, M. Brenner, G. kamenov., 2004. "Spatial variation of strontium isotopes ($^{87}Sr/^{86}Sr$) in the Maya region: a tool for tracking ancient human migration", *Journal of Archaeological Science* 31(5)

Hoppe A. K., S. M. Stover, J. R. Pascoe and R. Amundson., 2004. "Tooth enamel biomineralization in extant horses: implications for isotopic micro sampling", *Paleogeography, Palaeoclimatology, Paleoecology* 206

Libby W. F., R. Berger, J. F. Mead, G. V. Alexander and J. F. Ross., 1964. "Replacement rates for human tissue from atmospheric radiocarbon", *Science* 146

Uno K. T., T. E. Cerling, J. M. Harris, Y. Kunimatsu, M. G. Leakey, M. Nakatsukasa and H. Nakaya., 2011. "Late Miocene to Pliocene carbon isotope record of differential diet change among East African herbivores", *Proceedings of the National Academy of Sciences* 108(16)

第5章　中国における騎馬の導入と展開

向 井 佑 介

は じ め に

　中国における馬の利用は、考古学的証拠によれば、少なくとも殷代にさかのぼる。河南省安陽の殷墟遺跡から発見された大量の車馬坑は世界的に著名であり、また華北地方を中心として殷墟期以前にさかのぼる馬骨出土例もいくつか知られている（菊地 2017）。この時代の中国の人々が馬車を牽引する動力として馬を利用したことは明白だが、彼らがいつから馬に騎乗するようになったのか、確かな証拠はない。

　農耕民であった中国の人々が騎馬の風習をとりいれたのは、騎馬遊牧民との接触と、戦争のためであったと推測され、戦国後期から秦漢代（前3世紀～後3世紀）にかけて騎兵が戦争で果たす役割は拡大し、騎馬の風習も定着した。魏晋南北朝時代（3～6世紀）には中国で馬具が改良されるとともに、中国北部において異民族がたてた王朝が興亡を繰り返すなかで、馬との関係はいっそう密接なものになっていったと考えられる。唐代（7～10世紀）には貴族の女性にも騎馬の風習が浸透し、馬を用いたさまざまな娯楽もおこなわれた。本稿では、そこにいたるまでの歴史的過程をたどっていくことにしたい。

第1節　古代中国における騎馬の導入

騎馬のはじまり

殷墟の時代、すでに騎馬の風習があったとする説がある。1936年

に実施された安陽殷墟の第13次発掘調査では、小屯地区の164号墓から人1体と馬1体と犬2体が一緒に出土した。長方形の坑からは武器類や弓形器、馬の装飾、陶器類が出土し、石璋如（1947）はこれについて「騎射」にともなう要素が多く、「駕車」の要素は少ないとし、騎馬と猟犬をセットで埋葬したものと推測した。

　一方、春秋時代に騎馬が始まったとする説もある。『左伝』昭公25年（前517）に「左師展、将に公を以て馬に乗せて帰る」とあり、孔穎達の疏はこれを「騎馬の漸なり」と評している。このように突発的な出来事を契機として騎馬の風習がひろまったとは考えにくいものの、当時すでに車を牽く大量の馬が飼養されていたことを考えれば、その育成や運搬の過程で馬に乗っていた人々がいても不思議ではない。しかし、騎馬で戦闘に従事する「騎兵」の出現はそれより遅れる。

胡服騎射

　前307年、戦国趙の武霊王が北方胡族の衣服と騎馬の風習をとりいれ、軍備増強に着手した。史上有名な「胡服騎射」である。『戦国策』趙策と『史記』趙世家によれば、当初、武霊王は「今吾れ将に胡服騎射して以て百姓に教えんとするも、世必ず寡人を議せん」とその導入の是非を思い悩んだという。王はその理由について「吾れ胡服を疑うに非ざるなり、吾れ天下の我を笑わんことを恐るるなり」と述べていて、胡服を導入すればその効果は明らかだが、世間の笑いものになるのではないかと危惧したのである。結果的に、先代以来の重臣であった肥義の後押しにより胡服騎射は導入され、その甲斐あって、数年後には領域を接する中山国を滅ぼすにいたる。

　もっとも、このエピソードでは、もっぱら「胡服」に焦点をあてた議論が展開され、武霊王は伝統的な服制との差異から保守勢力の批判

を受けることを懸念していた。当時すでに騎馬あるいは騎兵は存在し、彼らに胡服を着せ、騎射を教習することが問題であったと考えてよいだろう。『戦国策』や『史記』蘇秦列伝によれば、合従策を説いた蘇秦は趙国の兵力を「帯甲数十万、車千乗、騎万匹」と述べて同盟を説いた。このとき趙は武霊王の先代の粛侯の時代で、「胡服騎射」以前から騎乗用の馬が1万頭いたことになる。そうしたなか、大国の君主が率先して胡風を導入し、軍備増強につとめたのが「胡服騎射」であり、戦国後期以降は騎馬戦術が戦闘のなかで大きな役割を果たすようになったであろうことは、容易に想像がつく。

　それは趙国に限ったことではなかったらしく、考古資料では周王朝の本拠地、伝洛陽金村出土の金銀象嵌鏡（永青文庫蔵）に、剣を手に猛獣と対峙する騎馬武人像があらわされている（図1）。ほかにも山東省臨淄斉国故城出土の樹木双騎紋半瓦当には馬ないし鹿のような動物にまたがる人物があらわされ、陝西省咸陽塔児坡28057号秦墓からは胡服の騎馬俑が出土している（図2）。いずれも前3世紀頃のもので、戦国時代後期から末になると各地で騎馬や胡服に関係する考古資料が増加してくる。

秦兵馬俑坑の騎兵俑

　秦の始皇帝（嬴政）は前246年の秦王即位後、驪山の北側で寿陵建設に着手した。前221年に六国を滅ぼして天下を統一すると、各地から刑徒70万人あまりを送り込んでいっそう盛大に陵園の造営を進め、前210年の逝去後、二世皇帝により葬られた。

　始皇帝陵の東方で1974年に偶然発見された兵馬俑坑は、数千体におよぶ写実的な等身大の陶俑を出土したことで世界的に著名である。3基の兵馬俑坑はいずれも東を正面とし、最も大きい南側の1号坑は

図1 伝洛陽金村出土鏡の騎馬像（永青文庫蔵　筆者作図）

図2 塔児坡秦墓騎馬俑（東博ほか 2015：No 86）

歩卒俑約6千体と戦車（馬車）約50輌からなる主力部隊である。北東に位置する2号坑は、北東隅に弩兵隊が方陣をなし、その後方に戦車と騎兵隊がならび、南側には戦車列が展開する。北西の3号坑は、豪華な戦車1輌を中心として車兵俑4体、歩卒俑64体がならび、兵団全体の統幕部をなしている。兵馬俑坑全体からみれば、歩兵と戦車の占める割合が大きく、騎兵は相対的に少ない。

　2号坑の騎兵隊は、いずれも兵士が鞍馬を牽いて4体ずつならび、弩兵の方陣の後方（北西）に12列9段108体、戦車隊の最後尾（中央西端）に8体がならび、全体として116体の騎兵が配される（秦始皇兵馬俑博物館 2009）。騎兵は短甲を身に着け、弩弓・矢・剣などを携えており、弩弓が騎兵の主要な武器だった可能性がある。鞍はいわゆる「軟質鞍」で、馬の背に方形の敷物（韉）を敷き、上に少し厚みのある革状の鞍を置いて、腹帯と尻繋で馬体に固定する（図3）。

　これと似た鞍の実物には、ロシア・アルタイ地方のパジリク1号墓出土例（前5〜3世紀頃）がある。また同時期の新疆ウイグル自治区蘇貝希（スバシ）Ⅰ号墓地10号墓（新疆文物考古研究所・吐魯番地区博物館

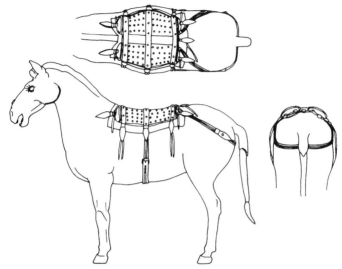

図3　兵馬俑2号坑陶馬の馬具表現（楊 1985：図77）

2002）から出土したものは、鞍の形状・紋様、革帯の装着方法まで含めて、秦の兵馬俑の鞍とよく似ている。革製の鞍で、内部に鹿毛を充塡してクッション性をもたせてあった（図4）。

漢代初期の騎兵俑

　秦の兵馬俑とよく似た形状の鞍は、前漢代に継続して用いられた。陝西省咸陽市で発見された楊家湾漢墓群は、前漢初期の重臣であった周勃（前169年没）と周亜夫（前143年没）父子の墓と伝えられる。高祖劉邦の長陵の東に位置し、北魏の『水経注』渭水下には周勃の塚が南に、周亜夫の塚が北にあると記される。南の4号墓（周勃墓）出土の彩色騎兵俑は、騎兵と馬を一体で造形したもので、頭絡（面繫）と鞍などの馬具は彩色で表現される（陝西省文管会ほか 1977）。後者はや

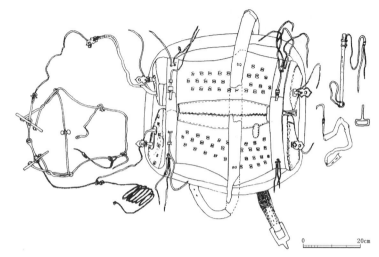

図4　新疆蘇貝希墓地出土馬具（新疆文物考古研究所・吐魯番地区博物館 2002）

はり薄手の軟質鞍とみられ、大きな楕円形の敷物（韉）上に小さな鞍があり、それを腹帯で固定する。鞍の周囲には柳葉形の飾りがとりつき、その先端から胸繋（むながい）と尻繋が前後に伸びる（コラム1図1）。

　楊家湾漢墓の騎兵は、右手に武器、左手に手綱を執り、脚をまっすぐ斜め前方に伸ばして鞍にまたがる。これは、戦国後期の伝洛陽金村鏡の騎馬武人像や咸陽塔児坡秦墓の胡服騎馬俑が膝を曲げて馬の背に乗るのとは異なっている。前漢代には楊家湾漢墓のように脚を伸ばして乗るものが一般的で、前漢景帝陽陵の陪葬坑から出土した大量の騎馬俑など、いずれも同様の姿勢である。

前漢壁画墓にみる騎馬習俗と馬具

　2004年、西安理工大学の新キャンパス建設にともなって40基あまりの漢墓が発見され、その1号墓に騎馬人物を描いた壁画があること

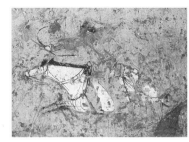

図5 西安理工大学前漢壁画墓の騎馬狩猟図（西安市文物保護考古所 2006）

が報告された（西安市文物保護考古所2006）。南側にスロープ状墓道を
もつ塼室墓で、子母塼を組みあわせたアーチ形天井の長方形主室を中
心とし、墓門外の左右にも塼築の小耳室がとりつく。墓の構造や出土
遺物から、前漢後期（前1世紀後半）に比定されている。

　墓室の側壁と頂部には壁画があり、漆喰を塗って墨線で下描きし、
朱・藍・灰・黒などの彩色壁画が描かれていた。南側墓門の東西に龍
と虎、東壁に車騎行列と騎馬狩猟図、北壁に龍と羽人、西壁に宴飲・
舞楽・闘鶏、頂部に朱雀・龍・日・月などがあらわされた。いずれも
繊細かつ柔らかな筆で細部まで描写されている。なかでも東壁の騎馬
狩猟図（図5）は躍動的で、疾駆する黒馬に乗って左後方に矢を放つ
人物と、白馬に乗って前方に矢を放つ人物の姿が描かれ、この段階に
いたってようやく漢人による確かな「騎射」の表現がみられるように
なる。左手に弓、右手に矢をもち、両手は手綱から離れ、鞍のやや前
に坐って膝で馬の胴をはさみ、バランスをとっている。

　馬具をみると、カマボコ形に少し膨らんだ鞍の下に大きな長方形の
敷物があり、それが騎乗者の足先まで垂れて、障泥を形成している。
胸繋は障泥前方に連結し、それにより大きな障泥が翻って乗馬の妨げ
になるのを防いでいたようである。鞍の前方は面繋、後方は尻繋と連

結している。この鞍は、秦の兵馬俑例よりも厚みがあり、鞍の前面が三日月形をなし、鞍橋（くらぼね）を形成することが注意される。壁画であるため材質は不明ながら、前漢前期までの薄いクッション状の鞍ではなく、立体構造の鞍へと変化しつつあったことをうかがわせる。

硬質鞍の出現

　西安理工大学前漢壁画墓と類似した馬具表現の騎馬狩猟図は、河北省定県 122 号墓出土とされる前漢後期の金錯銅車飾の図像（劉 1984）にもみられる。馬に乗って疾駆しながら後方の虎に矢を射かけようとする人物があらわされ、鞍は厚みがあって前後がやや高く、側面からは紋様のある障泥を垂下させている。

　これらは、硬質鞍の初現的なものとみられ、後漢後期と報告される甘粛省武威雷台墓から出土した銅製騎馬武人俑や鞍馬（図6）の鞍表現にちかい。雷台墓出土の銅馬 39 体のうち、騎馬俑は 17 体で、平上幘（へいじょうさく）を戴く武人が左手に手綱を、右手に矛や戟を執り、前後に環をつけた鞍にまたがっている。ほかに「守左騎千人張掖長張君騎馬一匹」などの銘をもつ馬があり、その背に置かれた鞍は、いずれも前方に凹みがあり、後方に向かって高くなる。岡村秀典（2021: 318）はその実態を「木製の前後両輪と居木（しずわ）（鞍座）の全体に革を張り、鞍座の後部にクッションとなる素材を厚めに詰めた」ものと推測する。

　紀元前後の匈奴墓であるモンゴルのノイン・ウラ 6 号墓や 22 号墓からは木製鞍橋（図7）が出土し、岡村（2021: 216）はこれらを晋代に発達する硬質鞍の先駆けをなすものと位置づけている。6 号墓木製鞍橋に共伴する後輪の革製カバーには雲気紋の刺繍があることから鞍は中国製で、漢王朝からもたらされた可能性が高い（梅原 1960）。

　これらの資料は、中国において前漢後期までに鞍の改良がなされ、

図6　武威雷台墓出土銅馬・騎馬俑（陳主編 2019）

木製の骨組にクッション
とカバーをかぶせた鞍が
普及していたことを示唆
している。それより先、
武帝は張騫を派遣して西
域交通路を開拓するとと
もに、李広利・衛青・霍
去病らを派遣して匈奴を
征討し、また烏孫や大宛
に良馬をもとめた。こう
したなかで、漢王朝にお

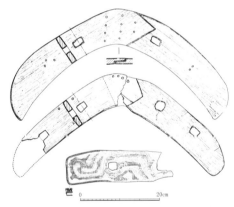

図7　ノイン・ウラ6号墓出土鞍橋と革カバー（梅原
　　1960）

ける騎兵・騎馬の重要性はいっそう増大し、それが馬具の改良をうな
がした可能性は高い。ただ、その改良が具体的にいつなされたのか、
現在の資料から確定することはできず、将来の課題とせざるをえない。

第2節　騎馬の普及と馬具の革新

両輪垂直鞍の出現

　中国古代・中世の鞍は、戦国後期の洛陽金村鏡や前漢初期の楊家湾漢墓騎馬俑にみる薄手の軟質鞍から、前漢後期の定県122号墓金錯銅車飾や後漢後期とされる武威雷台墓出土銅騎馬・銅車馬にみる硬質鞍をへて、晋代には前輪と後輪が直立する両輪垂直鞍が成立するとともに鐙が出現し、さらに北朝以降は両輪垂直鞍から後輪傾斜鞍へ変化したと考えられている（楊 1985、岡村 2021 など）。

　文献の上では『魏百官名』（『初学記』武部・鞍）に曹魏の高官が用いた「紫茸題頭高橋鞍一具」があり、この「高橋鞍」が両輪垂直鞍に相当するものと考えられる（孫 1981）。考古資料では、これまで西晋以降の資料しか知られていなかったが、近年の発見によりそれが三国時代にさかのぼることが明確となった。

　2019年、南京市北郊の幕府山南麓で家族墓とみられる塼室墓4基が発掘され、3号墓から出土した4枚の地券塼により、それが呉の丁奉の墓であることが判明した（周・周2021）。丁奉は、呉の歴代君主に仕えて大将軍・右大司馬となった人物で、呉末の271年に逝去した。発掘調査では、金銀の装飾品、陶製明器、漆器などのほか、釉陶質の騎馬俑16体が出土した。

　騎馬俑のうち1体は大型で高さ28.5 cm、全長25.5 cm、幅12.8 cm、ほかはそれよりやや小さい。人物はいずれも顎髭をあらわして頭に冠帽を戴き、馬上で楽器を演奏するものや棒状の持物を執るものがあり、騎馬鼓吹儀仗俑を構成するものと推定された（顔 2022）。馬の背には両輪垂直鞍を置き、前輪の下端から前方に胸繋をめぐらせ、後輪の下端からは尻繋が伸びて尻尾の下をまわり、胸繋と尻繋には円形の飾り

がちりばめられている。馬の顔には面繋の線が陰刻され、鼻先には角
状の飾りがつけられている。

　正式な報告は未刊行であるものの、現在までに公表された断片的な
情報にもとづけば、丁奉墓出土の騎馬俑が両輪垂直鞍の出現時期の指
標となる新たな考古資料であることは間違いない。

鞍馬と牛車

　両輪垂直鞍は、西晋永康2年（301）の墓誌を出土した山東省鄒城
の劉宝墓（山東鄒城市文物局 2005）以降、晋代の鞍馬に多くみられる。
墓誌によれば劉宝は「侍中・使持節・安北大将軍・領護烏丸校尉・都
督幽并州諸軍事・関内侯」であった。劉宝墓の鞍馬は、首と脚が短く
がっしりした体躯で、背には粘土を貼りつけて前輪と後輪を直立させ、
前後の下端からそれぞれ前方に胸繋、後方に尻繋を描く。鞍の両側に
は粘土貼りつけと彩色により障泥をあらわしている（図8左）。

　劉宝墓において注意されるのは、鞍馬のほかに馬車1輌と牛車2輌
が出土したことである。馬車は傘蓋（さんがい）をともなう軺車、牛車は倚子式の（ようしゃ）

図8　西晋劉宝墓（左）と洛陽春都路西晋墓（右）の鞍馬（山東鄒城市文物局 2005／洛陽
　市第二文物工作隊 2000）

軺車と遮蔽式の輧車である。北朝壁画墓では鞍馬（口絵4）と牛車を
それぞれ墓主夫婦に対応させて描くことが多いものの、西晋の鞍馬と
牛車は墓主の性別と対応しないことも多く、鞍馬は男性専用で牛車は
男女兼用だったとする説がある（陳 2018）。劉宝墓の場合、それらの
乗物はすべて西側室からまとまって出土し、西側室は劉宝、東側室は
夫人に対応するとの考えから、それらが劉宝と夫人の乗物にわかれる
のではなく、軺車1輛と牛車2輛と鞍馬1体はすべて劉宝のために副
葬されたと推測されている（岡村 2021）。

　こうした鞍馬と牛車の組みあわせは、洛陽周辺の西晋墓を中心とし
て流行した。洛陽春都路西晋墓（洛陽市第二文物工作隊 2000）は墓室内
がほぼ未攪乱の状態で発見された貴重な例で、南に開口する方形磚室
墓の北壁に沿って東西に棺を置き、棺の前面に陶製の飲食器や容器類
をならべ、墓門内の東側に武士俑、西側に鎮墓獣と陶狗が配置されて
いた。陶製模型明器は墓室の東南隅と西南隅にわけて置かれ、鞍馬1
体と牛車1輛は、西南隅からならんで出土した。鞍馬は両輪垂直鞍と
障泥を粘土で貼りつけ、全体に白色を塗ったあとに朱線などで障泥の
紋様や面繋・胸繋・尻繋・房飾などを表現しており、牛車は遮蔽式で
ある（図8右）。この墓は単葬墓で、鉄鏡・銀簪・胡粉などの副葬品か
ら報告者は被葬者を女性と推定している。被葬者の性別には不確かな
点があるとしても、単葬墓であるから、鞍馬と牛車が男女に厳密に対
応するわけではないことは明らかである。

鐙の出現をめぐる近年の発見

　上述した呉の丁奉墓（271年没）では、出土した騎馬俑のうち1体
の鞍の左側に鐙の表現があることが確認されている。この個体は馬に
乗る人物の左足先を欠損し、ちょうどその左足先にあたる部分、障泥

の左側に三角形の鐙が粘土で貼りつけられていた。従来、三国時代に
さかのぼる鐙の証拠は知られておらず、丁奉墓の発見により、両輪垂
直鞍とともに鐙の出現も三国時代にさかのぼる可能性が高くなった。
ただし、丁奉墓騎馬俑の鐙表現については、まだ一部のメディアによ
り紹介されたにすぎず、発掘者の詳報を待たねばならない。

　2021 年には、陝西省考古研究院（2022）が咸陽市成任村で発掘した
後漢後期の家族墓群から、ミニチュアの鉛製鐙が出土した。この墓群
のうち、3015 号墓からは中国最古の金銅仏 2 点が出土し、大きな話
題となった。鐙らしき鉛製品が出土したのは 3017 号墓で、輪径 5.3 cm、
残存高 8.3 cm、柄の上半を欠損している。鑣　轡（ひょうぐつわ）の一部とされる鉛製
品をともなっており、騎乗用馬具のミニチュア品をセットで副葬した
可能性がある。しかし、もともと実用の馬具ではなく単体での評価が
難しいため、類例の増加を待ちたい。

　このように、中国では鐙の出現をめぐるいくつかの新発見があり、
三国時代までに鐙が出現した可能性は高い。雲南省石寨山墓地出土銅
貯貝器上の騎馬像にみられるように、縄状の有機質の鐙の存在も指摘
されており、それらの議論については後章の諫早論文に詳しい。いず
れにせよ、断片的な資料からみる限り、三国以前の鐙は「片鐙」で、
馬に乗るときに片足をかけて補助としたものであり、馬上で足をかけ
てふんばる用途には適さない。

片鐙と両鐙

　西晋永寧 2 年（302）の紀年塼を出土した湖南省長沙金盆嶺 21 号墓
からは釉陶質の騎馬俑 14 体が出土し、そのうち 3 体には馬鞍の左前
端から垂下する三角形の鐙の表現があることが報告された（図 9 左）。
やはり左側のみの「片鐙」で、馬に乗るときに足をかけるだけのもの

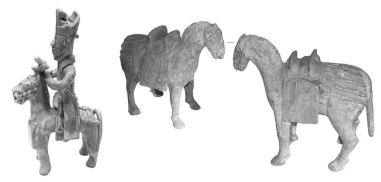

図9　長沙金盆嶺鞍馬の片鐙（左）と南京象山7号墓鞍馬の両鐙（右）（中国国家博物館・南京市博物館蔵　筆者撮影）

である。騎馬の人物は、介幘上に進賢冠を戴いた文官で、報告は「騎吏」と呼称している。樋口隆康（1972）が鐙の出現背景について騎馬に不慣れな漢人が発明したものと推測したのは、これら長江以南の文官俑に初期の鐙表現がともなうことと無関係ではないだろう。

　それからまもなくして、鞍の左右両側に鐙を垂下する「両鐙」が出現した。東晋琅邪王氏の家族墓地である江蘇省南京市象山7号墓出土の鞍馬がその初期の例である（南京市博物館 1972）。墓室形態などから東晋初期の埋葬と推定され、被葬者は 322 年に没した王廙とする説が有力視されている。出土した陶製の馬は、背に両輪垂直鞍をのせ、鞍の両側には大きな障泥がとりつき、左右障泥のそれぞれ前方に鐙が垂下する様子があらわされている（図9右）。この「両鐙」の出現は、馬上における騎兵の足まわりを安定させ、長柄の武器を用いた騎乗の白兵戦を本格化させたと考えられる。

三燕の馬具

　中国最古の騎乗用馬具のセットは、河南省安陽市の孝民屯 154 号墓

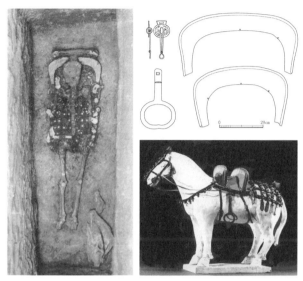

図10　安陽孝民屯154号墓出土馬具とその復元（中国社会科学院考古研究所安陽工作隊
1983）

から出土している（中国社会科学院考古研究所安陽工作隊 1983）。この墓
は平面梯形の竪穴土壙墓で、被葬者頭部を南に向けて埋葬されていた。
馬具類はすべて木棺内から出土し、金銅製の鞍・鐙・轡・当盧（馬
面）各1点が頭側にまとめて副葬され、面繋・胸繋・腹帯・尻繋など
を構成する革帯にともなう杏葉（垂飾）など大量の装飾品が被葬者の
上半身を覆うように副葬されていた（図10）。頭側の壁龕から褐釉
罐・陶瓶各1点と牛の腿骨1点、足側からは馬の頭骨1点、犬の頭骨
1点と肢骨1組が出土し、慕容鮮卑系の墓と考えられる。前燕の慕容
儁が鄴を攻略した352年から370年の前燕滅亡までの間に位置づける
説が有力である（田 1991など）。調査者は鐙が1点であることから
「片鐙」であると報告している。

4〜5世紀に興起した五胡十六国のうち、現在の遼寧西部を拠点とする鮮卑慕容部が建国した前燕・後燕・北燕をあわせて三燕と呼ぶ。この時期には、鮮卑の墓地とされる遼寧省北票喇嘛洞墓地や朝陽十二台郷磚廠墓地などから金銅の装飾馬具が出土し、それらの技術は高句麗や新羅・加耶、さらには古墳時代の日本列島にも大きな影響をあたえたと考えられている（諌早 2012）。長沙金盆嶺21号墓や南京象山7号墓など晋代の馬表現をみると、三燕馬具の祖型となる馬具の構造や形態が、晋代に存在したことは確かである。しかし、紋様を刻んだ金銅板で馬具を装飾し、さらにそれを墓に副葬する風習は、魏晋南北朝の300年のなかで、三燕の時代にしかみられない。その慣習や技術が朝鮮半島を経由して日本列島へと伝来したというのは、この時代の東アジア史を考える上で興味深い。

重装騎兵の登場

三燕を含む五胡十六国の時代に新たに登場したのが、鉄製の甲冑をまとった鎧馬で、「甲騎具装」とも呼ばれる。東アジア中世の重装騎兵といってもよいであろう。4世紀中葉の前燕墓とされる朝陽十二台郷磚廠墓地88M1（遼寧省文物考古研究所・朝陽市博物館 1997）では、鞍や鐙などが棺内から出土し、棺外からは鉄製の馬冑や騎兵の冑・頸甲などが出土した。同時期の北票喇嘛洞墓地ⅠM5（白ほか 2008）では、鉄製の馬具・馬冑・馬甲や騎兵の鉄冑などが出土し、その整理と復元研究が進められている（図11）。また、415年に没した北燕馮素弗墓からは木心金銅板張の鐙2点や鉄製轡とともに、大量の鉄製小札が出土しており、報告者は大型の小札は馬甲、小型の小札は人甲に使用したものと推測している（遼寧省博物館 2015）。

これらの小札の甲冑が当初どのようであったかは、同時代の墓から

図11　北票喇嘛洞墓地ⅠＭ５の重装
　　　騎兵復元（白ほか 2008）

図12　咸陽平陵１号墓の釉陶鎧馬
　　　（咸陽市文物考古研究所 2006）

出土する陶製鎧馬や壁画資料から推測できる（楊 1985: 45-50）。４世紀前半の墓とされる陝西省咸陽平陵１号墓では釉陶製の鎧馬と陶製彩色の鎧馬各１体が出土している（咸陽市文物考古研究所 2006）。この墓は南に開口する土洞墓で、方形の墓室奥に東西方向に棺を安置し、その前方東側に鎧馬と各種の騎馬鼓吹俑、西側には軺車１輌と牛車２輌、鞍馬、楽伎俑、女侍俑などをならべていた（図12）。鎧馬はいずれも騎乗者がおらず、墓主のために用意された乗物である。

　同時期の壁画資料では、高句麗へ亡命して 357 年に没した冬寿の墓である北朝鮮黄海南道安岳３号墓東壁出行図（岡崎 1964）がはやい。これは、墓主の牛車を中心とした儀仗隊列をあらわしたもので、その左右外側に鎧馬の騎兵（図13）が配置されていたことがわかる。一方、鎧馬の戦闘風景を描いた壁画では、西魏大統年間の敦煌第 285 窟南壁の五百強盗帰仏因縁図が著名である（敦煌研究院編 2001）。これは、国

図13　安岳3号墓（冬寿墓）の重装騎兵（朝鮮遺蹟遺物図鑑編纂委員会 1990）

王の命をうけた軍隊が盗賊を捕縛しようとして乱戦になる場面である。国王軍がみな弓と矛をもつ鎧馬の騎兵として描かれるのは、6世紀の軍隊に対する同時代の認識を示したものといえるだろう。

第3節　胡族国家の影響

鮮卑拓跋部の勃興

　4世紀から5世紀には、匈奴・羯(けつ)・鮮卑・氐(てい)・羌などに出自する諸集団が興亡をくりひろげ、漢人との接触のなかで、さまざまな側面で文化の融合、技術の革新、制度の変革が起こった。ただ、五胡十六国の君主には皇帝・天王・王・公・大単于などさまざまな称号があり、自らを正統な中国王朝と位置づけるものもあれば、東晋など他国に従属する立場とするものもあり（三﨑 2002）、軍事力はともかく王朝の正当性において東晋の優位性は揺るがない。胡漢の接触によってこの

170

時期の馬具には大きな変革があったとはいえ、全体としてみれば、晋制のなかでの変化と解釈することができるだろう。

　それに対し、五胡十六国のあとに勢力を拡大して華北を統一した鮮卑拓跋部の北魏は、明確に中国正統王朝を自負し、その制度や文化はのちの隋唐王朝にも大きな影響を与えた。通説によれば、鮮卑拓跋部はもともと大興安嶺北部、現在の内蒙古自治区東北のホロンバイル附近にいた集団で、長い時間をかけて南遷し、3世紀には大青山南麓の盛楽（内蒙古ホリンゴール県）に到達した。4世紀末にこの集団を再統合して北魏を建国した拓跋珪（道武帝）は、398年に長城以南の平城（山西省大同市）へと遷都し、そこを拠点に草原地帯と農耕地帯を股にかけた国家建設を進めていった。

　先行する五胡の諸族を圧倒して華北を制圧し、南朝との対等な交渉を可能としたのは、豊富な馬の供給を背景とした強大な軍事力であった。以下、鮮卑拓跋系の馬具・馬装や馬の供給がどのようであったかをみていくことにしよう。

鮮卑拓跋部の遊牧騎馬文化

　太祖道武帝が北魏を建国し、平城へと遷都した当時、「猶お水草を逐い、城郭無し」（『南斉書』魏虜伝）と江南の貴族たちが評したように、鮮卑拓跋部の習俗には遊牧の習俗が色濃く残されていた。北魏前期の道武帝・明元帝・太武帝の時代には、華北各地の都市を制圧して厖大な数の都市民や農耕民を都の平城附近へと強制移住させるとともに、草原地帯の諸集団を征服してその民や馬・牛・羊などの家畜を大量に獲得し、国力を増強していった。

　399年に道武帝は高車を撃破して馬30余万、牛羊140余万頭を獲得し、さらにその掃討戦でも馬5万余、牛羊20余万頭を略奪して、

それらを平城北郊へ移動させ、鹿苑をつくらせた（『魏書』太祖紀）。また、427年に太武帝は夏の統万城を攻略し、オルドスの馬30余万と牛羊数千万頭を獲得している（『魏書』世祖紀上）。さらに429年には大規模な柔然遠征をおこない、その帰途に東部高車の民と馬牛羊100余万を獲得して漠南千里の地に移住させ、その範囲は東の濡源から西の五原・陰山まで3千里におよんだ（『魏書』世祖紀上・高車伝）。

　陰山（大青山）南側や河西（オルドス）一帯は遊牧に適した肥沃な土地で、北魏は遠征で獲得した家畜類をこれらの地域に移して放牧し、そこから平城近郊へと供給させた（佐川 2007）。北魏皇帝の行幸について考察した佐藤智水（1984）によれば、北魏皇帝は毎年4月に平城で西郊祭天の儀礼をおこなったあと、夏の間は陰山・河西方面へと移動し、秋になると平城へと帰還することが多かった。それは、一族・家畜とともに、牧草をもとめて季節ごとに移動しながら生活する遊牧の習俗を反映したもので、陰山・河西一帯はおおよそ鮮卑拓跋部の夏営地に相当する。

北魏墓の壁画と棺画に描かれた習俗

　北魏の壁画墓のなかで最もふるいのが、2005年に山西省大同市東南郊で発見された沙嶺7号墓である（大同市考古研究所 2006）。墓室内から出土した彩色漆棺の破片に墨書があり、被葬者は太延元年（435）に没した破多羅太夫人であることが判明した。破多羅（破多蘭）部は、現在の寧夏固原周辺に出自する鮮卑の別種である。漆棺には墓主夫婦像と厨房調理・農耕などの場面が描かれ、ほかに剣と盾をもつ歩兵や矛を執る歩兵、重装騎兵の鎧馬なども確認できる。

　沙嶺7号墓は西向きに開口する塼築単室墓で、墓室と甬道に壁画が描かれている。墓室の東壁（正壁）に墓主夫妻の坐す瓦葺寄棟建物、

図 14　大同沙嶺壁画墓の羊屠殺場面（大同市考古研究所 2006）

北壁に車騎出行図、南壁に宴飲図などが描かれていた。北壁の出行図には導騎・鼓吹・儀仗・主車・従騎などがあらわされ、その構成は安岳 3 号墓（冬寿墓）と類似するものの、主車は牛車ではなく馬車である。南壁はジグザグに張った陣幕によって画面を東西に分割し、東半に男性墓主を中心とした宴席、西半には穀物倉庫・荷車・通憶車（つうけんしゃ）・女性が端座するゲルなどを描いている。その下には仰向けにした羊の胸にナイフを突き立て、たらいで血をうける場面（図 14）が描かれるなど、鮮卑の習俗が色濃くあらわれた壁画となっている。

　これに対し、5 世紀後半の北魏墓では、車騎出行図にかえて騎馬狩猟図をあらわすことが多い。大同南郊の全家湾 9 号墓は、墨書・朱書の題記によって和平 2 年（461）梁抜胡（どうかわん）の墓であることが判明しており、南向き墓室の北壁に墓主像・鞍馬・伎楽図、西壁に牛車・ゲル・侍女および農耕・井戸・厨房図が描かれていた。東壁に狩猟図があり、ひだをかさねた山並によって画面を区切り、弓に矢をつがえた鮮卑服

図15 大同南郊 229 号墓木棺画の騎馬狩猟図（高崎市教育委員会文化振興課文化財保護係 1990）

の騎馬人物が鳥獣を追うさまを描いている。墨と朱の素朴な壁画ながら、柔らかく躍動的な表現が特徴的である（大同市考古研究所 2015）。

　木棺の彩色画にも類似の意匠がみられる。1980 年代に発掘された大同南郊北魏墓群のうち、5 世紀中葉の 229 号墓では彩色木棺の側板に騎馬狩猟図が描かれていた（山西大学歴史文化学院ほか 2006）。これもひだをかさねた山岳によって画面を区切り、鮮卑服の騎馬人物が弓に矢をつがえて羊をねらう場面や、手にした槍で馬上から虎を突く場面などがあらわされている（図15）。

　こうした騎馬狩猟図は、おそらく鮮卑拓跋部が拠点とした平城周辺から陰山・河西一帯での狩猟風景をあらわしたものと考えられ、とくに 5 世紀の北魏墓において流行する。しかし、北魏孝文帝は 480 年代から 490 年代にかけて漢化政策と呼ばれる一連の改革を推進し、鮮卑服の着用や鮮卑語の使用を禁止して中国風に改め、さらに狩猟をやめ殺生を禁じたことにより、5 世紀末になると鮮卑独自の風習は急速に衰退していった。

祭祀・喪葬と馬の犠牲

　古代中国では殷墟の時代に、王の埋葬や祖先の祭祀にあたって大量の馬犠牲が用いられ、周代から前漢代の大墓においても実用の車馬がしばしば埋められた。ただし、周代以降の天地や宗廟の祭祀に用いられる犠牲は原則として牛・羊・豚であり、前漢末以降は墓に実用の車馬を埋める習俗も途絶えていた。

　しかし、北魏では鮮卑の習俗により、しばしば馬を犠牲に用いた。太祖道武帝の399年には、神元・思帝・平文・昭成・献明五帝の廟を宮中に設け、年に4回、馬・牛各1頭の犠牲をささげ、太祖みずから祭祀したという（『魏書』礼志四）。

　また、世祖太武帝の443年には、大興安嶺の北部において鮮卑拓跋部の祖廟だという石室が発見されたことが伝えられ、使者を派遣して祭祀をおこなった（『魏書』礼志四）。その場所は、内蒙古自治区オロンチョン自治旗の嘎仙洞（かっせんどう）で、1980年に洞窟内から太武帝が刻ませた祝文が発見された（米 1981）。祝文には「駿足（馬）・一元大武（牛）・柔毛（羊）」の3種の犠牲を用いて祖先と天地の祭祀をおこなったことが明記されている。

　近年、内蒙古自治区フフホト市の北、大青山南麓において「祭天壇」とされる特殊な円形の遺構が発見された（張・丹 2021）。それは五重の円形土壇で、内側から順に「祭壇」―内環濠―内堤―外堤―外環濠からなり、その最大径は100mちかい。「祭壇」内部から炭化した木材や藁材が出土し、内環濠からは北魏代の陶器・平瓦・塼および馬・羊の犠牲骨が出土した。馬骨の放射性炭素年代測定では430〜490年頃という分析結果が出ている。遺跡の位置づけについては議論があるものの、北魏前期の皇帝が夏に陰山一帯へと行幸したことと無関係ではなく、行宮の附近で馬や羊を用いた祭祀をおこなったのだろう。

175

図16 大同南郊57号墓 墓道出土動物骨（山西大学歴史文化学院ほか 2006）

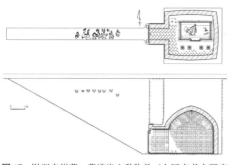

図17 尉遅定州墓 墓道出土動物骨（大同市考古研究所 2011）

北魏前期には喪葬儀礼のなかでも馬が用いられた。大同南郊北魏墓群では、発掘された167基のうち75基（44.6%）から牛・羊・馬・犬などの動物骨が出土した（山西大学歴史文化学院ほか 2006）。その詳細な内訳は報告がないものの、牛骨の出土が最も多く、羊と馬はそれより少ない。その出土位置にも差異があり、棺附近の漆器上や墓室の壁龕に犠牲を置くものは牛と羊が多いのに対し、墓道から出土する動物骨には馬・犬などが含まれる（図16）。

大同市陽高県で2010年に発掘された尉遅定州（うっちていしゅう）墓の動物犠牲も同様である（大同市考古研究所 2011）。胴張りのある方形塼築の墓室内から「太歳在丁酉二月辛巳朔十六日丙申」「尉遅定州」などの刻銘をもつ石堂が出土し、457年の埋葬と考えられる。西向きの墓道の埋土から馬頭骨2、牛頭骨6（蹄骨各4をともなう）、羊頭骨4、犬頭骨4点が整然とならんで出土し、墓道を埋めもどす過程で動物犠牲を用いた祭祀がおこなわれたことがわかる（図17）。

　牛・羊と馬・犬の区別は、慕容鮮卑系の三燕の墓にもみられる。上述した前燕の安陽孝民屯154号墓では頭側の壁龕から牛腿骨、足側から馬頭骨と犬頭骨・肢骨が出土し、両者のあつかいは異なっている。『魏志』烏丸伝の裴松之注が引く『魏書』によれば、烏丸の人々は死者の霊魂が遼東の西北数千里にある赤山に帰すると信じており、霊魂を先導するのが馬と犬であった。もともと鮮卑の習俗は烏丸に近似しており、あるいは5世紀の鮮卑拓跋部にも同様の信仰があったのかもしれない。ただし、北魏では孝文帝が推進した漢化政策の影響のもと、5世紀末になると動物犠牲が減少し、494年の洛陽遷都以降はほとんど動物犠牲がみられなくなる。

馬具・馬装の変化

　北魏の馬具には、前代と異なる大きな特徴がある。それは、鞍の形状であり、後方の鞍橋が傾斜した後輪傾斜鞍と呼ばれるものが、新たに出現する。現在までに知られる資料では、大同市東郊の雁北師院墓群で発掘された477年の宋紹祖墓が最古である（図18）。宋紹祖墓からは陶製彩色の鞍馬が複数出土しており、いずれも後輪傾斜鞍の下に裾広がりの障泥があり、タテガミは飾布で覆われ、頸元には鈴らしきものを帯ひもでぶらさげている。そのほかにも100体以上の陶俑が出土し、鎧馬の重装騎兵俑26体、楽器や儀仗具を執る鶏冠帽の軽騎兵俑32体などが含まれていた。これらの人物はいずれも風帽などをかぶった鮮卑服のすがたである（大同市考古研究所 2008）。

　北魏平城時代の陶俑は、宋紹祖墓以前にさかのぼるものがなく、おそらく北魏における陶俑副葬は5世紀後半に開始したと考えられる。壁画や棺画では馬具の細部がわからないため、北魏の5世紀中葉以前の馬具については不明なところが多い。また、三燕のように、金銅の

図18 宋紹祖墓出土陶馬の後輪傾斜鞍（大同市考古研究所 2008）

装飾馬具を多用し、あるいはそれを副葬する習俗は北魏にはなかった。そのため、後輪傾斜鞍の厳密な出現時期も確定することはできない。

　一方で、重要なことは、北魏において5世紀に出現した後輪傾斜鞍が北朝から隋唐時代に踏襲され、近世にいたるまで、ほとんどその形態を変えることなく使用されたことである（孫1981 など）。魏晋代に流行した両輪垂直鞍と北魏以降の後輪傾斜鞍とを比較すれば、前者が馬上での安定性と装飾性を重視したものであるのに対し、後者は乗降がしやすく機動力の面ですぐれていたと考えられる。実用の馬具による比較がなお不充分であるものの、鞍の構造・形態上の大きな変化が5世紀に存在したことは確かである。

第4節　花開く宮廷の騎馬文化

拓跋国家の騎馬文化

　494年、北魏孝文帝は漢化政策をより完全なものとするため、平城から洛陽へと遷都した。しかし、農耕・遊牧境界地帯に位置する北方の平城から、はるか南方の中原の洛陽へと都を移動したことにより、馬の供給は国家的な課題となった。『魏書』食貨志などによれば、遷都後は洛陽の東北、河陽（現在の河南省焦作市）一帯の広大な土地に牧

（馬場）を設け、軍馬 10 万匹を常駐させたという。それらの馬は、主要産地であった河西から、并州（山西省太原）の牧を経由して供給されていた（吉田 2018）。しかし、524 年に六鎮の乱が勃発すると、河西・并州からの軍馬供給も機能不全に陥り、王朝衰退に拍車をかけた。六鎮の乱に始まる混乱によって衰退した北魏王朝は、東魏と西魏に分裂し、さらに両王朝の実質上の支配者であった高氏と宇文氏への禅譲により北斉と北周が成立した。その後、北周に代わった隋による中国統一をへて、618 年に唐王朝が誕生する。このうち、華北東部の鄴を都とした北斉は、晋陽（太原）を「覇府」と呼んで重視し、山西省北部の代州・忻州に設置した牧から良馬を供給していた（吉田 2018）。それに対し、西魏・北周が都とした長安は、北から西に農耕・遊牧境界地帯がひろがり、馬の供給に有利であった。唐代前半の官営牧場である監牧と馬坊が現在の山西省北部から内蒙古オルドス、陝西省北部、寧夏回族自治区、甘粛省東部に分布するのが参考になる（齋藤 1999）。

　北斉・北周・隋・唐の諸王朝は、いずれも北魏の六鎮に駐留した軍団のなかから台頭し、鮮卑拓跋部にルーツをもつ集団であることから、「拓跋国家」と総称される（杉山 1997、古松 2020）。要するに、騎馬遊牧民の軍事力を基盤とした北辺の部族集団が、北魏から唐にいたる一連の王朝の中核勢力となっていた。唐の皇族・貴族墓から出土する壁画や陶俑をみると、男性のみならず女性も馬に乗り、馬上での球技に興じる貴族たちもいた。それは、長い戦乱の時代を終えて太平の世がおとずれたことを意味する一方で、唐の皇族・貴族たちのルーツが騎馬文化と密接に関係していることをも示唆している。

撃毬（馬球・ポロ）

唐代の貴族たちが好んだ馬上の競技に、ポロがある。初唐期までに

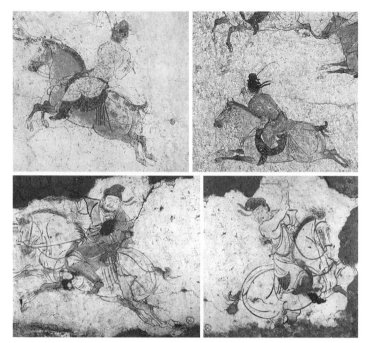

図19　唐李賢墓（上）と李邕墓（下）の馬球図壁画（陝西省博物館・陝西省文物管理委員会編 1974／陝西省考古研究院 2012）

ペルシアから西域経由で伝えられたとする説、あるいは吐蕃から伝えられたとする説などがあるものの、具体的な伝来の経路や時期は明確ではない。玄宗皇帝の717年には于闐国から「打毬馬両匹」が献上されたという記録があり（『冊府元亀』巻971）、ポロに用いた馬には、西域から献上されたものがあったらしい。

　唐の壁画墓には、ポロの場面を描いたものがある。著名な例では、706年に高宗乾陵に陪葬された章懐太子李賢墓の墓道西壁に馬球図があり、対応する東壁には狩猟図が描かれていた。馬球図（図19上）は、長靴を履いた5人の男性が馬にまたがり、マレット（先端が曲がったス

ティック）を手に毬を追う場面を中心として、周囲を駆ける騎馬人物などあわせて 20 騎ほどが描かれる（陝西省博物館・陝西省文物管理委員会編 1974）。

また、710 年に中宗定陵に陪葬された節愍太子李重俊墓でも、やはり墓道西壁に馬球図、東壁に狩猟図が描かれていた（陝西省考古研究所・富平県文物管理委員会 2004）。ただ、剥落のため全体の構成は明確でない。残存する壁画には、マレットを手に執り馬に乗って駆ける 5 人の男性の一団や、場外で控えている数名の騎乗の男性が描かれる。

さらに、高祖献陵の陪葬墓である 727 年の嗣虢王李邕墓では、前甬道の西壁に馬球図、東壁に狩猟図が描かれていた（陝西省考古研究院 2012）。馬に乗った顎鬚の人物と右肩をあらわにした騎乗の男性とがマレットで毬を激しく撃ちあう場面は、躍動的で生き生きとしており、当時の人々がポロに熱中したさまがよく伝わってくる（図 19 下）。

ポロの場面を描いた既発見の壁画墓は 8 世紀前半の資料が中心であるものの、皇族・貴族によるポロ愛好は唐代後半にも継続していた。晩唐の穆宗皇帝もポロを愛好し、821 年に麟徳殿でポロを主宰し、翌年にはポロに熱中するあまり体調を崩し、3 日間にわたり群臣に朝見しなかった（『新唐書』穆宗紀・敬宗紀）。穆宗の子である敬宗皇帝もポロが得意で、824 年に中和殿で毬を撃ち、大明宮内の馬を管轄する飛龍院でもポロを開催した（『旧唐書』敬宗紀）。この年、蘇玄明・張韶らが大明宮に侵入して乱を起こしたとき、敬宗はちょうど大明宮の清思殿でポロに興じていた（『資治通鑑』巻 242）。清思殿は大明宮の太液池東岸にあった別殿で、敬宗が銅鏡 3 千枚と金銀箔 10 万枚を費やして新殿を造営させた（『旧唐書』薛存誠伝）。その広大な院内は、皇帝がポロを開催する主要な場所であった（楊 2021）。

大明宮西側の含光殿址では、1956 年調査時に「含光殿及毬場等、

大唐大和辛亥歳乙未月建」銘の石誌が出土し、文宗皇帝の831年に宮殿と「毬場」がセットで造営されたことがわかる（中国科学院考古研究所 1959）。その「毬場」とはまさに馬球場であり、大明宮をはじめ各地の宮殿や邸宅にはしばしばポロ専用の球場が設置されたのである。

舞馬

　ポロと同じく唐代に馬を用いて盛んにおこなわれた娯楽のひとつに舞馬がある。ポロが皇帝・皇族・貴族ら自身で参加するスポーツであったのに対し、舞馬はもっぱら観覧して楽しむ曲芸であり、しばしば宮廷で開催される宴会に余興として舞馬が供された。もともとは漢代以来、百戯のなかでさかんにおこなわれた動物を用いた曲芸の一種で、それが唐代にいたって高度に発達したと考えられる（程 2016）。

　唐代の舞馬では、色とりどりの衣を着た人がタテガミを整えた馬にまたがり、鞭をふるって、牀の上で舞い踊り、音楽にあわせてステップを刻んだ（『楽府雑録』）。舞馬を好んだ玄宗は、宮廷の宴が始まると、内閑廏から蹀馬30匹を引きだし、「傾杯楽」の演奏にあわせて舞わせ、また数段にかさねた牀の上で曲芸をさせた（『旧唐書』音楽志ほか）。とりわけ玄宗の誕生日である毎年8月5日の千秋節には、興慶宮の勤政務本楼で盛大な祝賀会が開催され、多数の美少年と飾りたてた馬を集めて、舞踏や曲芸をさせたという（『明皇雑録』ほか）。

　1970年、西安市南郊の何家村から大量の唐代金銀器が発見された。そのなかに、革袋を模した鍍金銀壺があり、その両側面には、後脚を曲げて蹲踞し、頸にリボンを巻き、杯を銜えた馬のすがたが刻まれていた（図20左）。玄宗のときに宰相を務めた張説が詠んだ「舞馬詞」には「膝を屈し盃を銜み節に赴き、心を傾けて寿を献ること疆まり無し」、また「舞馬千秋万歳楽府詞」には「更に杯を銜むこと有り、宴

図20　西安何家村出土舞馬銜杯鍍金銀壺（左）と蓮上双天馬紋八花鏡（右）
（斉 2018／西安市文物保護考古所 2008）

曲が終われば、頭を垂れて尾をふるい、酔うこと泥のごとし」などと
あり、玄宗の誕生日を祝う千秋節には、皇帝に対し馬が祝杯を献上す
る演出があったと考えられている（程 2016、斉 2018、楊 2021）。

　ただし、馬が舞踏する場面をあらわした図像は少ない。その一例と
されるのが、やはり西安何家村出土の蓮上双天馬紋八花鏡（図20右）
で、同紋様の鏡が兵庫県立考古博物館の千石コレクションにも含まれ
る。鏡背の内区には、鈕をはさんで向きあう2頭の馬があらわされ、
それらは片側の前脚と後脚を蓮華上に載せ、もう片側の前脚と後脚を
曲げている。先にみた張説「舞馬千秋万歳楽府詞」にはまた「聖皇の
至徳は天と斉しく、天馬　海西より来儀す」とあり、西方より皇帝の
徳をしたってきた「天馬」が舞馬に用いられたことを述べている。鏡
背の馬の両肩に火焔状の翼があるのは、これらの馬がまさに西方から
もたらされた「天馬」であることをものがたっている。

お わ り に

　中国では今から3千年あまり前の殷墟の時代から馬の本格的な利用が始まるものの、当初の数百年間は車を牽引する動力としての使用が中心であった。中国の人々が積極的に騎馬を導入する大きな契機となったのは、春秋戦国時代、とりわけその後半期に激化した戦乱であり、また塞外の異民族との接触であったと考えられる。

　戦国後期から前漢初期の騎乗用馬具は、それ以前から車馬具として存在した鑣（轡）・頭絡（面繋）・手綱などに加えて、薄いクッション状の軟質鞍が馬の背に載せられた。それが、前漢後期までに初現的な硬質鞍へと改良され、魏晋代には前後に大きな鞍橋を設けた両輪垂直鞍（高橋鞍）へと発展した。また、魏晋代には乗馬に際して足がかりとする鐙が発明され、当初は鞍の片側のみに装着する片鐙であったものが、東晋初期には鞍の左右に垂下させる両鐙へと変化し、それは騎兵の足まわりを安定させることにつながった。さらに、人馬がともに甲冑をまとった重装騎兵も出現した。これら一連の変化は、後漢末から三国、および西晋末から東晋・五胡十六国における動乱と分裂の過程で、馬具・馬装に変化がもとめられた結果といえるだろう。

　五胡十六国の動乱ののち、華北を統一した北魏は、後輪傾斜鞍という新たな馬具を採用した。北魏の中核をなす鮮卑拓跋部は、長らく北方の草原地帯にとどまっていた騎馬遊牧民で、長城以南の平城に都を置いてからも騎馬遊牧の習俗をとどめていた。後輪傾斜鞍は乗り降りがしやすく機動性に富んでいたため、北朝後期から隋・唐以降の時代にいたっても、その基本的な形状に大きな変化はみられない。北朝から隋・唐の諸王朝は、草原地帯とのつながりを保ち、農耕・遊牧境界地帯に牧を設けて良質な馬を継続供給することで、その軍事力を維持

した。こうした軍事力を背景として長期間の安定を実現した唐の時代には、貴族の娯楽にも馬が用いられ、舞馬やポロが流行し、国際色豊かで華やかな宮廷貴族文化が生みだされたのである。

参考文献
【日本語】
諫早直人 2012『東北アジアにおける騎馬文化の考古学的研究』雄山閣
梅原末治 1960『蒙古ノイン・ウラ発見の遺物』東洋文庫論叢第 27 冊
岡崎敬 1964「安岳第三号墳（冬寿墓）の研究―その壁画と墓誌銘を中心として―」『史淵』第 93 輯
岡村秀典 2021『東アジア古代の車社会史』臨川書店
菊地大樹 2017「中国古代家畜馬再考」『駒澤考古』第 42 号
齋藤勝 1999「唐代の馬政と牧地」『日中文化研究』第 14 号
佐川英治 2007「北魏平城の鹿苑の機能とその変遷」『岡山大学文学部紀要』第 47 号
佐藤智水 1984「北魏皇帝の行幸について」『岡山大学文学部紀要』第 5 号
杉山正明 1997『遊牧民から見た世界史―民族も国境も越えて』日本経済新聞社
高崎市教育委員会文化振興課文化財保護係 1990『中国山西北朝文物展図録』高崎市教育委員会
東京国立博物館・九州国立博物館・国立国際美術館・NHK・NHK プロモーション・朝日新聞社 2015『始皇帝と大兵馬俑』NHK・NHK プロモーション・朝日新聞社
樋口隆康 1972「鐙の発生」『青陵』第 19 号（1983『展望アジアの考古学―樋口隆康教授退官記念論集』新潮社所収）
古松崇志 2020『中国の歴史②　草原の制覇―大モンゴルまで』岩波書店
三﨑良章 2002『五胡十六国―中国史上の民族大移動』東方書店
楊泓（網干善教監訳・来村多加史訳）1985『中国古兵器論叢』関西大学出版部
楊鴻勛（向井佑介監訳）2021『唐長安　大明宮』上下巻　科学出版社東京・ゆまに書房
吉田愛 2018「北朝後期の軍馬供給―洛陽遷都後の北魏から北斉期を中心に―」『馬が語る古代東アジア世界史』汲古書院
【中国語】
白栄金・万欣・雲燕・俊濤 2008「遼寧北票喇嘛洞十六国墓葬出土鉄甲復原研究」『文物』第 3 期
陳思源 2018「試論西晋至北朝墓葬中的牛車鞍馬組合」『碑林論叢』第 23 輯

陳暁峰主編 2019『武威文物精品図集』読者出版社

程旭 2016『唐韻胡風―唐墓壁画中的外来文化因素及其反映的民族関係』文物出版社

大同市考古研究所 2006「山西大同沙嶺北魏壁画墓発掘簡報」『文物』第 10 期

大同市考古研究所 2008『大同雁北師院北魏墓群』文物出版社

大同市考古研究所 2011「山西大同陽高北魏尉遅定州墓発掘簡報」『文物』第 12 期

大同市考古研究所 2015「山西大同南郊全家湾北魏墓（Ｍ 7、Ｍ 9）発掘簡報」『文物』第 12 期

敦煌研究院編 2001『敦煌石窟全集三　本生因縁故事画巻』上海人民出版社

斉東方 2018『花舞大唐春―解読何家村遺宝』上海古籍出版社

遼寧省博物館 2015『北燕馮素弗墓』文物出版社

遼寧省文物考古研究所・朝陽市博物館 1997「朝陽十二台郷磚廠 88 Ｍ 1 発掘簡報」『文物』第 11 期

劉敦愿 1984「西漢動物画中的傑作―定県出土金錯狩猟紋銅車飾画象」『美術研究』第 2 期

洛陽市第二文物工作隊 2000「洛陽春都路西晋墓発掘簡報」『文物』第 10 期

米文平 1981「鮮卑石室的発現与初歩研究」『文物』第 2 期

南京市博物館 1972「南京象山 5 号、6 号、7 号墓清理簡報」『文物』第 11 期

秦始皇兵馬俑博物館 2009『秦始皇陵二号兵馬俑坑発掘報告』第 1 分冊　科学出版社

山東鄒城市文物局 2005「山東鄒城西晋劉宝墓」『文物』第 1 期

山西大学歴史文化学院・山西省考古研究所・大同市博物館 2006『大同南郊北魏墓群』科学出版社

陝西省博物館・陝西省文物管理委員会編 1974『唐李賢墓李重潤墓壁画』文物出版社

陝西省考古研究所・富平県文物管理委員会 2004『唐節愍太子墓発掘報告』科学出版社

陝西省考古研究院 2012『唐嗣虢王李邕墓発掘報告』科学出版社

陝西省考古研究院 2022「陝西咸陽成任墓地東漢家族墓発掘簡報」『考古与文物』第 1 期

陝西省文管会・陝西省博物館・咸陽市博物館楊家湾漢墓発掘小組 1977「咸陽楊家湾漢墓発掘簡報」『文物』第 10 期

石璋如 1947「殷墟最近之重要発現　附論小屯地層」『考古学報』第 2 期

孫機 1981「唐代的馬具与馬飾」『文物』第 10 期

田立坤 1991「三燕文化遺存的初歩研究」『遼海文物学刊』第 1 期

西安市文物保護考古所 2006「西安理工大学西漢壁画墓発掘簡報」『文物』第 5 期

西安市文物保護考古所 2008『西安文物精華　銅鏡』世界図書出版

咸陽市文物考古研究所 2006『咸陽十六国墓』文物出版社

新疆文物考古研究所・吐魯番地区博物館 2002「新疆鄯善県蘇貝希遺址及墓地」『考古』第 6 期

顔一平 2022「呉名将丁奉墓出土楽俑三題試解」『南京学研究』第 5 輯

張文平・丹達爾 2021「内蒙古武川壩頂北魏陰山皇家祭天遺址」『2020 中国重要考古発現』文物出版社

中国科学院考古研究所 1959『唐長安大明宮』科学出版社

中国社会科学院考古研究所安陽工作隊 1983「安陽孝民屯晋墓発掘報告」『考古』第 6 期

周保華・周夢圓 2021「南京五佰村孫呉丁奉家族墓発掘収穫」『中国文物報』1 月 26 日第 4 版

【韓国語】
朝鮮遺蹟遺物図鑑編纂委員会 1990『朝鮮遺蹟遺物図鑑 (5)』高句麗篇 (3)

馬模型にみえる鞍の変化

——北魏の後輪傾斜鞍とその広がり——

大 平 理 紗

は じ め に

中国の魏晋南北朝時代、立派な馬具・馬装を装備した騎乗用馬の模型が明器としてあらわされ、人形の明器である俑や、牛車模型・厨房設備模型などの模型明器とともに貴人の墓に副葬された。背に鞍をのせ、騎乗者のいない装飾馬の模型は、墓主の乗り物を象ったものであり、俑とともに出行行列をあらわしていると考えられている（楊1986）。南北朝時代に次ぐ隋唐時代の墓にも見出されるこの馬の模型は、馬の美しく活き活きとした様子を写しとっていることで、現代においては古美術品として珍重されるところとなっている。そればかりか、往時の馬具・馬装の形状や装着方法を知る上でも重要な資料的価値をもつことが、考古学界でも早くから認識されてきた。例えば、樋口隆康が東アジアにおける鐙の起源を論じた「鐙の発生」では湖南省の長沙金盆嶺21号墓の騎馬俑にあらわされた鐙を根拠としている（樋口1972）。このように、実物資料が決して豊富であるとはいえない中国古代の馬具研究において、模型にあらわされた馬具や馬装は重要な資料であり、馬模型や騎馬俑を具に観察することは、実物資料からは得られない多くの知見をもたらしてくれる。

第1節　墓に副葬される鞍をつけた馬の模型

　騎乗用装飾馬の模型は後漢末に副葬されるようになったようだが、発見されている数は少ない。西晋時代の半ばからは、首都の洛陽近郊の貴族墓で牛車模型とセットになった馬模型の副葬が定着する様相が明らかにされている（陳 2018）。士大夫層における牛車の広がりを論じた岡村秀典によれば、三国時代の後期に陶磁製の牛車模型と馬模型を副葬することが始まる。曹魏大墓からは「雲母犢車一乗」と記した石牌がみつかり、副葬品の中に牛車模型があったとみられるが、これが西晋時代の洛陽の中小型墓に受容されたという（岡村 2021）。このように、鞍をつけた馬の模型が牛車模型とともに貴人の墓に副葬されたことは多くの研究者が認めているところであり、貴人の墓に副葬されるという特質上、その分布は各王朝の主要都市の近郊に集中している。したがって馬模型にあらわされた馬具を検討する場合、その分布はそのまま馬具の分布を示すのではなく、各時代・地域における副葬明器の様相を反映していることを念頭において進めなければならない。

　ところで、他の模型明器と同様に馬模型にも材質の差異が存在し、河西回廊では銅製模型、それより西域のトルファンでは木製模型が目立つなど、西域で有機質製の馬模型が発見されている。ただし、それ以外の地域で発見されているものはほとんどが陶磁製の陶馬である。遺存度合いの地域差があることも原因のひとつであると考えられるものの、有機質の遺存率が高い西域で陶馬の数が少ないことは興味深く、今後明器とその素材の関係性という視点から検討する価値があるだろう。

図1　陶馬にあらわされた鞍

1：山東省鄒城劉宝墓（山東鄒城市文物局 2005）2：湖南省長沙金盆嶺21号墓（湖南省博物館 1959）3：陝西省西安洪慶原1号墓（梁猛墓）（西安市文物保護考古研究院 2018）4：江蘇省南京栖霞区東楊坊南朝墓（南京市博物館 2008）5：山西省大同雁北師院2号墓（大同市考古研究所劉俊喜主編 2008）6：江蘇省南京西善橋第二磚瓦廠墓（南京博物院 1997）

第2節　陶馬にあらわされた鞍

　騎乗用装飾馬模型には時代や地域によって製作技法や写実性に明瞭な差があるので、各種の馬装表現を単純に比較することはできないものの、鞍の形状については3つに大別が可能である。まず、鞍の前後両端に鞍橋が設けられ、前輪と後輪が垂直に立つもの。そして鞍の前後両端に鞍橋が設けられているものの、前輪が高く垂直に立つのに対し、後輪は低く、後方に傾斜するもの。また、鞍橋がはっきりと確認できないもの。

　以上のように分類される鞍は、実物資料における両輪垂直鞍・後輪

傾斜鞍・軟式鞍および両輪垂直鞍への発展過程の硬式鞍に、それぞれ対応していると考えられる。洛陽の西晋墓から出土する陶馬は、鞍の前後の橋が垂直に立てられ、ほぼ迷うことなく両輪垂直鞍と判断できる。また山東省鄒城劉宝墓から出土した陶馬（図1-1）は、外形からみて洛陽西晋墓に原型を同じくする同型品と思われる資料が存在するが、西晋の永康2年（301）の紀年をもつので年代の指標となる。華北に分布する陶製明器や俑は伝統的に合わせ型を用いた合范製であるが、陶馬に関しては馬の頭から胴を左右の合わせ型で作り、鞍橋は後から手捏ねまたは個別に型作りしたパーツを貼り付けていると考えられる。陶馬の一点一点に垂直に立つ前後の鞍橋を表現していることは、実際の鞍の形状を考える上で示唆的である。それらと近い西晋の永寧2年（302）という紀年をもつ湖南省長沙金盆嶺21号墓では、陶馬と騎馬俑が出土しており、やはり両輪垂直鞍と判断できる。こちらは鞍橋の端部にボタン状の装飾を表現している点も興味深い（図1-2）。同じように十六国墓や東晋・南朝墓の陶馬も両輪垂直鞍と判断できる資料で占められる（図1-3・4）。

　一方、北魏の都・平城の近郊の山西省大同雁北師院2号墓の陶馬には、前輪が垂直に立ち、後輪が極端に低く後方に傾斜した鞍が表現されている（図1-5）。前述の両輪垂直鞍の諸例との差異は明らかで、後輪傾斜鞍を象ったものと判断できる。北魏の洛陽遷都後に営まれた洛陽近郊の北魏墓からも同様の後輪傾斜鞍をあらわした陶馬が出土し、さらに北魏とその俑作りを継いだ東魏・北斉の墓からも同様の陶馬が出土している。関中では北魏の初めごろの陝西省西安北郊205号墓で前代の後秦・大夏から引き継いだとみられる両輪垂直鞍の表現がみられるものの、西魏・北周墓の陶馬では後輪の極端に低い後輪傾斜鞍が確認できる。また、注目すべきは南朝の南京西善橋第二磚瓦廠墓の石

馬であり、両輪とも高さに欠ける表現でありながら、後輪が低くなっている様子が観察される。後輪傾斜鞍をあらわしたものとみて良いと判断する。

そのほか、少数ではあるが両輪垂直鞍・後輪傾斜鞍以外の特徴をもつものもみいだされる。陝西省西安潘家荘 169 号墓の陶馬にあらわされた鞍橋らしき表現のない鞍や、甘粛省武威雷台墓の座面と鞍橋部分に明瞭な境のない鞍などがそれである。前者については「高橋鞍」が出現する以前に使用されていた軟式鞍であり（李雲河 2019）、後者は鞍橋のまだそれほど高くない木製鞍であろうと説明されている（岡村 2021）。

第 3 節　陶馬にみる鞍の分布

以上のように陶馬・騎馬俑の鞍表現を観察し、その分布を図 2 に示した。洛陽の西晋墓から出土する陶馬を中心として、十六国墓、三国〜東晋・南朝墓の陶馬においては、軟式鞍や橋の高くない木製鞍を除いて、もっぱら両輪垂直鞍である。ところが、北魏平城期の墓からは後輪傾斜鞍がみられるようになり、北魏を引き継いだ北朝の各王朝でも後輪傾斜鞍が席巻することとなる。一方で南朝では南京栖霞区東楊坊墓などで両輪垂直鞍が表現されるが、前述の南京西善橋第二磚瓦廠墓では後輪傾斜鞍が表現されている。これをまとめれば、両輪垂直鞍は西晋代には広く普及しており、武威雷台墓などで橋のあまり高くない鞍をみとめる例外的なものを除き、中原から南方まで広く分布している。そして関中を獲得した十六国の国々でも、もっぱら両輪垂直鞍が用いられたようである。江南の東晋・南朝の資料数は少ないながら、やはり両輪垂直鞍が用いられたことが窺える。一方で、北魏が陶馬を

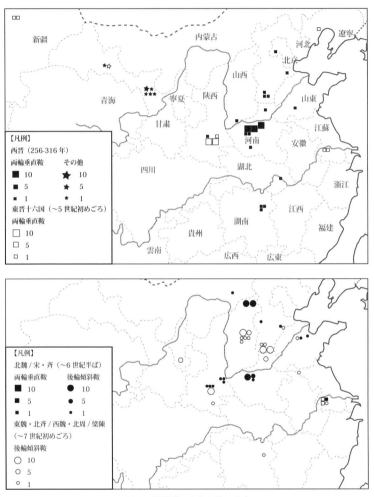

図2　馬模型にみえる鞍の分布

含めた模型明器を副葬し始めた頃から、後輪傾斜鞍を表現するように
なり、おそらくそれは北魏の出行行列にまでも後輪傾斜鞍の使用が浸
透したことを反映しているのだろう。これは北朝を通じて隋唐代まで
継承されていくことになるが、それ以前に南朝の後半に華南地域でも
すでに後輪傾斜鞍が取り入れられていた可能性が高い。鞍の表現はあ
る程度明器製作の形式を踏襲しておこなわれると想像でき、陶馬の馬
装として鞍は垂直にあらわすということ自体も継承されていたと推測
する。すると実際の鞍の形状をただちに反映したとは考え難いが、模
型に象られた鞍の変化は、それだけ新出の後輪垂直鞍の浸透や重要性
を示しているだろう。よって、後輪傾斜鞍の浸透する様相を陶馬があ
る程度あらわしているのだと考えられる。そのようにみれば、北魏が
俑を副葬するようになったことを契機に陶馬に後輪傾斜鞍が現れたこ
とは注目すべきである。つまり、両輪垂直鞍があらわされた前代の陶
馬をそのまま模倣せず、おそらく北魏（鮮卑）が用いた後輪傾斜鞍を
陶馬に表したのである。

第4節　後輪傾斜鞍の定着と円形飾の壮麗化

　出行行列における後輪傾斜鞍の採用によって、騎乗用装飾馬の馬装
はどう変化したのであろうか。まず、両輪垂直鞍と後輪垂直鞍では、
その後視において鞍橋が目立つかどうかという最大の違いがある。前
者は前輪よりもひとまわり大きな後輪をもち、後輪には金銅装が施さ
れるなど、後視に装飾的目的を持っていたことは先学の指摘するとお
りである。それに引き換え、後輪傾斜鞍における後輪はほとんど装飾
する余地がなく、後姿で装飾的効果をもたない。そこで注目されるの
が、北魏洛陽期から東魏・北斉の陶馬で著しく目を引く尻繋の装飾で

195

図3 尻繋に円形飾をあらわした陶馬　1：河北省磁県東魏茹茹公主墓（文物出版社編 1989）2：山西省太原北斉東安王婁睿墓（山西省考古研究所・太原市文物考古研究所 2006）3：山西省大同迎賓大道75号墓（大同市考古研究所 2006）

ある。東魏茹茹公主墓（550年葬）や北斉婁叡墓（570年卒）出土の陶馬（図3-1・2）を例にとれば、前者は馬の臀部にほぼ隙間なく大きな円形の装飾を並べ、尻繋には櫛形の杏葉を垂下している様子があらわされる。後者も同様に、臀部には隙間なく22点の円形装飾を並べ、尻繋からは蕾や葉を象ったらしき杏葉を垂下する（山西省考古研究所・太原市文物考古研究所 2006）。いずれも隙間なく円形飾を並べるため、その下にあるべき尻繋の構造は表現されないが、北魏平城期の山西省大同迎賓大道75号墓の彩色表現などをみるに、モデルとなった実際の馬装では、格子式の尻繋の交点に円形飾を装着したものであったことが想定できる（図3-3）。

これらは両輪垂直鞍において注目を集めたと思しい後輪の装飾に代わり、尻繋装飾が馬と騎乗者の後ろ姿を主として彩るものへ発展した結果であろうと推測する。つまり、パレードの主役が、後ろ姿において鞍の華麗な装飾に注目を惹きつける西晋的装飾馬に対し、北魏以降の装飾馬は豪華に盛り上げた尻繋の装飾において後ろ姿を彩るものと理解できよう。北魏的装飾馬は装飾品の構成などの基本的な要素は西晋的馬装を継承したものであると考えられるが、鞍の発達によって工夫を迫られ、変化していった結果が、尻繋装飾の壮麗化にあらわれていると考えている。

お わ り に

ここまで、騎乗用装飾馬の模型にあらわされた鞍に注目することで、西晋代に広く普及していた両輪垂直鞍が、後輪傾斜鞍へと変化していく様子を捉えることができた。そしてその画期は、北魏が馬模型を墓に副葬するようになった頃であるらしいことがみえてきた。さらには、北魏代に装飾馬へ後輪傾斜鞍が採用されたのちには、尻繋に大きな円形飾を所狭しと並べた壮麗な馬装のスタイルが見出されるようになる。筆者はこれらの現象が関連して引き起こされたと推測し、パレードにおける装飾馬の鞍が後輪の装飾性を失った代わりに、尻繋をより壮麗に飾り立てるようになったのだと考えた。一方で、これは模型資料の誇張された表現に過ぎないとみる向きもあるかもしれない。それぞれの時代の騎乗用装飾馬模型がどれほど忠実に実際の馬装を写しとっているのか、また、すでに発掘されている遺物・遺構の中に鍵となる資料はないのか、今後は実物資料のさらなる蓄積に期待しながら、総合的な議論をおこなう必要があるだろう。

参考文献

【日本語】

岡村秀典 2021『東アジア古代の車社会史』臨川書店

樋口隆康 1972「鐙の発生」『青陵』第 19 号（樋口隆康 1983『展望アジアの考古学』新潮社に再録）

【中国語】

陳思源 2018「試論西晋至北朝墓葬中的牛車鞍馬組合」『碑林論叢』第 23 輯

大同市考古研究所劉俊喜主編 2008『大同雁北師院北魏墓群』文物出版社

湖南省博物館 1959「長沙両晋南朝隋墓発掘報告」『考古学報』第 3 期

李雲河 2019「中国古代"軟馬鞍"及相関問題」『中国国家博物館館刊』第 8 期

南京博物院 1997「南京西善橋南朝墓」『東南文化』第 1 期

南京市博物館 2008「南京市栖霞区東楊坊南朝墓」『考古』第 6 期

山東鄒城市文物局 2005「山東鄒城西晋劉宝墓」『文物』第 1 期

大同市考古研究所 2006「山西大同迎賓大道北魏墓群」『文物』第 10 期

山西省考古研究所・太原市文物考古研究所 2006『北斉東安王婁睿墓』文物出版社

文物出版社編 1989『中国重大考古発現』文物出版社

西安市文物保護考古研究院 2018「陝西西安洪慶原十六国梁猛墓発掘簡報」『考古与文物』第 4 期

楊泓 1986「北朝陶俑的源流、演変及其影響」中国考古学研究編委会編『中国考古学研究—夏鼐先生考古五十年記念論文集』文物出版社

第Ⅲ部

馬文化の東伝
——中国から朝鮮半島、そして日本列島へ——

第6章　鐙の出現
——騎馬文化東伝の原動力——

諫早　直人

はじめに——西から東へ

　馬の口に装着する「轡 bit」、馬背に固定する「鞍 saddle」とともに、現代乗馬に欠かせない馬具の一つとして、鞍から馬腹の両側に懸垂する「鐙 stirrup」という馬具がある（写真1）。乗馬の際の足掛かりであり、乗り手の身体の安定を助ける道具である。乗馬をしたことのある人なら、誰もがそのお世話になったことがあるだろう。

　本稿でこの鐙の出現に注目する理由は、大きく二つある。一つは現代乗馬に欠かせない馬具の中では、数少ない東アジア起源の馬具とみられること（樋口 1972 など）。本書で繰り返し述べられているように、東アジアにおける家畜馬利用の歴史は前2千年紀後半、殷代後期の中国に西方から体系的にもたらされることで本格的に始まったものとみられる（川又 1994、菊地 2017）。ユーラシア草原地帯西部において前4千年紀中頃には、家畜化されていた馬や、西アジアなどで出現していたとみられる車など、中国よりも西方の諸地域で別個に登場していたものが、中国ではこの頃ほぼ一斉に出現する。伝来の具体的な経路や経緯についてはまだはっきりとしないものの、東

写真1　現代の鐙（尾崎作撮影）

アジアにおける家畜馬利用のはじまりが、外部（西方）から技術、知識を体系的に受容することで開始したことについては、早くから指摘されてきたところである（林巳 1959、川又 2006 など）。

　鐙は、そのような西から東へという馬文化の流れを、東から西へと大きく変えたゲームチェンジャーといってよい。鐙という馬具を介して初めて騎手は馬と一体化し、騎馬の移動手段としての、そして兵器としてのプレゼンスは飛躍的に高まった。そのような騎馬のプレゼンス拡大の行きついた先にモンゴル帝国の成立があるといってしまうといい過ぎだろうか。いずれにせよ今日、馬のいるところであれば、あたり前のように目にすることができる鐙の起源は、以下に詳しくみるように後1千年紀前半の中国に求められる可能性が極めて高い。そしてそれはやがて、鐙に頼ることなく馬を自在に乗りこなしてきた騎馬遊牧民の間にも普及し、彼らを介して後1千年紀後半の間にはヨーロッパの端にまで到達する（林俊 1996 など）。

　鐙に注目する理由はもう一つある。鐙の出現と普及は、馬利用の普及を考える上でもゲームチェンジャーであったとみられることだ。それは乗用馬（その前提としての家畜馬）の利用地域が馬本来の生息範囲を大きく飛び越えていく、というヨコ方向の拡大はもちろん、地域内において乗馬できる人間の数を飛躍的に増やし、結果として家畜馬の飼育数も桁違いに増えていく、というタテ方向の拡大をもたらした。

　その理由は単純明快。鐙のない馬と、鐙のある馬を乗り比べてみればいい（それらに乗ることを頭の中で想像してみるだけでもいい）。もちろん鐙がなくても騎乗自体は可能だし、実際、モンゴルの大草原に行けば、鐙なしで疾駆する騎馬遊牧民の姿をみることができるかもしれない。馬が家畜化された時から何らかのかたちで乗馬が始まっていたにせよ、それより遅れて始まったにせよ、鐙出現以前の乗馬の歴史の方

が、鐙出現以後の乗馬の歴史より長いことも確かだ。鐙がなくても何とかなるし、実際に何とかしてきた時代が長く続いたのである。

　しかしながらそれらをもって、この、後 1 千年紀前半を起点とする鐙の出現を過小評価することはできない。熟練すれば鐙なしでも馬を自在に乗りこなせることは否定しないが、どんなに練習しても鐙なしにはできない姿勢や動作があることは、競馬のモンキー乗りや馬術の障害飛越競技を思い浮かべれば容易に理解できるだろう。ポニー[1]のような小さな馬であれば何とか飛び乗れそうな気もするが、サラブレッドのような大きな馬に鐙なしで乗れと言われれば、大半の人は躊躇するに違いない。古代ギリシアのクセノフォンは、鐙のなかった前 6 世紀頃の西アジアや地中海世界に、馬に跳び乗ったり、馬を調教して蹲踞（そんきょ）させたり、馬丁に介助させたりといった様々な乗馬方法があったことを詳しく記録している（相馬 1971 など）。もちろん馬の気質にもよるだろうし、勇敢で、類い稀な身体能力をもつ人は、鐙なしでも巧みに乗りこなしたに違いない。そのような人たちが最初に馬の背に跨り、飼い慣らしたであろうことも容易に想像できるが、そんな人間は昔も今もごく一部に限られる。鐙の出現はそういった特別な人に限られていたかもしれない乗馬層を、ヨコ方向にもタテ方向にも大きく拡大させ、結果として家畜馬の分布範囲を飛躍的に広げていく上で、決定的な役割を果たしたとみられる。

　筆者はこの鐙の出現と展開が、日本列島というそれまで馬が生息していなかった島嶼域にまで、家畜馬と乗馬の風習を一気に定着させる契機の一つとなったのではないかと考えている。日本列島が、ユーラシア大陸を西から東へと次第に広まっていった馬利用の終着地の一つであることは、改めていうまでもない。やや前置きが長くなったが、本稿では現代鐙の起源地とみられる中国と、その東方に位置する朝鮮

半島と日本列島における鐙の出現過程を概観し、鐙出現の歴史的意義の一端に迫りたい。

　なお、ここまで紀元前については「前」を、紀元後については「後」を年代の前につけてきたが、ここからは特に必要のない限り紀元後については年代のみを表記する。

第1節　鐙の出現

鐙の出現をめぐって

　鐙がいつ、どこで出現したのかについては、世界中の学者が関心をもち、長く複雑な学史がある（林俊 1996、李雲河 2021 など参照）。それは、様々な地域から出土する、といった単純な理由だけでは決してない。鐙の出現やそれに伴う新たな馬利用が、その地域の社会や戦争・交通のあり方を大きく変えたと考えられてきたからだ。たとえばアメリカの歴史学者、ホワイト（1907-1987）は、「馬はつねにその主人を戦闘において歩兵よりも優位に立たせ、馬の軍事的利用法の改良はそのつど広汎な社会的・文化的変化に関連していたのである」と述べた上で、戦闘における馬利用の歴史を①馬で曳く戦車、②馬上の戦士が膝で締めつけて軍馬に密着する方法、③鐙を装備した騎手という三段階に分けて理解した。また、③の出現・展開過程を概観し、鐙の発明によってもたらされた軍事技術の革新が中世ヨーロッパ封建社会成立の引き金となったと高く評価した（ホワイト 1985: 13）。

　鐙の出現をめぐっては最近も新たな出土資料が次々と増えており、議論が続いているところではあるが、本書の性格上、ここではその詳細をトレースすることは避け、要点だけをまとめておきたい。

　まず鐙の出現をめぐる研究は、大きく分けて三つのまったく性格の

異なる資料にもとづいて進められてきた。第一の資料は言うまでもなく発掘調査で出土した実物の鐙である。出土鐙は、ある地域、ある時代に利用された鐙がどのようなものかを知る上で最も直接的な手がかりとなるが、どこからでも出土するわけではない。とりわけ東アジアの初期の出土事例は東北アジアに著しく偏っており、しかも墳墓の副葬品にほぼ限定される。当然のことながら実生活で鐙を常用していたからといって、必ずしもそれを墓に副葬するとは限らず、出土鐙によってすべてが解決するわけではない。

　第二の資料は鐙を描いたり刻んだ図像資料や、土や木、金属などでつくった立体造形資料である。明器を第一の資料と第二の資料のどちらに含めるかは、何をもって明器とするかによって変わるため悩みどころではあるが、少なくともミニチュアなどの実用に耐えない仮器については、第二の資料（立体造形資料）に含めるべきだろう。第二の資料の多くは馬や騎馬の付属物として表現される場合が多く、具体的な利用方法（装着方法）をビジュアルに知ることができる。ただし、どこまで忠実に表現しているのか（できているのか）検討の余地が大きく、そもそも鐙かどうかをめぐって議論のある資料も多い。また、当然のことながら同時期に用いられた鐙の正確な三次元形状や材質、構造については、第二の資料からはまったくアプローチできない。

　第三の資料は文字資料である。たとえば原田淑人と駒井和愛は、後漢の許慎によって書かれた『説文解字』（永元12年（100）成立）の中で、「鐙」字が馬具として用いられていないことを指摘した上で、同書に馬車に乗るための「鞈」という革製の足掛けがみえることに注目し、これが乗馬用の革製鐙へ展開したとみる（原田・駒井 1936：61）。しかし、原田らがその傍証とした永青文庫所蔵伝洛陽金村出土金銀象嵌鏡の騎馬人物像（第3章：図6右）にみられる鐙表現については、今

205

日否定的な意見が大勢を占めている（本書第3章、第5章でも鐙表現とはみていない）。文字資料は雄弁だが、それが指すモノの具体的な形まで記述されることはほとんどなく、地域（文字文化圏）を越えた検討も難しい。ユーラシア草原地帯の騎馬遊牧民が自ら文字をもつようになるのは、鐙出現後よりもだいぶ後のことである。とりわけ出現の問題を論じる際には、第一の資料や第二の資料による検証は必須だろう。

　このほかにも学史を振り返ると英語 Stirrup などをめぐる語源学的アプローチもみられるが（Bivar 1955、ホワイト 1985、クィズラソフ 1988など）、同時代性の担保された第一〜第三の資料には及ばない。

　先に鐙の出現について1千年紀前半の中国と述べたが、その根拠は主として第一の資料、すなわち実物の鐙に対する考古学的知見にもとづいている。研究者の中には、実物の出土資料よりも古く遡る図像資料や立体造形資料などの存在を根拠に、もっと古い時期に、まったく異なる地域で出現したとみる研究者もいる。たとえば金属製の鐙や金属などで補強した木心製の鐙に先行して、革製の鐙があったとする意見は古くからあり、いまだに決着がついていない[2]。

　議論が膠着状態に陥ってしまった原因は二つある。一つは対象資料の出土地域があまりに広範囲に及び（それは馬利用の広がりが、特定の自然環境や人間集団、文化領域をまったく超越したものであることによる）、個々の資料の厳密な併行関係や、出土コンテクストまで含めた検討が難しいこと、もう一つは、上述のまったく性格の異なる資料にもとづく雑多な「鐙」が、十把一絡げに議論されてきたことによる。前者の問題を俄かに解決することは難しいが、後者に関しては以下の議論を少しでも実りあるものとするためにも、今ここで整理しておく必要があろう。

鐙の大別分類——軟式鐙と硬式鐙の提唱

　筆者は、「馬腹に懸垂し、人の足を掛けるための馬具」である「鐙」について、構造上、「軟式鐙」と「硬式鐙」に大別して理解すべきと考えている。

　まず軟式鐙は、インドのサーンチー第二塔の彫刻や、中国雲南省李家山 59 号墓（前 1 世紀前半）から出土した青銅製銅鼓形貯貝器にあらわされた騎馬人物像など、前 2〜1 世紀のインドや雲南にみられる「親指鐙」（中国人研究者は「趾鐙」と呼んでいる）がよく知られる（Gode 1960、川又 1994、菅谷 1994、張増祺 1997 など）。実物資料が出土したことはないが、革紐などの軟質の有機物が素材として想定されている。軟式鐙から硬式鐙へと単線的に評価できるかどうかを不問にすれば、馬腹に懸垂し、人の足を掛けるための馬具としての、軟式鐙の存在を完全に否定することは難しい。後述する出土資料によってその出現時期がある程度抑えられている硬式鐙よりも、先行して出現していたとみられる軟式鐙については、各地で多元的に発生した可能性や、インド起源説（一元発生説）が提唱されているが、詳しいことはまだよくわかっていない。

　次いで硬式鐙は木製や金属製、木心製など硬質の有機物や金属、ないしそれらを組み合わせてつくった鐙である。確実な実物資料が 4 世紀代の中国とその周辺で出土しており、時間が経つにつれてその分布が拡大していくことから、以下に詳しくみるように 300 年を前後する頃に中国で考案された可能性が高い。足を掛ける部分が輪状を呈する点、図像資料と立体造形資料からみて、確実に鞍から懸垂している点は、現代鐙と共通する特徴である。すなわち現代鐙は、以下に議論する「硬式鐙」の延長線上に位置づけられる。

硬式鐙の大別と細別

　東アジアの硬式鐙は、足を掛ける部分の形状から輪鐙と壺鐙に大別され、輪鐙は材質と柄部形状からさらに細別することが可能である（図1）。考古学者はこの中の特定の種類（形式）の鐙をさらに型式分類していくわけだが、ここで提示する分類はそれよりももっと大雑把なものであり、東アジアにおける硬式鐙の系統樹程度に理解してほしい。

　そのアウトラインを簡単に述べておくと、様々な形態、材質の硬式鐙の中で最初に出現したのが300年前後に出現した、直線的なＩ字形柄部をもつ輪鐙の一群である（図1-①〜③）。この一群の輪鐙は現在までのところ、東アジア（中国、朝鮮半島、日本列島）にのみ分布しており、これらの地域のどこかで硬式鐙が考案されたことを示唆する。それから少し遅れて5世紀後半に懸垂孔付近を大きくつくるＴ字形柄部などをもつ金属製輪鐙（④）や、足を掛ける部分を袋状につくる壺鐙（⑥）が出現し、6世紀にはＩ字形柄部をもつ輪鐙に取って代わる。

　取って代わるといっても壺鐙が普及したのは日本列島と朝鮮半島ぐらいであり、中国を含むユーラシア大陸の多くの地域に広まっていったのはＴ字形柄部などをもつ金属製輪鐙の方である。現代の鐙は一般に金属製（ないしその形態を模倣した合成樹脂製、および両者を組み合わせたもの）で、輪部の上端に鐙革（力革）を通す孔を設けているが（⑤）、そのような構造の鐙は1千年紀末頃に北アジアで出現し（白石 1996）、モンゴル帝国の拡大などを通じて、ユーラシア各地へと広まっていったとみられる。

　一方、壺鐙の分布は中国東北部から日本列島にかけての東北アジアに局限される。材質はＩ字形柄部をもつ輪鐙同様、様々である。古式馬術に詳しい方であれば、明治以前の日本で用いられた舌長鐙（⑦）が日本独特のものであることをよくご存知であろう。壺鐙はその祖型

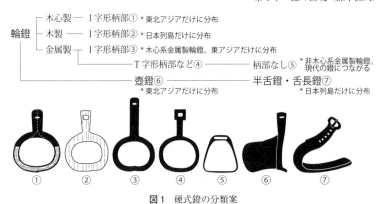

図1　硬式鐙の分類案

となったもので、唐の馬装の影響を強く受けていると考えられがちな正倉院宝物馬鞍にも採用されている。唐に限らず中国（中原）でこの壺鐙が採用された形跡はないが、中国東北部や朝鮮半島南部からは壺部を別造りにする杓子形壺鐙の類例が出土しており、輪鐙同様、外来の鐙形式とみてよい。日本列島では6世紀代に入って、一木を剋り抜いてつくる三角錐形壺鐙が考案され、主たる鐙形式となっていく。

　隣の朝鮮半島も輪鐙から壺鐙へと、日本列島と同じような変遷を辿り、少なくとも統一新羅時代頃まで杓子形壺鐙を主たる鐙形式として採用しつづける。ところがその後、高麗時代に入る頃にT字形柄部の金属製輪鐙が現れ、高麗時代後半、モンゴル帝国によって征服されて以降は柄部のない金属製輪鐙が広まるなど、舌長鐙を採用する日本列島とはまったく異なる変遷を辿っていったようである。

硬式鐙の考案地、考案時期

　それでは硬式鐙の中でも最初期の形式であるI字形柄部をもつ輪鐙は、いつどこで考案されたのであろうか。

先学を繙きながら、まずは‘定説’を紹介しておきたい（林俊 1996、岡村 2021 など）。硬式鐙の最古例としては、半世紀近くにわたり多くの研究者が、湖南省長沙金盆嶺 21 号墓出土騎馬俑を挙げてきた（湖南省博物館 1959）（写真 2）。墓室の構築に「永寧二年（302）五月十日作」と陽刻された紀年銘甎を用いており、墓室内出土品についても西晋代（265-316 年）後半のものとみて大過ない。それを、中国のみならず世界最古の鐙として評価した樋口隆康は、鞍から馬腹の左側だけに垂下された三角形の輪鐙に、騎乗者の足が掛けられていないことに注目し、「騎乗に下手な漢人が、騎乗の際の足踏み台として、まず鐙を発明した」と考えた（樋口 1972）。

　その後、東晋初期の 322 年に没した王廙の墓に比定される江蘇省南京象山 7 号墓から馬腹の両側に鐙表現をもつ鞍馬俑が出土し（南京市博物館 1972）（写真 3）、現代鐙につながっていく馬上でふんばることのできる鐙、すなわち両鐙（双鐙）が東晋代（317-420 年）の初期には既に出現していたことが確かめられるに至る。これらの 4 世紀初頃（西晋代）の片鐙（単鐙）表現と、4 世紀前葉（東晋代）の両鐙表現が、後述する実物鐙の直前段階に位置づけられる世界最古の確実な硬式鐙表現であるということについては、長らく世界中の多くの研究者の一致するところであった。

　ところがこの‘定説’を塗り替える資料が最近、中国で出土し、話題となっている。2019 年、江蘇省南京丁奉家族墓群 M 3 号墓から出土し、2021 年秋に公開された 1 体の騎馬俑にみられる片鐙表現である。墓主は孫呉の名臣で 271 年に亡くなった丁奉、片鐙の出現時期が西晋代後半から孫呉代（222-280 年）後半に遡る重要な発見である[3]。まだメディア報道のみで発掘担当者による報告に接していないため、よくわからないことも多々あるが、金盆嶺 21 号墓や象山 7 号墓と同

じく I 字形の柄部と三角形の輪
部をもつこと、居木の前後に鞍
橋をもつ硬式鞍から垂下されて
いること、いずれも長江流域以
南のいわゆる華南の地から出土
していることなど共通点は多い。
このほか、つい最近も後漢末の
陝西省咸陽成任墓地 M 3017 号
墓から鉛製の輪鐙 1 点と鑣轡
1 点の出土が報告された[4]（陝西
省考古研究院 2022）。輪鐙は残存
高 8.5 cm、最大幅 5.3 cm と小
さく、報告者は鑣轡も含めて明
器とみている（写真 4）。

写真 2　湖南省長沙金盆嶺 21 号墓出土騎馬
俑（九州国立博物館 2010）

　桃崎祐輔はこれらの最新情報
をその都度日本に紹介するとともに、丁奉家族墓群 M 3 号墓の騎馬俑
の中にターバンを被った胡人とみられる俑が含まれること、成任墓地
M 3017 号墓の隣の M 3015 号墓から中国最古とみられるガンダーラ様
式の仏像が出土していることもふまえ、軟式鐙が先行して存在してい
たインドのクシャーナ朝（1〜3 世紀）からの情報をもとに、孫呉代、
さらには後漢・曹魏代にまで硬式鐙の考案時期が溯上する可能性を提
起する（桃崎 2022 など）。ただし、桃崎も疑問符をつけているように
成任墓地 M 3017 号墓出土例については上述の 3 例とはまったく輪部
形態が異なり、柄部に相当する部分が欠損していて懸垂孔の有無が不
明であり、明器ということをさしひいたとしても鐙とみることについ
て疑問の余地がある。現時点では丁奉家族墓群 M 3 号墓出土例を最古

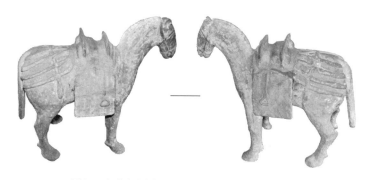

写真3 江蘇省南京象山7号墓出土鞍馬俑（岡村 2021）

写真4 陝西省咸陽成任墓地 M 3017 号墓出土馬具（陝西省考古研究院 2022）

の硬式鐙（表現）とみておくのが穏当であろう。

　本例のような第二の資料は今後も増えていくことが予想され、硬式鐙の出現時期がさらに遡っていく可能性は十分にあるが、第一の資料、すなわち実物資料をもとにした議論に比べると、研究者の見解に大きなずれが生じやすく、軟式鐙の議論と同じ轍を踏むことが危惧される。たとえばいま挙げたような粘土細工による立体表現ではなく、彩色などによって表現していた場合、出土以前に退色してしまった可能性や、出土後に退色してしまい検証が難しくなるということが考えられる。実際に、後漢晩期と報告された甘粛省武威雷台墓から出土した青銅製騎馬俑について、報告者は鞍の下の馬腹に「薦」（鞍敷）が彩色され、「脚鐙」の痕跡もみられるとするが（甘粛省博物館 1974: 91）、検証可

能な証拠が提示されなかったこともあって、その存在については当初
から疑義が呈されている（林巳 1976: 351）。

　もちろん硬式鐙の出現時期がどこまでも遡りうる、という話しでは
ない。すでに幾人もの研究者が言及しているように、硬式鐙の出現は、
硬式鞍の出現を前提とする（アムブローズ 1988、増田 1988、田立坤 2006
など）。鞍がしっかりと馬体に固定されてこそ、人はそこからぶら下
がった鐙に全体重をかけることができるからだ。硬式鞍の出現時期は、
モンゴル国ノヨン・オール 6 号墓出土例から紀元前後にまで遡るとみ
る意見も出されている（李雲河 2016、岡村 2021: 316）。ただ、鐙表現
のある上述の 3 例がいずれも居木の前後に鞍橋を直交して取り付ける
両輪垂直鞍を採用していること、以下に紹介する初期の実物鐙に伴う
実物の鞍も形態のわかるものはすべて両輪垂直鞍であることからみて、
鐙の考案・普及は、硬式鞍の中でも両輪垂直鞍と密接な関係をもち、
その出現以降にまで下るとみてよさそうである。

　そうなると問題は両輪垂直鞍の出現時期ということになるが、以下
に詳しくみるようにこれもまた硬式鐙と同じく、実物資料は 4 世紀代
にまで下ってしまう。孫機（1981）は、『初学記』武部に引く『魏百
官名』にみえる「高橋鞍」を両輪垂直鞍とみており、大方の支持を
得てきた。田立坤（2006）は、これに加えて後漢代の史料にみえる
「鏤衢鞍」や「金衢鞍」についても高橋鞍の一種としつつ、後漢代の
画像磚にも高橋鞍の表現が認められるとする。最近発掘調査がおこな
われて実物の轡が出土し、曹操高陵（220 年没）に比定されている河
南省安陽西高穴村 2 号墓から、鐙はもちろん鞍も報告されていないこ
とが気にかかるが[5]、第二・第三の資料による限り、両輪垂直鞍の出
現時期が後漢末〜曹魏、すなわち 3 世紀初頃にまで遡る可能性は十分
あるといえよう（岡村 2021: 318）。

以上の議論をひとまずまとめておくと、硬式鐙の考案地について、中国以外が名乗りを上げる余地は、現時点ではないと言い切ってよさそうである。考案時期についてはまだ定かではないが、鐙を取り付けることのできる硬式鞍の出現を理論上の上限としつつも、3世紀代以降の両輪垂直鞍の出現・普及過程のどこかに求めておきたい。現時点では孫呉代の華南の地から確かな最古例が出土していることを確認した上で、今後も資料にもとづいた議論を続けていく必要がある。

第2節　世界最古の実物鐙

世界最古の実物鐙

　4世紀前葉〜中葉になると、中国東北部を中心に実物鐙の副葬が確認されるようになる。世界最古の実物鐙といってよいこれらの鐙は、遼寧省朝陽の十二台郷磚廠88M1号墓や袁台子壁画墓、北票喇嘛洞墓地など、慕容鮮卑・三燕の主たる舞台となった遼寧省朝陽周辺から複数確認されており（表1）、河南省安陽孝民屯M154号墓など中原からも同時期の資料が出土している。孝民屯M154号墓については、前燕（337-370年）の慕容儁が冉魏の首都鄴城を陥落させた352年、ないし鄴城に遷都した357年以降につくられた前燕墓とする意見が有力で、370年の前燕滅亡を下限とする（穴沢1990）。竪穴を掘って安置された木棺上に副葬されていた各種馬具は、おおよそ4世紀中葉に製作されたとみてよいだろう（図2）。壁画に墨書された紀年について、354年の可能性が高く、366年の可能性も排除できないとされる（田立坤2002）朝陽袁台子壁画墓とともに、副葬時期をしぼりこめる実物としては最古の硬式鞍（両輪垂直鞍）と硬式鐙である。

　馬俑表現からみると、金盆嶺21号墓（302年）から象山7号墓（322

表 1　慕容鮮卑・三燕の実物鐙

	地　名　　遺跡名	数量	材　質	時　期	備　考
1	河南省安陽　孝民屯 M 154	1（片鐙）	金銅製	前燕（352〜370 年）	鋳造
2	遼寧省朝陽　十二台郷磚廠 88 M 1	1（片鐙）	金銅製	前燕（4 世紀前葉〜中葉）	鋳造
3	遼寧省朝陽　袁台子 M 4	1（片鐙？）	金銅製	前燕（4 世紀前葉〜中葉）	鋳造。詳細不明
4	遼寧省北票　三合成墓	1（片鐙？）	木心金銅板張	前燕（4 世紀前葉〜中葉）	収集品。出土状況不明
5	遼寧省北票　北溝 M 8	2（両鐙）	木心金銅板張	前燕（4 世紀前葉〜中葉）	鐙型式異なる。出土状況不明
6	遼寧省朝陽　袁台子壁画墓	2（両鐙）	木心革張	前燕（354 or 366 年）	雲文を朱彩
7	山東省青州　青州体育場墓葬	2（両鐙）	金銅製	前燕（4 世紀前葉〜中葉）	龍文、忍冬文を彫金
8	遼寧省北票　喇嘛洞 II M 266	2（両鐙）	木心金銅板張	前燕（4 世紀前葉〜中葉）	
9	遼寧省北票　喇嘛洞 II M 16	？	木心鉄板張	前燕（4 世紀前葉〜中葉）	詳細不明
10	遼寧省北票　馮素弗墓	2（両鐙）	木心金銅板張	北燕（415 年）	木心クワ材

年）の間のどこかで、片鐙から両鐙への変化が起こっていたようであ
るが、4 世紀前葉〜中葉の前燕墓からは、上述の孝民屯 154 号墓で片
鐙が、袁台子壁画墓で両鐙が確認されている（写真 5）。すなわち実物
鐙からは今のところ、片鐙と両鐙の間に明確な出現時期の違いを見い
だすことはできない。馬体と一体である馬俑表現とは違って実物鐙の
場合、盗掘や遺存状況などを考慮すると 1 点しか報告されていないか
らといって、1 点しか副葬されていなかったとは必ずしもいえず、片
鐙か両鐙か判断に苦しむ事例もあるが、出土状況から確かに片鐙や両
鐙とみてよい事例が前燕代に併存していることは確実である。

　五胡十六国の後趙（319-351 年）の墓と考えられている陝西省咸陽師
専 5 号墓から出土した鞍馬俑には、障泥の右側にだけ三角形が描かれ、
岡村秀典はこれを片鐙の表現とみる（岡村 2021: 328）。陝西省咸陽平
陵 M 1 号墓出土鎧馬俑や新疆ウイグル自治区吐魯番アスターナ 64
TAM 22 号墓出土木馬俑には両鐙が表現されており、東晋・五胡十六
国期の中で片鐙から両鐙への転換が起っていることは確かだが、両者
はただちに転換したわけではなく、しばらくの間、併存しながら徐々
に入れ替わっていったとみた方がよさそうだ。

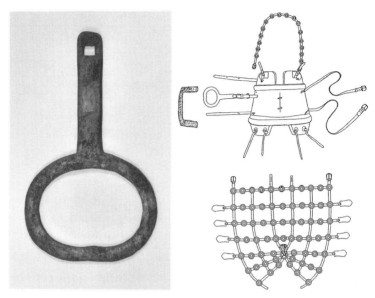

図2 安陽孝民屯 M154 号墓出土鐙と復元馬装（面繫を除く）（九州国立博物館 2010、中国社会科学院考古研究所技術室 1983）

　前燕墓から出土する実物鐙は、材質から木心製と金銅製（鉄製はまだ報告されていない）に大別される。前者は金銅板張や革張といった木心を被覆する素材によってさらに細分が可能である。形態を把握できるものはいずれも細長いＩ字形の柄部をもち、輪部は円形を呈している。一本の木材をたも状に曲げて輪部をつくり、その両端を合わせて柄部とする木心製に合理的な形態である。Ｉ字形柄部はこの製作方法に欠くことのできない造作といえるが、鋳造や鍛造によって比較的自由に形状をつくることができる金属製がこの形態でなければならない製作上の理由は見当たらない。すなわち初期の金属製輪鐙は、同時期の木心輪鐙をモデルに製作された可能性が高い。筆者はこれを木心輪鐙系金属製輪鐙（図1-③）と呼んで、Ｔ字形柄部をもつような非木

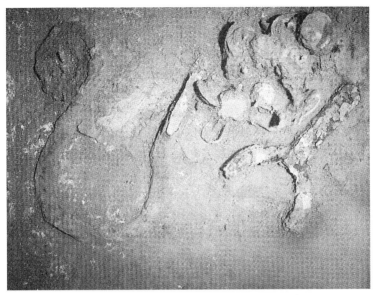

写真 5　袁台子壁画墓木心輪鐙出土状況（田立坤 2016）

心輪鐙系金属製輪鐙（図 1－④・⑤）と区別している（諫早 2012）。

　では、最古の硬式鐙は木心輪鐙であるといいきってしまってよいだろうか。既に指摘されているように金盆嶺 21 号墓出土例や象山 7 号墓出土例の鐙表現をみると、輪部から続く柄部が二又に分かれており、木心製と同じように成形していることは確かだが、初期の実物鐙にこれらに表現されている三角形の輪部をもつ資料はまだ一つも確認されていない。もちろん立体造形資料ゆえの誤差とみることもできるかもしれないが、上述の馬俑に表現された鐙は、すべからく太く短い I 字形柄部と三角形の輪部をもち、前燕墓から出土する実物鐙とは柄部形態も異なることは無視できない。一本の木材を曲げて三角形の輪部をつくることが容易でないことをふまえると、これらがたとえば牛など

の分厚い皮革を曲げてつくったものを模っている可能性は考えられないだろうか。カウボーイたちが使うウェスタン鐙に代表されるように、革製鐙は現在も使用されており、きちんとした素材できちんとつくれば実用性や耐久性には何ら問題がない。何より軽い。4世紀前葉以前の太く短いⅠ字形柄部をもつ鐙が皮革製ということであれば、実物の鐙がなかなか出土しないことも合点がいく。あくまで推測の域を出ないが、親指鐙のような軟式鐙と、木心製や金属製の硬式鐙の間に、準硬式鐙とでも呼ぶべき分厚い皮革製の鐙があったのかもしれない。

　なお近年、前3〜2世紀のモンゴル国ドゥールガ・ウール（Duulga uul）匈奴墓などから出土した鉄製輪鐙片（Turbat 2013）にもとづいて騎馬遊牧民の匈奴が鐙を考案したとする意見も提示されているが（陳巍 2017）、提示された図面をみる限り扁平幅広の踏込部をもつ非木心輪鐙系金属製輪鐙であり、それほど古いものとは思えない。出土遺構や共伴遺物の情報がなく判断が難しいが、発掘調査報告書の刊行されている多くの馬具副葬匈奴墓からこれまで一例も鐙がみつかっていないことをふまえると、現時点での積極的な評価は控えておきたい。

鐙の普及率——遼寧省北票喇嘛洞墳墓群の場合

　ある時期、ある地域に鐙がどの程度普及していたのかは、鐙のもつ歴史的意義を考える上で無視できない問題である。先述の丁奉家族墓群M3号墓（271年）からは16体の騎馬俑が出土しているが、鐙表現をもつものは1体、金盆嶺21号墓（302年）からは20体の騎馬俑が出土しているが、鐙表現をもつものは3体に過ぎない。騎馬俑といっても西晋代以前の鐙表現をもつ騎馬俑は楽器を手にした鼓吹騎馬俑などで、東晋・五胡十六国期にみられるような鎧馬はもちろん、武器を手にした事例もない。すなわち、鐙表現をもつ初期の騎馬俑をみる限

り、鐙の発明が騎乗方法はもちろん、戦争のあり方をただちに変えたとはお世辞にも言えないだろう。実物の馬冑・馬甲や人用甲冑、いわゆる「甲騎具装」が副葬された朝陽十二台郷磚廠 88 M 1 号墓では、各種馬具とともに金銅製輪鐙が出土しているが、片鐙であり、馬上でふんばるためのものではない。ホワイトらが述べるように鐙の出現が結果的に戦争のあり方を大きく変えたとしても、それは鐙考案よりもだいぶ後のことであり、戦争における使用を目的としてそれが考案されたわけではなかった。

　4 世紀代の鐙普及を考える上で面白いデータが最近公開された。慕容鮮卑・三燕の一大集団墓地である遼寧省北票喇嘛洞墳墓群に占める馬具出土比率だ。発掘調査をおこなった遼寧省文物考古研究院の王宇らによって公表されたデータによれば、416 基にも及ぶ三燕墓のうち、馬具出土墓は 59 基、馬具副葬率はたったの 14% である（表2）（王宇ほか 2020）。報告書が刊行されていないため出土遺構や共伴遺物の詳細はわからないが、半数程度を女性として馬具を副葬しなかったと仮定しても、男性の 2/3 も馬具を副葬していない計算になる。魏晋南北朝時代の中国でこれだけ馬具副葬が確認されている墳墓群は他になく、比較すべきデータがないが何とも意外な結果である。

　続いて馬具の細目をみてみると、轡は 59 基中 51 基と、馬具出土墓のほとんどに副葬されているのに対し、鞍は 6 基、鐙については 2 基に過ぎない点が注意される。ほとんどが金属でつくられる轡と違い、ほとんどが木でつくられる硬式鞍は、遺存しにくく、鐙についてもすべて皮革や木でつくられた鐙が使われていた（副葬されていた）可能性を想定すべきかもしれないが、そのことをさしひいても少ない、というのが率直な印象だ。

　最後に、喇嘛洞墳墓群において鐙と共伴する馬具についてわかって

表2 遼寧省北票喇嘛洞墳墓群の馬具副葬墓（王宇ほか2020をもとに作成）

三燕墓（総数）	416
馬具副葬墓	59
轡	51
鞍	6
鐙	2
馬具非副葬墓	357

いることを記しておくと、1対の木心銅板張輪鐙が出土した喇嘛洞ⅡM266号墓からは有機質製鑣轡、鉄製透彫鞍橋、銅製歩揺付逆半球形飾金具などが、形態不明の木心鉄板張輪鐙片が出土した喇嘛洞ⅡM16号墓からは金銅装龍文透彫鏡板轡、銅製脚部有孔鉢状雲珠・辻金具、銅鈴、銅製歩揺付飾金具などがそれぞれ出土しているようである。後者からは鞍が出土していないが、雲珠・辻金具・飾金具などの繋結束具が出土しており、鞍の存在を前提とする馬装とみてよいだろう。いずれも喇嘛洞墳墓群の中では装飾性の高い馬装に該当するが、翻せば装飾性の高い馬装、鞍を伴う馬装であっても、必ずしも木心製や金銅製の鐙を伴うわけではないことを意味する。これは「甲騎具装」を副葬する墓も同じで、白栄金らが鐙を伴う馬装を復元した喇嘛洞IM5号墓（第5章：図11）からは、轡の出土は報告されているものの、鞍や鐙の出土は報告されていない（白栄金ほか2008）。

このような断片的に垣間見える喇嘛洞墳墓群出土馬具のあり方からは、鐙の考案地にほど近く、最も早くそれを受容した地域の一つとみられる中国東北部でさえ、鐙が急速に広まったとはいいがたく、4世紀前半～中頃の前燕代において鐙を使用していたのは、装飾性の高い馬具を保持しうる一部のエリートに留まっていた、という仮説を導き出すことが可能である。もちろん、騎馬に習熟していた慕容鮮卑にとっては、一般的な騎乗に際して硬式鞍や硬式鐙のニーズがさほどなかっただけとみる余地もあるが、先述の立体造形資料にみられる鐙表現の少なさも加味すると、鐙が普及するまでには、やはりそれなりの時間を見積もっておく方が資料の実態に即しているようにみえる。

第3節　鐙の東方展開

東北アジアが鐙を最初に受け入れた

　中国（華南）では3世紀後半、中国東北部では4世紀前半には出現していたとみられる鐙が、中国の北方や西方、南方にただちに伝わった形跡は今のところない。草原地帯を含む中国北方や西方では、4世紀代にまで遡りうるような木心製やそれを模したとみられる初期の金属製輪鐙は、まだ一つもみつかっていない。早くに親指鐙が用いられたインドも硬式鐙の出現は10世紀以降に下り（Anjum 2011）、東南アジアに至っては、元（モンゴル）が侵入した13〜14世紀以降になって初めて鐙が出現するようである（新田 1985）。鐙は確かに便利な道具であるが、考案地である中国から同心円状にスムーズに広まっていったわけでは決してなかった。

　また中国内においても、その普及にやや長い時間がかかったことは今みた通りである。そのような中で、中国東北部に続いて、異例ともいうべきスピードで広まった地域が、中国の東方の朝鮮半島、そしてその先に浮かぶ日本列島である。以下に詳しくみるように、朝鮮半島では4世紀後半以降、日本列島でも少なくとも4世紀末〜5世紀初には実物の鐙が出現し、その後順調に普及していったことがわかっている。

　先に喇嘛洞墳墓群における鐙の普及状況から、前燕代、すなわち東晋・五胡十六国期の前半においても鐙がそれほど普及していなかったのではないかとみたが、東北アジアの諸地域における鐙の出現・普及が中国における普及を前提とするならば、東晋・五胡十六国期でも後半に入る頃には、中国でも鐙が急速に普及したとみてよいだろう。いずれにせよ中国東北部を含めた東北アジアの諸地域、すなわち中国か

らみた「東夷」の諸地域が中国における鐙考案の恩恵をもっとも最初に受けた隣人であることは、出土資料からみて疑いの余地がない。

中国東北部・朝鮮半島北部における鐙の受容と展開

　ここからは東北アジア各地の最初期の出土資料を概観することで、その事実を共有したい。表3に、4・5世紀の各国の代表例を形式ごと、時期ごとに示しているので、適宜参照してほしい。なお各地域出土馬具の併行関係や年代比定根拠については以前に詳しく検討したことがあり（諌早 2012）、ここでは説明を省略する。

　まずは慕容鮮卑・前燕の東隣に位置し、激しい戦争を繰り広げた高句麗である。高句麗で最も古い鐙としては、4世紀末〜5世紀初に位置づけられる吉林省集安太王陵SG1から出土した1点の木心金銅板張輪鐙（図3-1）や集安七星山96号墓から出土した1対の木心金銅板張輪鐙が挙げられる。太王陵の被葬者については異論もあるが、筆者は広開土王（在位391-412年）とみている。既に指摘されているように細長いI字形柄部をもつその形は、慕容鮮卑・前燕の鐙とよく似ており、鏡板轡や杏葉など装飾性の高い他の馬具を含め、三燕の直接的な影響を受けて出現したものとみられる。表3だけみると慕容鮮卑・前燕との間に空白期間があり、また朝鮮半島南部よりも鐙の導入が遅いようにもみえるが、まだ空白を埋める資料がみつかっていないだけだろう。

　西隣の北燕（407-436年）からも太王陵出土例とほぼ同時期にあたる1対の木心金銅板張輪鐙が出土している（図3-2）。北燕の王弟である馮素弗（415年没）の墓に比定されている遼寧省北票馮素弗墓（西官営子1号墓）から出土したそれらは、同じくI字形柄部をもつが、慕容鮮卑・前燕の諸例や太王陵出土例と違って太く短い。華南の金盆嶺

表3　東アジア各地における輪鐙の出現と展開

	4世紀前葉～中葉	4世紀中葉～後葉	4世紀末～5世紀初	5世紀前葉～中葉
中原周辺	【金銅】安陽孝民屯M154 【金銅】青州体育場墓葬	—	—	—
三燕	【金銅】朝陽十二台郷磚廠88M1 【木革】朝陽袁台子壁画墓 【木銅】北票喇嘛洞ⅡM266など	—	【木金】北票馮素弗墓(415年)	—
高句麗	—	—	【木金】集安太王陵(412年？) 【木金】集安七星山96	【木金】集安万宝汀78 【木鉄】集安禹山下41など
百済	—	【木鉄】天安斗井洞Ⅰ-5 【木鉄】清州鳳鳴洞C-9など	【木鉄】天安龍院里9 【木鉄】清州新鳳洞92-54など	【木鉄】原州法泉里1 【木鉄】公州水村里Ⅱ-1 【鉄】清州新鳳洞92-83など
加耶	—	【木鉄】金海大成洞57,68 【木鉄】釜山福泉洞48,60など	【木鉄】金海大成洞1 【木鉄】釜山福泉洞21·22 【木鉄】陝川玉田67-Aなど	【木鉄】釜山福泉洞10·11 【木鉄】陝川玉田M2など
新羅	—	【木鉄】蔚山中山里ⅠB-1	【木鉄】慶州皇南109-3·4 【木鉄】慶州チョクセムC-10など	【木金・木鉄・青銅】慶州皇南大塚南墳(458年？) 【木鉄】慶山林堂7Bなど
倭	←【木】奈良県箸墓古墳周濠？	—	【木鉄】大阪七観古墳 【木鉄】大阪鞍塚古墳(A·B) 【木鉄】滋賀県新開1(A)など	【木鉄】滋賀県新開1(B) 【木鉄】福岡県月岡古墳 【鉄】長野県飯綱社古墳 【木】大阪府都屋北遺跡など

【凡例】金銅：金銅製、青銅：青銅製、鉄：鉄製、木：木製、木革：木心革張、木金：木心金銅板張、木銅：木心銅板張、木鉄：木心鉄板張。スパイクをもつものに下線を付した。暦年代はおおよその製作年代。

21号墓出土例や象山7号墓出土例の系譜をひき、慕容鮮卑・前燕の細長いⅠ字形柄部とは別系統の木心輪鐙とみる研究者もいるが（崔秉鉉 1983・2014、李熙濬 1995など）、木心部分の製作方法などは同じであり、両者が共存する朝鮮半島南部では鉄板の補強範囲など、両者の細部属性には共通した変化が認められる（柳昌煥 2012など）。なお、北燕代に確実に位置づけられる馬具は今のところ馮素弗墓出土馬具だけである。後燕代（384-407年）の紀年墓からは馬具がまだみつかったことはなく、後燕でいかなる馬具が用いられたのか知る術がないが、筆者が慕容鮮卑・前燕に位置づけている馬具の中に、型式学的にみて前燕滅亡後の前秦による統治期間（370-383年）や後燕代に製作されたものが含まれるとする意見もあり（桃崎 2014、李鉉宇 2016など）、議論

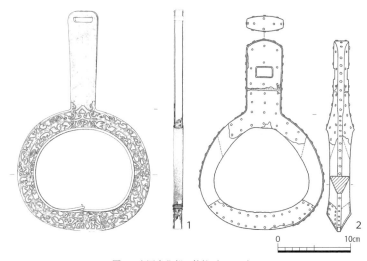

図3　中国東北部の輪鐙（S＝1/5）
1. 集安 太王陵 SG 1　2. 北票 馮素弗墓

が続いている。

　なお、中国東北部ではこのほかにも、夫余の王墓を含む墳墓群とさ
れる吉林省吉林帽儿山 93 XIM 18 から 1 対の木心金銅板張輪鐙が出土
している。報告書が出ておらず詳細は不明だが、田立坤（2013）によ
れば 5 世紀中葉前後の墓から出土しているようである。公表された写
真から細長い I 字形柄部をもち、踏込部にスパイク（踏込鋲）をもた
ない構造とみられ、高句麗の初期の鐙とよく似ている。

朝鮮半島南部における鐙の受容と展開

　続いて高句麗の南方、朝鮮半島南部に割拠した新羅、加耶、百済の
状況を概観する。現在の韓国の領土とほぼ重なる朝鮮半島南部からは
2000 年を前後して初期の鐙の出土資料が急増しており、最近も次々

と出土が報告されている。そのすべてを紹介することは紙幅の都合で難しいので、最新の資料状況については崔秉鉉（2021）の研究を参照してほしい。

　ここでは各地の初期の資料について確認しておく。新羅は慶尚南道蔚山中山里ⅠB-1号墳出土例、加耶は慶尚南道金海大成洞68号墳出土例や釜山福泉洞60号墳出土例、百済は忠清南道天安斗井洞Ⅰ-5号墳出土例など、いずれの国からも高句麗に先行する4世紀中葉～後葉の資料が出土している（図4）。

　その形式はいずれも木心鉄板張輪鐙で、中国東北部でみられたような木心金銅板張輪鐙や金属製輪鐙はない。柄部の長短がわかるものはないが、いくつか出土している柄頭部の金具形態からみて、いずれもⅠ字形柄部であったとみられる。その構造は、柄頭部や、柄部と輪部の接合部分など木心の固定に必要最低限な箇所を鉄板と鋲で部分補強する簡素なもので、中国ではまだ一例も報告されていないタイプである。木心部分のほとんどが腐朽してしまうため、一見すると鐙にはみえないが、金具の裏面に付着した木質から復元される木心部分の製作方法は、全面金属板張の輪鐙と何ら変わらないものが大部分であったとみられる[6]。金属製部品を用いた硬式鞍と共伴する事例は大成洞68号墳などわずかであるが、轡と共伴する事例は多数あり、これらが鐙であることについては疑いの余地がない。崔秉鉉が看破したように、これら最初期の鐙の多くは1点しか出土せず、出土状況からも片鐙と考えられる（崔秉鉉 2021）。

　このように朝鮮半島南東部の新羅、加耶、中西部の百済でよく似た鐙がほぼ一斉に登場しており、慕容鮮卑・前燕が鐙を受容した4世紀前半に続く4世紀後半には、朝鮮半島南部諸国も鐙を受容していたことがわかる。これらが中国を起点とする硬式鐙の系譜下にあることは、

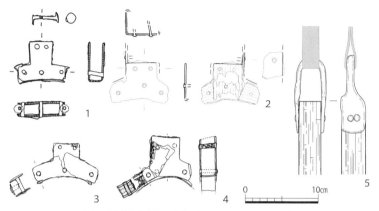

図4 朝鮮半島南部の輪鐙（S＝1/5。5は縮尺不同）

1. 天安 斗井洞 I-5 号墳　2. 清州 鳳鳴洞 C-9 号墳　3. 蔚山 中山里 IB-1 号墳　4. 釜山 福泉洞 60 号墳　5. 金海 大成洞 68 号墳（復元図）

木心部分の製作方法からみて明らかであるが、鉄板補強方法は、中国（華北・華南）はもちろん、中国東北部の三燕や高句麗にも類例がない独特のものである。もちろんまだみつかっていないだけで、こういった簡素な鐙が中国でも用いられていた可能性はあるが、共伴する轡の中に形態的特徴から在地での製作を想定できるものが含まれていることをふまえれば、これらの製作地をあえて外部に求める必要まではないだろう。中国で考案された木心輪鐙の製作方法をよく知った馬具工人によって、この頃に新たに導入され、やはり中国東北部に類例のある立聞式鑣轡や鏡板轡などとともに、朝鮮半島南部で製作された可能性が高い。

　なお、高句麗からはまだこの時期にまで遡る資料は出土していないが、発掘調査数の多寡を考慮すれば今後出土する可能性は十分ある。朝鮮半島南部でみつかっている簡素な木心輪鐙がすでに出土しており、用途不明の鉄製品の中に紛れ込んでいる可能性については高句麗に限

らず考慮すべきであろう[7]。

日本列島における鐙の受容と展開

　最後は東北北部と北海道、琉球列島を除く日本列島中央部（以下、日本列島とする）である。日本列島の鐙は、年代的位置づけをめぐって議論のある奈良県箸墓古墳周濠出土木製輪鐙を除くと、4世紀末〜5世紀初頃に製作されたとみられるものが最も古い。現状における確実な出現時期は高句麗と同時であり、中国東北部、朝鮮半島、日本列島と鐙が順調に普及していったことがわかる。大げさに聞こえるかもしれないが、日本列島は世界で最も早く鐙が伝わった島嶼域といってよく、その評価は今後も変わらないだろう。

　第1節で述べたように馬は日本在来の動物ではない。日本列島は四周を海に囲まれているので、人間が船に乗せて運ぶ必要があり、その出現時期と経緯をめぐっては長年にわたる議論がある。ここでこの問題に深入りする紙幅はないが、4世紀代以前の馬の痕跡が極めて断片的であること、轡、鞍、鐙といった騎乗用馬具の出現とほぼ同時に家畜馬の渡来が本格化することについては、異論のないところであろう。また初期の鐙の出土事例は、大阪府七観古墳例や鞍塚古墳例など百舌鳥・古市古墳群を中心とする近畿地方周辺に偏っており、基本的に両鐙である。初期の鐙の分布範囲は初期の轡の分布範囲よりも狭く、両鐙を伴う騎乗用馬具は、当時の倭王権中枢の明確な意図のもとに導入された可能性が高い。

　それらはいずれも木心鉄板張輪鐙であり、柄部形態のわかるものはすべて太く短いⅠ字形柄部をもつ。鉄板の補強範囲など細部形態にバラエティが認められるが、いずれも同時期の朝鮮半島南部から似たような形態のものがみつかっており、共伴するほかの馬具も含めて、朝

鮮半島南部からの輸入品が大部分を占めていたとみられる（諫早2012）。もちろん、同地からの馬具工人の渡来を前提とすれば日本列島でも同じようなものを製作できたであろうし、家畜馬の飼育や騎乗に長けた渡来集団（馬飼集団）の中にはそういった馬具工人が含まれていたことは想像に難くない。

実際、古墳時代初期の牧の一角と目されている大阪府蔀屋北遺跡からは、馬の飼育・調教の際に使われたとみられる轡、鞍、鐙が出土している（図5-5）。トチノキやアカガシ亜属の一木を削り出してつくる木製の鞍橋や輪鐙は古墳副葬品にはみられないが、古墳に副葬された金属装の鞍、鐙（両輪垂直鞍や太く短いⅠ字形柄部をもつ木心鉄板張輪鐙）を模倣していることは明らかである。共伴遺物や模倣対象となった古墳副葬馬具からみて、製作時期は5世紀前葉〜中葉にまで遡る。樹種をみる限り、これらの製作地については日本列島以外に考えにくい。馬を飼育していた牧などでは、比較的早い段階から騎乗に最低限必要な馬具は自作していたのであろう。

箸墓古墳周濠出土木製輪鐙の評価

蔀屋北遺跡出土例のような金属製部品を用いずに一木を削り出してつくる木製輪鐙は、隣接する大阪府讃良郡条里遺跡や滋賀県神宮寺遺跡、宮城県藤田新田遺跡など日本列島の5世紀代の集落遺跡から出土が散見されるが、大陸からはまだ出土したことがない[8]。そのような中、4世紀初にまで遡る資料が日本列島で報告されている。邪馬台国の女王、卑弥呼の墓の有力候補である奈良県箸墓古墳の周濠（SX-1001）上層埋土から出土した1点の木製輪鐙がそれだ（図5-4）。

残存長16.3 cm、最大幅10.2 cm、厚さ1.5 cm、輪部下半を欠損するが、細長いⅠ字形柄部の先端には鞍に装着するための懸垂孔が設け

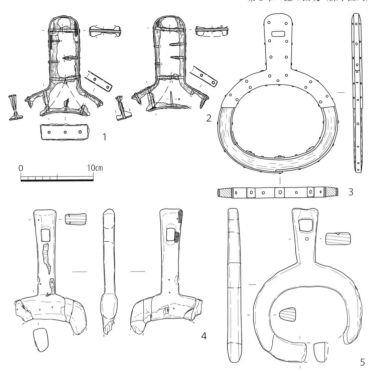

図5 日本列島の輪鐙（S＝1/5）
1～3：滋賀県 新開1号墳　4：奈良県 箸墓古墳周濠　5：大阪府 蔀屋北遺跡

られており、木製輪鐙とみること自体については筆者も異論はない。
上層埋土は周濠の最終埋没段階に植物の堆積によって形成された腐食
土層とのことであり、箸墓古墳の築造時期にまで遡る可能性はまずな
いようだが、それでも腐植土層の別の地点で布留1式期の土師器と共
伴するという発掘調査所見にもとづけば（橋本 2002）、4世紀初を前
後する時期に製作された、日本列島はもちろん世界最古の実物鐙とい
うことになる（表3）。

その樹種は、蜀屋北遺跡出土例と同じアカガシ亜属であり、この鐙も日本列島で製作された可能性が高い。細長いⅠ字形の柄部形態は中国東北部を中心に出土する木心金銅板張輪鐙や金銅製輪鐙と通じ、それらが考案とほぼ同時期に日本列島に将来されていた可能性も出てくるが、腐植土層の下限年代については異論もある[9]。世界における鐙の出現と展開を考える上で非常に重要な資料であり、将来的には共伴遺物によって間接的に暦年代を推定するのではなく、AMS 年代測定法などの自然科学的方法によって、鐙自体から直接年代を抽出することが望まれる。

第4節　鐙の出現と騎馬文化の東伝

鐙の出現と家畜馬の普及

　ここまで、硬式鐙が中国で考案されてから東北アジアの諸地域に拡散するまでの過程について、各地の考古資料からトレースを試みた。考古学が、新資料によってこれまでの‘定説’がいとも簡単に揺らいでしまう不安定な学問であることを白日の下に晒す結果となった感は否めないが、位置情報の不明確な採集品や購入品などの遊離資料から、学術的な発掘調査による原位置（出土地点・出土層位）の明らかな出土資料へと、研究の基盤が更新されたことこそ重要だろう。

　すなわち、新資料によって今後年代が更に遡ることや分布の空白が埋まっていくことはあっても、①3 世紀後半の中国（華南）には硬式の輪鐙が存在したこと、②4 世紀前半の中国東北部にはそれとは形態を異にする木心製や金銅製の輪鐙が存在したこと、③4 世紀後半の朝鮮半島南部にはそれらとは形態を異にする簡素な木心鉄板張輪鐙が存在したこと、④4 世紀末〜5 世紀初以降の日本列島には同時期の朝鮮

半島南部とよく似た木心鉄板張輪鐙が存在したこと、以上の4点については、今後もその評価が大きく変わることは考えにくい。

　つまり鐙は、長く見積もっても200年以内、短く見積もると100年ちょっとの間に、中国から日本列島へ伝わっていたということになる。これが早いか遅いかは現代の時間感覚ではなかなか理解しにくいかもしれないが、家畜馬の伝播・普及にかかったスピードと比較するといかに驚異的なスピードであったかがよくわかる。

　表4をみてほしい。東アジアにおける馬車（車馬具）、轡の出現や、それらとウマ遺存体などから推測される家畜馬の普及が、一気呵成に達成されたのではなく、かなりの時間差をもって、西から東へと段階的に広まっていったことがみてとれる[10]。また、漢代併行期以前においては、同じ朝鮮半島南部でも轡を受容する東南部（弁・辰韓）と受容しない西南部（馬韓）といった明瞭な地域性も存在する。殷代後期の中国に家畜馬や馬車が体系的に受容されてから、古墳時代中期の日本列島に家畜馬や騎乗用馬具が体系的に受容されるまでに、1600年近くの歳月を要しているのである。

　もう一つ重要なことがある。鐙の出現・展開の過程で、家畜馬利用範囲が日本列島という島嶼域にまで大きく拡大したことだ。殷代後期の中国に体系的に受容され、中華文明を維持する装置の一つとして組み込まれた馬車は、製作はもちろん、道路も含めて維持管理が難しく、その利用は特定の地域、特定の階層に留まった。平安時代の牛車や江戸時代の大八車など、車利用自体が日本列島に受容されなかったわけではないが、森林植生が卓越し（口絵6）、地形の起伏が激しく、河川や海によって寸断された前近代の日本列島においては、車利用が騎馬利用を凌駕することはついになく、馬車に至っては明治時代になるまで導入されなかった。車利用を前提とした全国的な陸上交通網の整備

表4　東アジア各地における馬車、轡、鐙の出現時期と家畜馬普及開始時期

地域	馬車	轡	鐙	家畜馬普及開始時期
中国(中原)	前13世紀	前13世紀	後300年前後	前13世紀(殷代後期)
中国東北部	前11世紀	前9世紀	後4世紀前半	前9世紀(夏家店上層文化(併行))
朝鮮半島北部	前2世紀	前2世紀	後400年前後	前2世紀?(初期鉄器時代)
朝鮮半島南部	部品のみ	前1世紀	後4世紀後半	前1世紀(原三国時代)
日本列島中央部	部品のみ	後400年前後	後400年前後	後5世紀(古墳時代中期)

は、動力が機械化される20世紀を待たねばならない。

　先に鐙が騎乗の下手な漢人によって考案されたという有力な仮説（樋口1972）を紹介したが、馬を見たことすらなかった多くの倭人にとって、鐙の果たした役割はそれ以上のものであったことは想像に難くない。筆者はかねてより古墳時代中期に家畜馬が受容された背景について、マクロレベルでは313年の楽浪郡や316年の西晋の滅亡に象徴される中国の混乱をひき金とする東北アジア情勢の緊張（具体的には高句麗の南下）という日本列島（倭国）を取り巻く国際情勢があったと考えてきたが（諫早2012）、それが新来の乗り物として速やかに受容され、瞬く間に日本列島の広範な地域に定着した要因をミクロレベルでみていくと、両輪垂直鞍と鐙を備えた騎乗用馬具、そしてそれらをもたらした渡来人の存在が浮かび上がってくる。

　鐙の出現と普及は、中国を中心に展開した馬車文化圏が越えられなかった地理的境界を一気にブレイクスルーし、東アジアの家畜馬利用を日本列島にまで広げる大きな原動力となったのである。

鐙拡散の実態──クワとスパイク

　伝わったのは鐙というモノだけではない。かねてより注意されてきた製作技術だけでなく、用材などの知識についても正確に伝わっていたことが、最近、報告例が相次いでいる木心輪鐙の樹種同定結果に

よって明らかとなりつつある。中国東北部の遼寧省北票馮素弗墓出土
例（415年）、朝鮮半島南部の全羅南道羅州丁村古墳1号石室出土例
（5世紀後葉）、日本列島の大阪府七観古墳出土例（4世紀末〜5世紀初）、
岐阜県中八幡古墳出土例（5世紀前葉〜中葉）、各地で無作為に進めら
れた木心鉄板張輪鐙の樹種同定結果は、いずれもクワだった。木製品
そのものに比べると金属製品に付着する木質の樹種同定がおこなわれ
ることは少なく、まだまだサンプル数を増やしていく必要はあるもの
の、木心の材料にクワが選択的に用いられていたこと、その知識が正
確に伝達されていたことについては疑いの余地がない。製品移動や形
態模倣だけでなく、たも状に曲げてつくる製作技法や用材選択（クワ
材利用）などの、見様見真似ではどうにもならない技術・知識まで正
確に伝播した背景には、馬具工人の国をまたぐダイナミックな移動が
あったとみるべきだろう。

　どこかで考案された技術や知識が、必要とあらば極めて広範な地域
に、それもほぼ時間差なく伝わっていた可能性を示唆する現象が、踏
込部へのスパイクの採用である。表3をもう一度みてほしい。踏込部
に滑り止め用のスパイクをもつ資料に下線を引いてある。馮素弗墓出
土例や太王陵出土例など4世紀末〜5世紀初の木心輪鐙にはなかった
特徴が、5世紀前葉〜中葉になると、中国東北部と朝鮮半島、日本列
島でほぼ一斉に確認されるようになることが読み取れる（図6）。日本
列島でも滋賀県新開1号墳南遺構において、スパイクをもつ木心鉄板
張輪鐙（図5-3）とそれよりも古式でスパイクをもたない木心鉄板張
輪鐙（図5-1・2）が共伴しており、スパイクをもつ木心鉄板張輪鐙は
朝鮮半島とほぼ同時に出現していたようである。その考案地について
はまだよくわかっていないが、中国東北部と朝鮮半島、日本列島でほ
ぼ一斉にスパイクが採用された背景には、中国における鐙の改良が

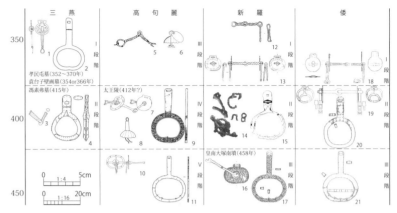

図6　東北アジア出土馬具の製作年代（S＝1/16。6・8は1/4）

1・2：孝民屯154号墓　3・4：馮素弗墓　5・6：禹山下3319号墳　7：七星山96号墳
8・9：太王陵　10・11：万宝汀78号墓　12：煌城路20号木梯墓　13：月城路カ－13号墳
14・15：皇南洞109－3・4号墳　16・17：皇南大塚南墳　18：行者塚古墳　19・20：七観
古墳　21：瑞王寺古墳

あったのかもしれない。

　そのことを傍証するのが、T字形柄部をもつ鉄製輪鐙である。I字
形柄部からの軽量化を企図したとみられるこのタイプの鐙は、北魏の
山西省大同司馬金龍墓出土例（484年）や寧夏回族自治区固原北魏墓
（486年頃）などから、それ以前には出現していたとみられるが、ほぼ
同時期の朝鮮半島南部、慶尚南道陜川玉田M3号墳からも出土してい
る（図7）（諌早 2012）。朝鮮半島南部や日本列島は木心鉄板張輪鐙が
主流であったこともあり、スパイクの採用に比べると鉄製輪鐙の普及
には時間がかかったようだが、中国と朝鮮半島南部で画期をほぼ同時
に共有していた点には相違ない。

　このように、各地における多元的な生産が想定されるにもかかわら
ず、中国から日本列島までの広範な範囲で、ほぼ同時に同じようにモ

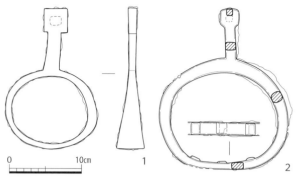

図7　T字形柄部をもつ鉄製輪鐙（S＝1/5）
1. 固原北魏墓　2. 陝川 玉田M3号墳

ノが変化するという伝播のあり方は、漢代以前にはまったくみられな
かった現象である。これが馬具だけに限られた特殊な現象であるのか、
同じようなことがこの時代のほかのモノや技術・知識の伝播にもあて
はまるのかについては、さらなる検討を必要とするが、いずれにせよ
鐙の出現と普及によって、各地で顕著な地域色をもっていた漢代以前
の東北アジアの馬文化は一掃され、装飾面では一層地域色を発展させ
つつも、馬具様式としては鏡板轡、両輪垂直鞍、輪鐙を基本とする、
等質なものへ平準化されていったことは確かである（口絵5）。

おわりに——東から西へ

　ここまで、ヨコ方向の拡大を中心に、東アジアにおける鐙の出現と
普及について長々と筆を進めてきた。鐙の出現がもたらした騎乗性の
向上は、後漢代まで命脈を保っていた馬車の文化を駆逐し（もちろん
馬車が完全に消滅するわけではなく、貴人の乗り物としての馬車の役割も牛車
にひきつがれるわけだが）、騎馬の文化へ転換する呼び水となり、最終

的に東の果ての島嶼域である日本列島にまで家畜馬利用を押し広げる基盤となった。

　また、鐙の出現によって馬は一部の人びとの特殊な乗り物ではなくなった。きちんと調教された馬さえ用意できれば、文官武官や老若男女、貴賤を問わず誰もが気軽に乗れるようになったことは、冒頭で述べた通りである。とりわけ両鐙によってもたらされた馬上での安定性が、戦場における騎馬の役割を飛躍的に高めたことについては、ホワイトはじめ古今の碩学によって指摘されてきたところである。これによってもたらされた乗馬層の増加と、それに伴う家畜馬の増加というタテ方向の拡大の産物に、この時代を特徴づける装飾性の高い騎乗用馬具がある。装飾性の高い騎乗用馬具からは、馬に乗るか、乗らないかだけではなく、どのような馬に乗っているかによって身分の高低を示そうとしたことがうかがえ、翻って騎馬の文化のタテ方向への急速な拡大を読み取ることが可能である。鐙がエリート層の騎乗を促し、エリート層の騎乗が装飾性の高い騎乗用馬具の発達を促す、という一連のサイクルは、4〜6世紀の東北アジア各地で認められる。その背景に馬具を副葬しない中国（中原）の影響をどの程度見積もるかは人それぞれだが、鐙の出現によって、馬が為政者の乗り物として広く普及していったことは確かだろう。

　最後にもう一つ。現在の資料をみる限り、中国北方の草原地帯や西方のオアシス地帯へ鐙が普及するのは、T字形柄部に代表される非木心輪鐙系金属製輪鐙が出現する5世紀後半以降のこととみられる。各地から出土する金属製輪鐙の形態にはバラエティがあるが、東アジアでそれ以降長らく主流となり、ヨーロッパの端にまで到達した鐙は、すべからく非木心輪鐙系の金属製輪鐙であった（アムブローズ 1988、林俊 1996、王鉄英 2002、陳凌 2009 など）。つまり鐙が東から西へと広

がっていくのは、正確には本稿の次の話ということになる。東アジア
で最初に考案された、製作方法こそ複雑だが軽くて丈夫な木心輪鐙が、
クワの木の生えていない地域にまで広がっていくことは、出土資料に
よる限りついになかったようだ。

謝辞

　実測図の作成と掲載にあたっては、滋賀県立安土城考古博物館（図 5-1・2）、
桜井市教育委員会（図 5-5）より格別のご高配を得た。ここに記して感謝したい。

注

1) 広く一般に使われるポニー（pony）とはウマの品種ではなく、体高 147 cm 以
下のウマの総称である（体高は前脚の地面から肩までの高さ）。日本在来馬はす
べからくポニーに該当する。
2) 革鐙をめぐる研究史については、リッタウアーや林俊雄によって詳細にまとめ
られている（Littauer 1981、林俊 1996: 66-73）。
3) 中華国宝の公式 YouTube チャンネルの「它是中国历史上最早的马镫形象！古
人与鬼神交易的"买地券"长啥样？谁会拥有如此珍贵的陪葬品呢？《东吴名将
丁奉 墓》（2）」（https://www.youtube.com/watch?v=1Am2cd_9Wok）（2021 年 11
月 19 日公開。最終閲覧：2022 年 10 月 1 日）にて概要を知ることができる。筆
者は本書のきっかけとなった人文研アカデミー 2021 オンラインシンポジウム
「考古学からみた古代東アジアの馬利用」（2021 年 11 月 21 日）における発表時
には本例のことを認識しておらず、発表後に、釜山大学校の李鉉宇氏よりご教
示いただいた。記して感謝したい。
4) 岡村秀典氏よりご教示いただいた。記して感謝したい。
5) 曹操高陵からは鞍金具にもみられるような鍍銀銅製や金銅製の円頭鋲を一定間
隔に打つ縁金具片が出土しており、注意される（河南省文物考古研究院 2016:
彩版 100-1・2）。
6) 忠清北道清州鳳鳴洞 C-9 号墳出土例（図 4-2）は柄部と輪部を別々の木材でつ
くっており、おそらく中国で考案された木心製輪鐙の製作方法を知らない工人
によって模倣製作された可能性が高い（諫早 2012: 206）。また慶尚南道金海大
成洞 68 号墳出土例（図 4-5）は、柄頭部に取り付けられたとみられる鉄製金具
の幅が同時期の諸例に比べて著しく狭いことから、李鉉宇（2011）は一木を削
り出してつくった木製輪鐙の柄頭部に力革連結の鉄製金具を取り付けたとみ
ている。
7) 遼寧省桓仁五女山城 F20 住居址から出土した「鉄构件」（遼寧省文物考古研究

所 2004：図 109-3）は、長さ 6.5 cm、幅 3 cm に折り曲げられたU字形鉄板を三鋲で留めるもので、木心製輪鐙の柄頭部を補強する部品の可能性がある。

8) 先述の慶尚南道金海大成洞 68 号墳出土例（李鉉宇 2011）のほかに、遼寧省北票喇嘛洞ⅡM 266 出土木心銅板張輪鐙についても、一木を削り出してつくった「斫木鐙」の可能性が指摘されている（田立坤 2013）。これらが一木を削り出してつくられたかについては別途の検討を要するが、いずれも部分的に金属製部品で補強する点で、日本列島の諸例とは区別される。

9) 箸墓古墳周濠の別地点の発掘担当者である寺沢薫は、黒褐色植物腐食土層（SM-01 下層）の堆積時期について「中・下層からは布留 1～2 式の土師器が出土している。また、中層上面の墳丘テラス斜面では葺石にくい込むような形で 6 世紀後半（MT 85 ないしは TK 43）の須恵器提瓶口縁片が 1 点出土し本周濠状遺構がかなりの期間開かれていた様子がわかる」とした上で、花粉分析の知見もふまえ、箸墓古墳の周濠が「布留 1 式以降、6 世紀前半に至るまで比較的オープンであった可能性が高い」とみている（寺沢 2002）。

10) 中国東北部の家畜馬普及開始時期については中村大介氏のご教示をえた。記して感謝したい。

参考文献

【日本語】

穴沢咊光 1990「五胡十六国の考古学・上」『古代学評論』創刊号　古代を考える会

アムブローズ（Ambroz, A. K.）（林俊雄訳）1988「編年基準としての中世初期（4-8 世紀）の鞍と鐙」『中世初期ユーラシア草原における馬具の発達』根岸競馬記念公苑

諫早直人 2012『古代東北アジアにおける騎馬文化の考古学的研究』雄山閣

岡村秀典 2021『東アジア古代の車社会史』臨川書店

川又正智 1994『ウマ駆ける古代アジア』（講談社選書メチェ 11）

川又正智 2006『漢代以前のシルクロード～運ばれた馬とラピスラズリ～』雄山閣

菊地大樹 2017「中国古代家畜馬再考」『駒澤考古』第 42 号　駒澤大学考古学研究室

クィズラソフ（Kyzlasov, I. L.）（林俊雄訳）1988「鐙の起源について」『中世初期ユーラシア草原における馬具の発達』根岸競馬記念公苑

九州国立博物館 2010『馬　アジアを駆けた二千年』

白石典之 1996「遼・金代における轡と鐙の変化とその背景」『考古学と遺跡の保護』甘粕健先生退官記念論集刊行会

菅谷文則 1994「革鐙の新例と鐙の発生」『青陵』84　奈良県立橿原考古学研究所

相馬隆 1971「輪鐙源流考」『オリエント』第 14 巻第 1 号（相馬隆 1977『流沙海西

古文化論考—シルクロードの東西交流—』山川出版社に再録）

寺沢薫 2002「(6) SM-01（周濠状遺構）」『箸墓古墳周辺の調査』奈良県立橿原考古学研究所

新田栄治 1985「東南アジアの騎馬習俗—鐙を中心にして—」『鹿児島大学　史学科報告』第 32 号　鹿児島大学教養部

橋本輝彦 2002「纏向遺跡第 109 次出土の木製輪鐙」『古代武器研究』Vol.3　古代武器研究会・滋賀県立大学考古学研究室

林俊雄 1996「鞍と鐙」『創価大学　人文論集』第 8 号

林巳奈夫 1959「中国先秦時代の馬車」『東方学報』京都第 29 冊（林巳奈夫著、岡村秀典編 2018『中国古代車馬研究』に再録）

林巳奈夫 1976『漢代の文物』京都大学人文科学研究所

原田淑人・駒井和愛 1936『支那古器図攷　舟車具篇』東方文化学院東京研究所

樋口隆康 1972「鐙の発生」『青陵』19　奈良県立橿原考古学研究所（樋口隆康ほか 1983『展望　アジアの考古学』新潮社に再録）

ホワイト・J R. リン著、内田星美訳 1985『中世の技術と社会変動』思索社（原著は White, L. Jr.1962. *Medieval Technology and Social Change.* Oxford University Press）

増田精一 1988「古代鞍の系譜」『長野県考古学会誌』57

桃崎祐輔 2014「騎馬文化の拡散と農耕文明との融合—江上騎馬民族征服王朝説が描く文化融合モデルとその今日的意義—」『今、騎馬民族説を見直す　東アジア騎馬文化の証言』東アジアの古代文化を考える会

桃﨑祐輔 2022「重装騎馬戦術と仏像の東漸」『季刊　邪馬台国』第 142 号　梓書院

【中国語】

白栄金・万欣・雲燕・俊濤 2008「遼寧北票喇嘛洞十六国墓葬出土鉄甲復原研究」『文物』2008 年第 3 期

陳凌 2009「馬鐙起源及其在中古時期的伝播新論」『欧亜学刊』第 9 輯　中華書局

陳巍 2017「馬鐙起源与伝播新探」『自然科学史研究』2017 年第 3 期

甘粛省博物館 1974「甘粛武威雷台東漢墓清理簡報」『文物』1974 年第 2 期

河南省文物考古研究院 2016『曹操高陵』文物出版社

湖南省博物館 1959「長沙両晋南朝隋墓発掘報告」『考古学報』1959 年第 3 期

湖南省博物館 1959「長沙両晋南朝隋墓発掘報告」『考古学報』1959 年第 3 期

李雲河 2016「早期高橋鞍的結構復原及其発展脈絡」『中原文物』2016 年第 6 期

李雲河 2021「再論馬鐙起源」『考古』2021 年第 11 期

遼寧省文物考古研究所 2004『五女山城　1996〜1999、2003 年桓仁五女山城調査発掘報告』文物出版社

南京市博物館 1972「南京象山 5 号、6 号、7 号墓清理簡報」『文物』1972 年第 11

期

陝西省考古研究院 2022「陝西咸陽成任墓地東漢家族墓発掘簡報」『考古与文物』2022 年第 1 期

孫機 1981「唐代的馬具与馬飾」『文物』1981 年第 10 期（孫機 1990『中国古輿服論叢』文物出版社に再録）

田立坤 2002「袁台子壁画墓的再認識」『文物』2002 年第 9 期

田立坤 2006「高橋鞍的復原及有関問題」『東アジア考古学論叢—日中共同研究論文集—』奈良文化財研究所・遼寧省文物考古研究所

田立坤 2013「古鐙新考」『文物』2013 年第 11 期

田立坤 2016『采銅集—田立坤考古文稿』文物出版社

王鉄英 2002「馬鐙的起源」『欧亜学刊』第 3 輯　中華書局

王宇・潘泠・万欣 2020「遼寧北票喇嘛洞墓地出土的馬具」『北方文物』2020 年第 2 期

張増祺 1997「滇国的戦馬、馬具及馬鐙」『考古』1997 年第 5 期

中国社会科学院考古研究所技術室 1983「安陽晋墓馬具復原」『考古』1983 年第 6 期

【韓国語】

柳昌煥 2012『加耶馬具의 研究』書景文化社

李鉉宇 2011「大成洞 68 号墳 出土 馬具의 検討」『金海 大成洞古墳群—68 号墳〜72 号墳—』大成洞古墳博物館

李鉉宇 2016「三燕馬具의 成立과 그 背景」『加耶의 馬具와 東아시아』仁済大学校 加耶文化研究所・金海市

李熙濬 1995「慶州 皇南大塚의 年代」『嶺南考古学』第 17 号 嶺南考古学会

崔秉鉉 1983「古新羅鐙考」『崇實史学』1

崔秉鉉 2014「初期 鐙子의 変遷」『中央考古研究』14 中央文化財研究院

崔秉鉉 2021「韓国 古代의 単鐙子 資料의 그 意義」『考古学』第 20 巻第 1 号

【英語】

Anjum, N. A. 2011. Horse Sculpture in India. *Proceeding of the Indian History Congress, Vol.72, PART-II*

Bivar, A. 1955. The stirrup and its origins. *Oriental Art* 1（2）

Gode, P. K. 1960. The History of the Stirrup in Indian Foreign Horsemanship-Between B.C. 852 and 1948. *Studies in Indian Cultural History, II*, Poona.

Littauer, M. A. 1981. Early Stirrups. *Antiquity* 55

Turbat, Ts. 2013. Stirrup, *Encyclopaedia Xiongnu*. ADMON

韓半島の初期馬生産と牧場

李　炫妌

は じ め に

　馬家畜化は紀元前4000年頃にユーラシア草原地帯で始まったとされるが、ユーラシア大陸の東端、韓半島における家畜馬の出現時期や初期の牧場のことに関してはまだわかっていないことがあまりに多い。筆者は前稿において、高麗・朝鮮時代牧研究の成果を参照しつつ、統一新羅時代以前の初期の馬生産や牧場について素描を試みた（李炫妌2023）。本稿では、筆者の考えを改めて紹介した上で、今後に残された課題を明らかにしておきたい。

第1節　古代韓半島の馬生産

　いくつかの中国側の文献史料と出土馬具などの考古資料からみて、韓半島における馬の生産と飼育は紀元前1世紀、原三国時代に始まり、三国時代、統一新羅時代と、徐々に本格的な馬の生産・管理体制が構築されていったようである。先史時代にもっぱら食料であった馬は、歴史時代に入ると単なる食用ではなく役畜、移動、軍事、交易の物品、象徴などの需要が高まっていったのである。当時の馬需要が相当なものであったことは、原三国時代と三国時代の馬具出土量からもうかがえるが、その需要を満たすためには、馬を大量に生産する必要がある。馬の生産・管理には莫大な経済的、行政的費用がかかるため、それを

おこなうためには相応の社会経済的基盤が必要である。古代韓半島の諸国家も、多岐に及んだ馬需要に応えるために、大量の馬を生産・管理することのできる社会経済的基盤を整備し、国家単位の組織的な‘馬政システム’を構築していたのであろう。

　馬が国家にとって欠くべからざる基盤物資として認識されるようになると、国家が馬政を樹立することは洋の東西を問わない。馬を生産、管理するためには莫大な人力と費用がかかるため、個人単位ではなく、国家主導の馬政が展開するほかなかったのである。国家は、馬関連専門組織を整備し、馬を生産、管理する施設である‘牧場’を設置・運営した。馬の生産、飼育、調教、馬種改良などを国家的課題にすえ、良馬の安定的確保に力を割いた。古代韓半島においても国家単位の馬政が展開したことについては疑いの余地がないが、残された記録はあまりに貧弱であり、断片的な姿を伝えるのみである。

　たとえば新羅においては、『三国史記』巻3新羅本紀にみえる炤知麻立干9年（487）の「始置四方郵駅 所司修理官道」という記録から、5世紀後半頃に地方統治や租税徴収を円滑にするための軍事行政道路が整備され、これによって馬の需要も一層高まっていったことが推測される。優れた馬の安定的確保は国家の最重要課題であり、これが馬関連専門組織の登場へとつながっていく。奈勿尼師今45年（400）には、王の乗る「内廐」の馬に関する記録があり、これは王室内の馬関連専門組織に関する最初の記録である。「内廐」はその後、内省傘下の国王行幸時に用いる車騎の担当官職である「供奉乗師」となり、内省には馬の飼料である苜蓿（ウマゴヤシ）の栽培と安定的な確保のための「苜蓿典」が設置された。6世紀中頃になると、内省の馬管理組織と中央官府の馬政担当官職が分化していく。中央官府の専門組織は、真興王巡狩碑（568年）にみえる「執駕人」に始まり、真平王6

242

年（584）に設置された「乗府」へとつながっていく。これらの文献記録を通じて、5〜6世紀代の新羅で体系的な馬政が展開していたことをおぼろげながら知ることができる。

　新羅に限らず、韓半島における初期の馬生産・馬管理については、今みたような一握りの文献記録にもとづいて類推されてきたが、肝心の牧場に関する記録は、ほとんどない。一方で、統一新羅時代の馬生産体制を継承する高麗・朝鮮時代の牧場については、豊富な文献記録と絵画資料などから、馬関連専門組織の構成、牧場の設置と空間構成、運営方式などについて細かく知ることができる（南都泳 1996 など）。ここからは、高麗・朝鮮時代の牧場に共通してみられる普遍的な要素を抽出し、それらを手がかりとして韓半島における初期牧場の姿を素描してみたい。

第2節　高麗・朝鮮時代の馬生産と牧場

　高麗・朝鮮時代の牧場では、法令などにもとづいた中央と地方の馬関連専門組織によって、牧場が運営され、‘飼育（生産・管理を含む）－選別－運送－進上’という安定的な馬供給がおこなわれた。牧場は、馬の飼育に適した環境、すなわち温暖な気候で草、水の豊富なところに設置されることを基本とする。具体的な牧場の立地条件をみると、①傾斜が緩慢で、草地が自生したり、人為的な造成に有利なところ、②冬季の北西風の影響が少なく、温暖な気候で馬の放牧に適したところ、③馬の逃亡、盗難を防ぐための河川または海などの自然境界があるところ（人為的な区画施設を設置する場合もある）、④放牧時に馬が農作物に被害を与えないように耕作地と離れたところ、⑤消費地と近く、供給が相対的に便利なところなどがあげられる（金基赫 2009）。

牧場の空間構成は、馬を放牧する‘放牧地’と馬を管理する‘管理施設群’に大別することができる。放牧地は、草を自由に摂取する食事場であると同時に、運動場でもあり、良質かつ豊富な草と水、そして放牧できるだけの広い場所を必要とする。管理施設群は、冬期および雨期に馬を管理する空間と、冬や夜、あるいは緊急時における馬の選別のために、馬を1ヶ所に集めて管理する空間などからなる。具体的には馬舎、飲水池、飼料倉庫（積草場）、馬選別施設である円場と蛇場、管理人の居住空間、牧場運営のための耕作地などが挙げられる。

　優れた遺伝子をもつ馬種間の交配による良馬の生産も、牧場の主要な機能であった。土馬（郷馬）と胡馬を交配し、用途や目的に合った良馬を生産した。高麗時代前期には女真の韃靼馬が大量に伝来し、高麗時代後期には元が済州島に蒙古馬を持ち込んでその数が急増した。朝鮮時代に入っても、馬種改良のために西域馬や蒙古馬などが導入されたが、次第に良馬を自主生産する政策へと変化していく。

　牧場で最も重要なことは、馬に良質の飼料を食べさせることである。1次飼料は放牧地に生える牧草であり、このほかに牧場が管轄する耕作地で栽培された飼料なども与えられた。高麗顕宗16年（1025）には、「牧監良馬法」が制定され、馬を効率的に飼育する方法が定められ、毅宗13年（1159）には、典牧司の建議によって全国の牧場に適用する「畜馬料式（飼料基準）」が規定された。朝鮮時代にも『経国大典』「積芻条」に馬飼料の供給方法などが定められている。飼料には生草（青草）、穀草（黄草）、豆、麥、葛、蜜などがあり、非常時にもそれらの供給が滞らないよう工夫されていた。

　朝鮮時代には、牧場で生産・管理された良馬を選別し、首都まで進上する安定的な馬供給システムが確立していた。貢馬とは、毎年国家に貢納する馬のことで、その周期は毎年、3年ごと、随時など多様で、

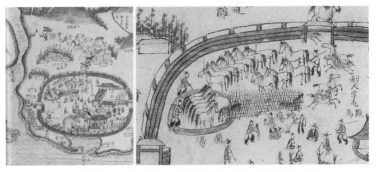

図1 『耽羅巡歴図』に描かれた済州牧場における貢馬選別の様子
（国立済州博物館 2014）

貢納の目的や内容も一様でない。馬の選別は‘点馬’と呼ばれ、牧場の内外に設置された円場と蛇場に馬を集めて、その健康状態や数を1匹1匹点検して、貢馬を選定した。円場とは、木柵によって区画された平面円形の空間、蛇場とはそれにつながる木柵通路で、これらによって効率よく貢馬の選別と搬出がおこなわれた。朝鮮時代に全国の馬供給の60% 程度を占める重要な馬生産地であった済州牧場の地形、風俗、貢馬関連内容を記録した『耽羅巡歴図』（1702年）には、円場に集められた馬や蛇場から出入りする馬が描かれており、それらの実際の使用方法を知ることができる（図1）。

第3節　韓半島の初期牧場をめぐって

　統一新羅時代以前の初期牧場の姿は、一体どのようなものだったのだろうか。高麗・朝鮮時代の牧場は、三方が海に面する韓半島の地形を活かし、西・南海岸の島嶼地域や岬などの自然境界をもつところに設けられることが多い。いくつかの文献史料から、このような場所が

統一新羅時代以前の初期牧場にも利用されていたことがわかる。

たとえば「宰相家不絶禄、奴僮三千人、甲兵牛馬猪称之。畜牧海中山、須食乃射」(『新唐書』巻220東夷新羅伝) という記録を通じて、馬の放牧が海中の山、すなわち島でなされていたことがわかる。また日本人僧、円仁による847年9月、「卯時到武州南界黄茅嶋泥浦泊舩。亦名丘草嶋。…是新羅国第三宰相放馬處。…此丘草嶋去新羅陸地好風一日淂到。…日欲巳時到鴈嶋暫歇。是新羅南界内家放馬之山」(『入唐求法巡礼行記』巻4) という記録から、統一新羅時代に貴族や王室の管理する牧場が韓半島の西・南海岸地域の島にあったことがわかる。『三国史記』巻43金庾信伝をみると、絶影島(ぜっけい)(現在の釜山影島(ヨンド)) で生まれた馬は ‘絶影名馬’ と呼ばれ、貴族たちが羨望する名馬であったようである。絶影島は朝鮮時代にも牧場として利用された立地条件の良い場所で、新羅王室専用牧場があり、西域産の大宛馬(だいえん)などをもとに良馬を生産していたと推定されている (徐栄教 2017)。

馬を放ち飼いする ‘放牧地’ と馬を管理するための ‘管理施設群’ も、時代を越えて共通する要素である。高麗・朝鮮時代の牧場については、文献史料や絵画資料のみならず、木柵や塀・垣などの区画施設が実際に遺構として確認されている。しかし、原三国時代から統一新羅時代には、まだそれらと確実にみなしうる遺構がみつかっておらず、牧場の姿を類推することのできる間接資料も極めて稀である。そのような中、百済地域の華城松山洞(ファソンソンサンドン)遺跡の水田遺構では人間や牛馬の足跡が確認されていて、体高125〜140cm程度の中型馬が休耕地に放牧されていた可能性が非常に高いとみられている (権五栄 2019)。馬の足跡が水田に残ることは極めて稀であり、馬の放牧地と耕作地間の季節による使いわけがうかがえる点でも興味深い。

管理施設群の姿を類推できる事例もある。たとえば原三国時代の蔚(ウル)

<ruby>山校洞里<rt>サンキョドンニ</rt></ruby>遺跡（蔚山文化財研究院 2013）をはじめとする統一新羅時代以前のいくつかの集落遺跡からは、特徴的な構造をもつ細長方形ないし長楕円形の大型建物址が確認されていて注目される（李炫姃 2023）。その嚆矢となる蔚山校洞里遺跡からは、東西方向に伸びる低平な独立丘陵の太和江側（北側）の斜面西辺で、計4棟の大型建物跡が確認されている。東側の1・2号大型建物址、西側の3・4号大型建物址のいずれも楕円形の遺構に長い通路形態の木柵が連結された平面形態を呈しており（図2）、平面形態だけをみると、先述の『耽羅巡歴図』（1702年）に描かれた円形木柵（円場）や、それにつながる狭い木柵通路（蛇場）と酷似している（図1）。朝鮮時代の絵画資料との時間的隔たりは大きいが、蔚山校洞里遺跡などでみつかっているこれらの特徴的な大型建物址については、馬を飼育、管理する際に使用された可能性を考えるべきだろう。蔚山校洞里遺跡では大型建物址の南側にも同時期の方形建物址が展開しているが、空間は区分されている。北側傾斜面には境界を区分する木柵列も確認されるなど、原三国時代には丘陵全体が馬を飼育する施設として利用されていた可能性が高い。

　出土ウマ遺存体から初期牧場で飼育された馬の年齢や体高などは推測できるが、具体的な品種を知ることは難しい。『三国志』などの文献史料をみると体高が小さく、山を登るのに便利な「<ruby>果下馬<rt>か か ば</rt></ruby>」が頻繁に登場し、夫余から高句麗、東濊を経て、百済、新羅に伝来したものとみられている（南都泳 1996）。しかし出土ウマ遺存体の部位別計測データの蓄積および体高復元研究はまだスタートしたばかりであり、果下馬の存在が考古学的に検証されたことはない。<ruby>金海会峴里<rt>キ メ フェヒョンニ</rt></ruby>貝塚、<ruby>金海鳳凰洞<rt>ポンファンドン</rt></ruby>遺跡、<ruby>大邱城下里<rt>テ グ ソンハリ</rt></ruby>遺跡などの資料から、原三国時代から統一新羅時代には体高が110cm、120cm内外、130〜135cmなど、小型〜中型サイズの多様な馬が存在したとみられている（李俊貞 2013）。

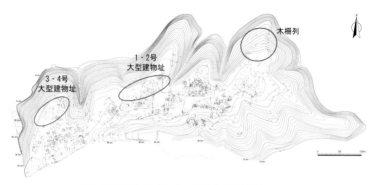

蔚山 校洞里遺跡 原三国～統一新羅時代 遺構配置図 (S=1/5500)

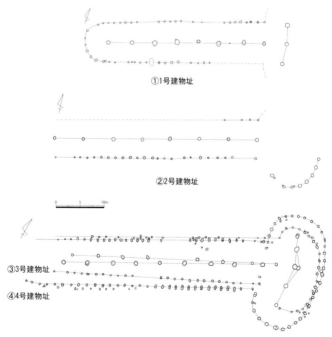

①1号建物址

②2号建物址

③3号建物址

④4号建物址

図2 蔚山校洞里遺跡の初期牧場関連資料

このような馬体高の多様性は、もともと韓半島にいた土馬と外部の胡馬などによる馬種改良の結果である可能性が高い。『続日本紀』霊亀2年（716）6月条には「正七位上馬史伊麻呂等献新羅国紫驃馬二疋高五尺五寸（約165cm）」とあり、統一新羅時代の新羅には大型馬サイズの馬が存在したようである。

　先に、高麗・朝鮮時代は馬の種類や性格、季節ごとに飼料の種類と量が法令で規定されていることを紹介したが、統一新羅時代以前の初期牧場において、馬に与える飼料の種類や量が規定されていた様子は確認できない。ただ、先に紹介した「苜蓿典」設置記事（『三国史記』巻39雑志職官条）からみて、新羅では馬飼料の調達や管理のための専門組織が整備されていたことがわかる。正確な設置時期はわからないが、内省または供奉乗師の傘下機関であることを考慮すれば、6〜7世紀代のことであろう。「白川」、「漢祇」、「蚊川」、「本彼」という地域に苜蓿典を設置し、大舎と史を1名ずつ置いて運営したと記録されており[1]、これらの地名の中で、蚊川は新羅の王京である慶州の'南川'に比定され、残りの白川、漢祇、本彼も新羅王京内に位置した可能性が高い。新羅王京の4つの地域に設置されたとされる苜蓿典は、いまだみつかっていない王京近隣牧場とその牧場の飼料供給所を示す確実な証拠である。

おわりに

　ここまで、高麗・朝鮮時代の馬政や実際の牧場運営のあり方を参考にしつつ、断片的な文献史料や検出遺構などにもとづいて統一新羅時代以前の初期の馬生産や牧場の復元を試みた。どこまでも推測の域に留まったが、高麗・朝鮮時代の法令にもとづく体系的な馬生産体制の

種が、統一新羅時代以前から既に蒔かれていたことは確かである。

　ところで海を挟んだ日本列島では、三国時代に併行する古墳時代、5世紀に馬が大量に輸入され、王権膝下の河内湖北岸に大規模な牧場が設置・運営されたことが明らかとなっている（諫早編 2023）。大量の馬のほとんどが韓半島からもたらされたであろうことをふまえれば、その成果は韓半島の初期牧場を見いだす重要な手がかりとなることを最後に指摘し、本稿を終えたい。（諫早直人訳）

注

1) 大舎は新羅17官等制の第12官等で、碑文などでは韓舎という表記もみられる。史は新羅各部署において末端の事務を担当した職を指す。

参考文献
【韓国語】
国立済州博物館 2014『韓国의 馬，　時空을 달리다』
金基赫 2009「牧場地図에 나타난 17世紀 国馬 牧場의 分布와 変化」『地域과 歴史』24　釜慶歴史研究所
南都泳 1996『韓国馬政史』韓国馬事会　馬事博物館
徐栄教 2017「釜山 影島（絶影島），　新羅王室牧場」『港都釜山』33　釜山広域市　市史編纂委員会
蔚山文化財研究院 2013『蔚山 校洞里 遺蹟Ⅰ～Ⅳ』
李俊貞 2013「韓半島 先史 古代 動物飼育의 歴史와 그 意味」『農業의 考古学』（韓国考古学会学術叢書5）
【日本語】
諫早直人編 2023『牧の景観考古学　古墳時代初期馬匹生産とその周辺』六一書房
李炫姃（諫早直人訳）2023「韓半島初期牧場に関する基礎的研究」『牧の景観考古学　古墳時代初期馬匹生産とその周辺』六一書房
権五栄（諫早直人訳）2019「百済社会における馬匹の飼育と使用」『馬の考古学』雄山閣

馬 と 塩
——5～6世紀代の奈良盆地の事例を起点に——

青 柳 泰 介

は じ め に

塩は人体の維持だけではなく、馬体の維持にも必要な物質である。それは馬に関する概説書をひもとけば、だいたい塩について何らかの言及があることからも分かるだろう（近藤編 2016 など）。

しかしながら、一日に必要な塩の摂取量や、なぜ塩が必要なのかという説明はあっても（必要不可欠な情報には違いないが）、どこでどのように塩を摂取するのか、またどのような形状の塩を摂取していたのかという、発掘現場を担当していた側からすれば、知りたい情報がみられない。

塩に関する民俗例をみると、そのような情報が散見されるものの、いろいろなパターーンがみられ、一定しない（日本塩業体系編集委員会編 1977 など）。

日本考古学では、馬の導入期～定着期にあたる古墳時代～古代の馬研究が盛んにおこなわれている。特に、近畿地方では土器製塩が盛んな時期と重なっており、かつ製塩土器とウマ遺存体が共伴したり、近接する事例が多いので、当時の馬は製塩土器の塩を摂取していた可能性が提起され、そのような考えが広く普及している（野島 1984 など）。

ただし、当時の日本有数の馬匹生産地である長野県や群馬県では、製塩土器がほとんどみられず、現状では馬と塩の関係を考古学から一律に説明することは難しい。なお、近年では塩泉を介して両者の関係

を説明する論文が増えており、注目される（西山 2015など）。

　いずれにせよ、馬にとって塩は、必要不可欠であると同時に、塩という資源の偏在性から、時期、地域により入手方法に違いがみられ、民俗例も加味すると、塩の摂取方法にはかなりのバリエーションが予想される。

　本稿では、材料不足と紙幅の都合上、それらを解決するには至らないが、日本列島における馬匹生産導入期である5〜6世紀代の事例について、奈良盆地を起点に考えてみたい。

第1節　5〜6世紀代の奈良盆地の事例

製塩土器の様相

　近畿地方中枢部（奈良盆地、大阪平野周辺部）における当該期の塩は製塩土器から考えることになるが、奈良盆地では4世紀代までは纏向遺跡例などをのぞくと確認例が少ない。

　それが5世紀代、特に後半になると確認例が激増する。特に、盆地南部の南郷遺跡群や布留遺跡などの豪族の本拠地で顕著であり、十六面・薬王寺遺跡や布留遺跡（西小路地区）などでは灰・炭・焼土が多量に入った大型土坑（焼塩関連か）から多量の製塩土器が出土した。このほか、当該期には奈良盆地東方の宇陀地域や奈良市東部山間地域などの山間部でも製塩土器が多量に出土する遺跡がみられた。

　ただし、6世紀代に入ると、盆地での確認例は激減することになる（青柳 2007）。

ウマ遺存体の様相

　ウマ遺存体についても、製塩土器と同様の傾向を示す。奈良盆地で

は箸墓古墳周濠で木製輪鐙（わあぶみ）が出土しており、4世紀代から馬の存在が想定できるが、当該期にまで遡るウマ遺存体は、大福遺跡例ぐらいしかない。

5世紀代に入ると、盆地南部の低地を中心に少量のウマ遺存体が出土する遺跡が点々とみられるようになり、5世紀中葉になると、南郷遺跡群などの豪族の本拠地から多量のウマ遺存体が出土するようになる。なお、5世紀前半は、馬匹生産というよりも馬飼育のレベルに留まったとみられるが、中葉以降の南郷遺跡群などでは、祭祀において多数の幼若齢馬を犠牲にし、東日本などの他地域からも馬を導入するなど（青柳ほか2016）、それ以前よりも安定的に馬を入手していたことが分かる。この頃には、盆地南部では、他地域の協力も得ながら、馬匹生産をしていた可能性がある。また、山間部の宇陀地域でも少量だが、ウマ遺存体を確認できる。

製塩土器同様、6世紀代になると、5世紀代と比べて出土遺跡数、出土量ともに減る（青柳・丸山編2017）。

製塩土器とウマ遺存体の関係

ここまで、5～6世紀代の奈良盆地における製塩土器とウマ遺存体の様相をみてきたが、ここからは両者が共伴もしくは近接して出土する事例についてみておきたい。

5～6世紀代の奈良盆地からは、これまでに約50遺跡で製塩土器が、約30遺跡でウマ遺存体が確認されているが、両者がいずれも出土しているのは約15遺跡であり、かつそのいずれもが多量に出土しているのは南郷遺跡群、十六面・薬王寺遺跡などわずかである（図1）。

南郷遺跡群では、特に5世紀中葉の大型導水祭祀施設（南郷大東遺跡）の上流部にあたる石貼の貯水池から、祭祀遺物などとともに多量

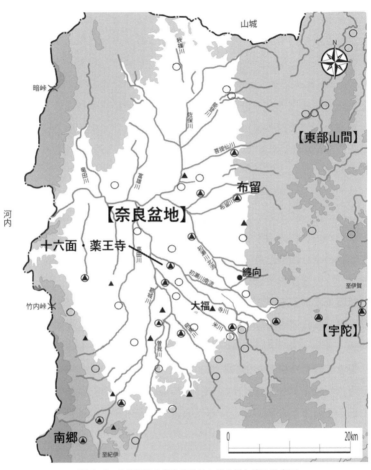

図1　5～6世紀代の奈良盆地における馬と塩の分布図
【○：製塩土器、▲：ウマ遺存体】

の製塩土器とウマ遺存体が出土した。製塩土器は細片化しており、ウマ遺存体も解体されて投棄されたようである（青柳編 2003）。

　十六面・薬王寺遺跡では、集落の縁辺部で検出された、5世紀中葉の土坑・井戸の10カ所中3カ所で、両者が共伴した。そのうち2カ所では、馬の存在を想定させる有力な遺物の一つである木製鞍が出土しており注目される。なお、残りの7カ所中5カ所は製塩土器のみ（そのうちの1カ所は灰、炭、焼土を多量に含んでいたので、周辺で焼塩を行っていた可能性がある）、2カ所はウマ遺存体のみが出土した。いずれも製塩土器は細片化し、ウマ遺存体は解体されて、両者が共伴する場合は祭祀遺物とともに投棄されたようである（青柳・丸山編 2017、繰納・青柳編 2022）。

　このように、両者が同じ遺構から多量に出土するケースは少ない。また、どこも集落の縁辺部に位置し、両者ともにバラバラの状態で、ほかの祭祀遺物とともに投棄されたようである。すなわち、これまでに確認されている両者が多数共伴する事例は、祭祀儀礼に供されたのちに、廃棄された状況を示すものと考えられる（表1）。

第2節　5〜6世紀代の日本列島における馬と塩の関係

奈良盆地以外の近畿地方中枢部の事例

　奈良盆地以外でも、大阪府蔀屋北遺跡、和歌山県西庄遺跡などで製塩土器とウマ遺存体が多量に共伴している。特に、蔀屋北遺跡では全身骨格が出土した馬埋葬土壙の近くの土坑から、100kg弱の製塩土器が出土し（灰、炭、焼土なども多量に出土しており、周辺で焼塩か製塩を行っていた可能性がある）、現状では両者の関係は深いという印象をもつ（諫早編 2023）。また、西庄遺跡は大規模製塩遺跡であり、同じく

表1　5～6世紀代の近畿地方中枢部における馬と塩の関係

遺跡名	地域	馬	塩	渡来系遺物	祭祀遺物	手工業生産関連遺物	備考
南郷大東	奈良盆地	◎	◎	◎	◎	○	導水祭祀
十六面・薬王寺 SK 01	奈良盆地	◎	○		◎		
十六面・薬王寺 SK 02	奈良盆地	◎	○		◎		
十六面・薬王寺 SK 11	奈良盆地		◎				焼塩？
布留　三島	奈良盆地	◎？	○	○	◎	◎	刀剣生産？
布留　西小路	奈良盆地		◎	○	○		焼塩？
蔀屋北土坑 A 1135	大阪平野	○	◎	○	○	◎	製塩？
蔀屋北馬埋葬土壙 A 940	大阪平野	◎					馬全身骨格
日下貝塚	大阪平野	◎	○	○			馬全身骨格
大県南	大阪平野	○	◎			◎	鍛冶
神並・西ノ辻	大阪平野	○	○	○	◎		導水祭祀
西庄　居住域	紀の川河口	◎	◎		○	◎	製塩

両者には深い関係が想定されている（田中編 2021）。このほか、馬の全身骨格が出土した大阪府日下貝塚でも、製塩土器が若干出土している（藤田 2019）。このように、奈良盆地以外の近畿地方中枢部では、馬と塩の関係が深いことが、数例の遺跡から想定されている。

　なお、蔀屋北遺跡と日下貝塚で両者が出土する遺構からは、韓式系土器などの渡来系遺物も出土しているが、祭祀遺物は希薄であった。また、西庄遺跡ではウマ遺存体が製塩遺構などのある生産域ではなく、竪穴住居のある居住域から多数確認されているので、馬と塩の関係は祭祀というよりも皮革生産などの実用的な意味合いが強かったと想定されている（田中編 2021 など）。

　なお、現状で5～6世紀代の奈良盆地以外の近畿地方中枢部（大阪

平野～紀の川河口域）では、約100遺跡で製塩土器が、約60遺跡でウマ遺存体が確認されており、そのうち約25遺跡で両者が共伴している（埋蔵文化財研究集会編 2007、丸山 2013 など）。その中で両者ともに多量に出土している遺跡は6遺跡のみで、決して多くはない。また、上記の鄙屋北遺跡や西庄遺跡では祭祀色が希薄であり、祭祀色の強い奈良盆地のようなケースとは性格が違うのだろうか。ただし、大阪府神並・西ノ辻遺跡のように、大型導水祭祀施設から両者が少量出土するケースもあり、一般的には祭祀用途も多かったと思われる（表1）。

東日本の事例

　一方、古墳時代の大規模馬匹生産地であり、近畿地方へ馬を供給していたと考えられる長野県や群馬県の事例はどうであろうか。内陸部に位置するこれらの地域は土器製塩地域からは距離があり、かつ奈良県とは違って当該期の製塩土器もほとんど確認できない。よって、現状では考古学的に馬と塩の関係を考察する術がないが、先述したように、昨今の塩地名や塩泉との関連を指摘する研究（西山 2015、栗島 2022 など）などを参考にすると、将来的には考古学的に考察できる日がくるかもしれない。ちなみに、群馬県の代表的な馬匹生産地である黒井峯遺跡や金井遺跡群周辺から、一番近い塩泉の湧く伊香保温泉まで10 km も離れていない。

九州の事例

　古墳時代のもう一方の大規模馬匹生産地であったと考えられる九州地方では、宮崎県や熊本県で生産してから福岡県に集められて、主に韓半島の百済へ供給されたと想定されている（桃崎 2012）。なお、当該期の熊本県では、天草式製塩土器が内陸部にも供給されているが、

量的に少ないことや、その製塩土器の塩が主に祭祀に使われたことが指摘されており（藤本 2014）、やはり馬と塩の関係を追究することは困難である。ただし、熊本県には活火山の阿蘇山があるので、温泉には事欠かず、将来的にその中に塩泉を見出せる可能性もある。ちなみに、天草式製塩土器や阿蘇山を擁する熊本県では、古代には馬牧がみられるだけではなく（白石 2009）、塩調庸国でもあり（山梨県考古学協会編 2008）、東日本と比べると塩の入手は容易なのかもしれない。

お わ り に

　以上、5〜6 世紀代の日本列島には、製塩土器を介して馬と塩の関係を想定できる近畿地方中枢部と、想定できない大規模馬匹生産地を擁する東日本や九州地方があるが、いずれも冒頭で期待したような具体的な関係までは考察できなかった。

　一方、近畿地方中枢部で考古学的に把握できる馬と塩の関係は、祭祀用途が多かったと想定される。ただし、蔀屋北遺跡（馬）、大県南遺跡（鉄器）、西庄遺跡（塩）などの大規模手工業生産遺跡では、両者の関係は皮革生産など、祭祀以外の用途も想定できた。

　なお、冒頭で掲げたような、馬の日常における塩分摂取について考古学から解明するためには、製塩土器以外で運ばれた塩も含めて検討しなければならないだろう。

　また、土器製塩自体、人体、馬体等の日常摂取目的になされたかどうかについても再検討が必要であろう。というのも、4 世紀代以前については、土器製塩でつくられた塩が当時の人口を支えたとは思えないからである。そう考えると、塩を土器製塩で安定的に供給できた古代以前については、日常用以外の目的で土器製塩がおこなわれ、時代

の経過とともに日常用途へも供給が拡大していったことが想定される。

　よって、土器製塩の開始当初は祭祀目的、手工業生産目的（皮革生産か）などであったと考えられるが、内陸部でも海水魚の骨が相当量みつかっていることをふまえると（青柳・丸山編 2017 など）、海産物の塩漬け（手工業生産？）などの目的もあったかもしれない。ちなみに、古代以前の地中海世界においては、魚の塩漬けが製塩の目的の大部分を占めていたことは参考になる（カーランスキー 2014）。

　本稿での検討結果にもとづけば、当該期の馬と塩（土器製塩でつくられた塩）の関係については、日常摂取のためではなく、祭祀目的や手工業生産などの目的で考察すべきであろう。土器製塩や馬匹生産の消長が同調したり、時期により出土遺跡数に違いがみられるのは、両者の関係が日常摂取目的ではないことを物語っていようか（青柳 2019）。

　なお、日本列島へ馬をもたらした韓半島（諫早 2012 など）や中国（菊地 2022 など）では、日本列島以上に両者の関係が不明であり、馬についての塩分摂取を考古学的に解明できたら、その関係を追究する上で有効な参考事例になると考える。

参考文献
青柳泰介編 2003『南郷遺跡群Ⅲ』奈良県立橿原考古学研究所
青柳泰介 2007「製塩土器小考」『考古学に学ぶ（Ⅲ）』同志社大学考古学シリーズⅩ
青柳泰介 2019「馬と塩の関係について」『歴史・民族・考古学論攷（Ⅲ）』郵政考古学会
青柳泰介・覚張隆史・丸山真史 2016「南郷大東遺跡から出土した馬歯の化学分析」『青陵』146、奈良県立橿原考古学研究所
青柳泰介・丸山真史編 2017『国家形成期の畿内における馬の飼育と利用に関する基礎的研究』奈良県立橿原考古学研究所
諫早直人 2012「馬匹生産の開始と交通網の拡大」『内外の交流と時代の潮流』（古墳時代の考古学7）同成社

諫早直人編 2023『牧の景観考古学　古墳時代初期馬匹生産とその周辺』六一書房

カーランスキー・マーク（山本光伸訳）2014『塩の世界史』中央公論社

菊地大樹 2022「文献史料にみる中国古代の馬と塩」『国家形成期の近畿地方における馬と塩の関係に関する基礎的研究』奈良県立橿原考古学研究所

栗島義明 2022「塩泉をめぐる考古学」『利根川』44、利根川同人

近藤誠司編 2016『ウマの科学』朝倉書店

白石太一郎 2009「馬と渡来人」『考古学からみた倭国』青木書店

繰納民之・青柳泰介編 2022『国家形成期の近畿地方における馬と塩の関係に関する基礎的研究』奈良県立橿原考古学研究所

田中元浩編 2021『西庄遺跡の研究Ⅰ』和歌山県教育委員会

西山克己 2015「シナノの初期「牧」を考える」『長野県考古学会誌』151、長野県考古学会

日本塩業体系編集委員会編 1977『日本塩業体系　特論　民俗』日本塩業研究会

野島稔 1984「河内の馬飼」『万葉集の考古学』筑摩書房

藤田道子 2019「日下貝塚の埋葬馬と古墳時代の遺物」『馬の考古学』雄山閣

藤本貴仁 2014「消費地出土の天草式製塩土器」『長目塚古墳の研究』熊本大学文学部

埋蔵文化財研究集会編 2007『古墳時代の海人集団を再検討する』

丸山真史 2013「古墳時代に飼育された馬」『古墳時代中期の馬生産と鉄生産』古代学研究会 2013 年度拡大例会シンポジウム資料集

桃崎祐輔 2012「牧の考古学―古墳時代牧と牛馬飼育集団の集落・墓」『日韓集落の研究』日韓集落研究会

山梨県考古学協会編 2008『塩の考古学』

同位体比分析からみた馬の飼育

覚 張 隆 史

は じ め に

　過去の人類集団がどの様に馬を家畜化し利用してきたかを評価する際に、考古遺物の情報だけでなく、馬そのものから新たな情報を抽出することで、馬の利用形態に迫れることがこれまでにわかってきた。特に、骨や歯を構成する元素（炭素・窒素・酸素・ストロンチウムなど）の同位体の比率を測定することで、その馬が生存中にどの様な生活をしていたか、大まかな復元が可能である。本稿では、遺跡出土馬の同位体分析から分かる生態情報の紹介とともに、近年の研究で報告されている東アジアの馬利用の研究例をいくつか紹介したい。

第1節　安定同位体分析による食性復元

　遺跡から出土する動物骨の化学的情報は、その個体が生存時において摂取・吸収した物質を反映することから、古環境復元や動物生態学的な研究に有用な指標として利用されてきた。特に、骨に含まれるコラーゲン（骨コラーゲン）は、摂取食物に含まれるアミノ酸を元に代謝合成されるため、アミノ酸構成元素である炭素・窒素・酸素・水素・硫黄の同位体比から、アミノ酸の起源となる摂取食物の復元が可能となる。近年最も普及した食性復元として、炭素・窒素同位体比に基づいた解析手法が挙げられる。これは、摂取の可能性がある食物を

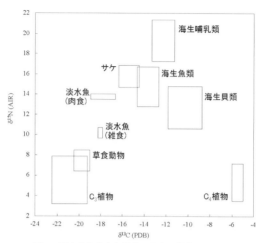

図1 摂取食物内容と炭素・窒素同位体比の分布図

あらかじめ仮定して、それらの炭素・窒素同位体比と、骨コラーゲンの炭素・窒素同位体比を比較し、動物の摂取食物を大まかに推定する解析手法である。この解析手法は、図を見るだけでどの食物に依存していたかが直感的に理解しやすく、最も汎用性の高い手法と言えるが、その図は多くの同位体化学的な背景から成り立っている（図1）。

　各生態系で循環している炭素・窒素は、微生物や植物が無機炭素（大気中の二酸化炭素）・窒素（土壌中の硝酸態窒素）を固定することで生態系に取り込まれる。生体内のアミノ酸の炭素・窒素同位体比は、環境中の無機炭素・窒素の同位体比と一定の関係性を示すことから、微生物や植物の生育環境を復元することが可能である。例えば、熱帯雨林のジャングルでは、樹冠が覆われているため二酸化炭素濃度（分圧とも表現する）が高いことが影響し、大気中の二酸化炭素の炭素同位体比が低くなることが知られている。この二酸化炭素を元に光合成か

らセルロース合成すると、その植物も樹冠に覆われていない地域よりも低い炭素同位体比を持つことになる。また、環境だけでなく、生物自体の代謝システムの違いも同位体比に大きな影響を与える。植物の場合、光合成回路が異なるＣ３植物（樹木やイネなど、日本で広く優占する植物群）とＣ４植物（ススキ・アワ・ヒエなど乾燥耐性のある植物群）が存在し、両者の炭素同位体比は大きく異なる。よって、光合成回路が不明な植物の炭素同位体比を調べることで、Ｃ３植物かＣ４植物なのか識別することが可能となる。さらに、これらを摂取する草食動物も、それぞれの植物の炭素同位体比に近い値を示すため、Ｃ３/Ｃ４摂取率の評価も可能となる。アワ・ヒエ・トウモロコシなどの雑穀利用文化の指標として考古学研究にも応用されてきた（Minagawa et al. 2005; 菊地ほか 2014）。

　他にも、マメ科などの窒素固定細菌が共生している特定の植物では、窒素固定の化学反応で窒素同位体比が大幅に低下するため、マメ科植物の摂取量が多い場合は、馬の窒素同位体比も低下することが予想される。世界各地の遺跡出土馬の窒素同位体比のデータを俯瞰しても、明確にマメ科植物を摂取している個体は今のところ検出されていない。また、水田で栽培されるイネ（水稲）は、水田内における硝酸態窒素やアンモニアの揮発によって脱窒が生じるため、窒素同位体比が陸稲や他のＣ３植物に比べて明確に高い値を示す。水稲の稲藁を馬に給餌していれば、炭素同位体比が低く、窒素同位体比が高い個体が検出されると期待される。一方、窒素同位体比のみ上昇する現象として、畑の施肥が挙げられる。水稲の稲藁を給餌したか、施肥された地域で育った植物を給餌したか、炭素・窒素同位体比のみでは識別ができない。この様に、各食物資源の炭素・窒素同位体比の多様性を理解することで、分析対象となった遺跡出土動物の摂取食物について大まかな

解釈が可能となるとともに、2つの指標のみでは識別ができない多くの事象も存在することを十分に理解する必要がある。

第2節　歯エナメル質の炭素同位体分析

　骨コラーゲンの同位体分析以外の食性復元の方法として、歯エナメル質の同位体比を用いた摂取植物の推定方法が挙げられる。歯エナメル質は、主にハイドロキシアパタイトで構成されており、その中に約3％と微量ではあるが炭酸塩（炭酸カルシウム $CaCO_3$）が含まれている。このハイドロキシアパタイト中の炭酸塩は、カルシウムが沈着する鉱質化時において摂取した食物及び呼吸で吸収し、血中に溶け込んだ炭素を起源としている。歯エナメル質の炭素同位体比は摂取食物の同位体比と相関があり、歯エナメル質の炭素同位体比から摂取食物の復元が可能となる。歯エナメル質の炭素同位体比と摂取植物の炭素同位体比の間で、約14‰（パーミル、千分率）と差が生じることがわかっており、この指標を用いて歯エナメル質の炭素同位体比から摂取植物の炭素同位体比を求める（Cerling and Harris 1999; Hoppe et al. 2004）。前節にも取り上げたように、摂取する食物の炭素同位体比は物質によって非常に多様な値を示すため、摂取食物の大まかな推定にとどまる。特に、馬の摂取食物は植物に限定されることから、主に炭素同位体比の値が大きく異なるC3植物・C4植物の摂取割合の評価に応用される研究事例が多い。例えば、C3植物が優占する植生で育った馬とC4植物が優占する植生で育った馬の歯エナメル質の炭素同位体比は、明確に異なることがわかっている（図2）。

　また、一度ハイドロキシアパタイトが若齢期において鉱質化した後は、その後に摂取した食物の同位体比の影響がないため、分析対象と

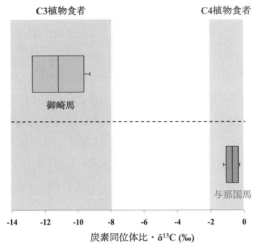

図2　日本在来馬（御崎馬・与那国馬）の歯エナメル質の炭素同位体比

　なる遺跡出土馬が老齢であったとしても、エナメル質が鉱質化した若齢期の摂取食物の追跡が可能と言える。歯エナメル質の鉱質化の時期は歯種間及び歯種内で異なるため、摂取食物を復元したい時期に応じて、分析する部位を採取する必要がある（Hoppe et al. 2004）。例えば、古墳時代の遺跡出土馬では、3歳以降に歯エナメル質が鉱質化する部位の炭素同位体比は、それ以前に鉱質化した部位の炭素同位体比より明確に高い値を示す場合が多い（覚張2015、青柳ほか2016）。この炭素同位体比の上昇は、3歳以降に雑穀などのC4植物を積極的に給餌していたことを示唆している。また、韓国の大成洞古墳出土馬の炭素同位体比パターンを見ると、日本の古墳時代のパターンとの類似性が確認されている。韓国における遺跡出土馬の分析例は少ないが、今後分析事例を蓄積することで、大陸と日本列島の馬の給餌文化の差異を可視化できると期待される。

さらに、1本の歯の形成期間は短いもので半年から長いもので2年半のため、摂取食物の年間変動や季節変動を可視化することも可能である。炭素同位体比の測定では、同時に酸素同位体比の測定も可能である。酸素同位体比は気温や降水量に応じて変化が生じるため、季節間で変動が伴う。例えば、夏では酸素同位体比が高く、冬では酸素同位体比が低い傾向にある。歯エナメル質の酸素同位体比が低い値を示していた箇所の炭素同位体比は、夏に摂取した植物の炭素同位体比を反映しており、季節ごとの給餌形態の復元も可能といえる。

第3節　歯エナメル質のストロンチウム・酸素同位体分析

　歯エナメル質の同位体分析は、食性復元以外に出生地や移動履歴の復元を目的とした研究に応用されることも多い。2000年代後半以降、歯エナメル質のハイドロキシアパタイトに含まれる微量元素の一つであるストロンチウムの同位体比や酸素同位体比を指標とした多くの考古学研究が蓄積されてきた。

　ストロンチウムは自然下において^{86}Sr、^{87}Sr、^{88}Srの3種の同位体が主に存在する。中でも^{87}Srはルビジウム（^{87}Rb）が放射壊変して生じるため、時間が経過すればするほど^{87}Sr濃度が上昇する。存在比率が近い^{86}Srと^{87}Srの比率を一般的に「ストロンチウム同位体比」と呼び、岩石の形成年代評価の指標として利用されてきた。歯エナメル質に含まれるストロンチウムは、主に摂取した食物や飲み水などに含まれるストロンチウムを起源にしている。さらに、これらのストロンチウムは元々鉱物から水に溶け出した可溶性ストロンチウムを起源にしており、形成年代が古い地質帯と新しい地質帯の土壌中に含まれる水のストロンチウム同位体比はそれぞれ異なる値を示す。また、ストロンチ

ウム同位体比は、生物が水や食物を摂取し、ストロンチウムを吸収する過程で、同位体比の変動がほぼ生じないことがわかっている。よって、各地質帯の植物や河川水などのストロンチウム同位体比がわかっていれば、歯エナメル質のストロンチウム同位体比からその土地に生息していたかどうか識別が可能となる。特に、ストロンチウム同位体分析は遺跡周辺域とは異なる地域から来た「移入者」の検出において、非常に強力な指標になっている。

　移入者の識別の際に、分析対象となる遺跡周辺域の植物及び河川水などを採取し、遺跡周辺域のストロンチウム同位体比の多様性を予め把握する必要がある。遺跡周辺域の植物・水のストロンチウム同位体比の2標準偏差（95.4％）の範囲を「生物が利用可能なストロンチウム"Bioavailable strontium（BAS）"」と定義し、その範囲から逸脱したストロンチウム同位体比を示す馬は「移入個体」として評価する手法である（Price et al. 2002）。例えば、藤原宮造営に関連した遺跡から出土した馬の歯エナメル質と遺跡周辺域や近畿地方の植物・水のストロンチウム同位体比を比較した結果、藤原宮の馬はBASから逸脱した個体が多数検出された（図3）（覚張・米田 2016 a）。藤原宮跡から出土した馬の四肢骨には重い荷物を駄載した際に見られる様な骨増殖が見つかっており、藤原宮を造営する際に多くの馬が使役として遠隔地から持ち込まれた可能性が示唆されている（山﨑ほか 2016）。一方、BASの範囲と一致したストロンチウム同位体比を持つ馬も検出されているが、藤原宮跡周辺域で育った「在地」の個体として必ずしも識別できない。これは、遺跡周辺域のBASと同じ範囲を示す地質帯が遠隔地に存在している可能性があるためである。この様に、ストロンチウム同位体分析によって評価された移入率は、基本的には過小評価されている可能性があることを認識しなければならない。

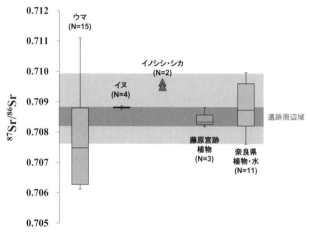

図3 藤原宮跡出土馬の歯エナメル質のストロンチウム同位体比

　ストロンチウム同位体分析による移入個体の識別と合わせて歯エナ
メル質の酸素同位体分析を実施する場合が多い。歯エナメル質の酸素
同位体比は飲み水の酸素同位体比と相関し、飲み水となる表層水（河
川・湖沼などの水）の酸素同位体比は各地の気温・湿度・降水量によっ
て多様な値を示すことから、遺跡出土動物遺存体の大まかな出生地の
推定に応用されてきた。藤原宮跡出土馬のうち、ストロンチウム同位
体比が BAS の範囲に収まった個体の酸素同位体比を見たところ、藤
原宮周辺を含む近畿の広い範囲の酸素同位体比と一致しないことが示
された（覚張・米田 2016 b）。この様に、酸素同位体分析はストロンチ
ウム同位体分析で過小評価された移入率の算出を補完する役割も担っ
ている。

おわりに

　今日の遺跡出土馬の同位体分析は、食性復元と移動復元の両者を組み合わせた研究が一般化してきている。しかし、生態環境における複雑な同位体の挙動を正確に評価することは今でも困難な場合も多く、分析事例を増やしていくことで初めてその傾向を正しく評価できると考えられる。飼育文化が大きく異なると期待される地域間・時代間のデータを蓄積し、最終的に東アジア全域のデータを面的に比較できる様になった時点で、各地点で得られた同位体データについて最も科学的な考察ができると思われる。まだ東アジアにおいて同一個体から骨コラーゲンの炭素・窒素同位体比や歯エナメル質の炭素・ストロンチウム・酸素同位体比を全て分析して飼育環境を考察した研究は極めて少ない。今後、同様の分析事例を増やすことが求められている。

参考文献
【日本語】
青柳泰介・覚張隆史・丸山真史 2016「南郷大東遺跡から出土した馬歯の化学分析―安定同位体分析による食性および生育環境の復元の試み―」『青陵』146 号
覚張隆史 2015「歯エナメル質の炭素安定同位体比に基づく三ツ寺Ⅰ・Ⅱ遺跡出土馬の食性復元」『動物考古学』32 号
覚張隆史・米田穣 2016 a「ストロンチウム同位体分析に基づく移入馬の推定」『奈良文化財研究所研究報告』第 17 冊
覚張隆史・米田穣 2016 b「酸素同位体分析に基づく馬の産地推定」『奈良文化財研究所研究報告』第 17 冊
菊地大樹・覚張隆史・劉呆運 2014「西周王朝の牧経営」『中国考古学』14 号
山崎健・覚張隆史・降幡順子・石橋茂登 2016「藤原宮跡から出土した馬の飼育形態と産地推定」『奈良文化財研究所研究報告』第 17 冊
【英語】
Cerling, T. E., Harris, J. M. 1999. Carbon isotope fractionation between diet and bioapatite in ungulate mammals and implications for ecological and paleoecological studies. *Oecologia*, 120(3)

Hoppe, K. A., Amundson, R. Vavra, M., McClaran, M. P., Anderson, D. L. 2004. Isotopic analysis of tooth enamel carbonate from modern North American feral horses: implications for paleoenvironmental reconstructions. *Palaeogeography, palaeoclimatology, palaeoecology*, 203(3)

Hoppe, K. A., Stover, S. M. Pascoe, J. R., Amundson, R. 2004. Tooth enamel biomineralization in extant horses: implications for isotopic microsampling. *Palaeogeography, palaeoclimatology, palaeoecology*, 206(3)

Minagawa, M., Matsui, A., Ishiguro, N. 2005. Patterns of prehistoric boar Sus scrofa domestication, and inter-islands pig trading across the East China Sea, as determined by carbon and nitrogen isotope analysis. *Chemical geology*, 218(1)

Price, T. D., Burton, J. H., Bentley, R. A. 2002. The characterization of biologically available strontium isotope ratios for the study of prehistoric migration, *Archaeometry*, 44(1)

古代東アジアの馬文化と植生

篠 原 　 徹

第1節　草原の騎馬遊牧

　わずかな期間であったが悠然たる草原で騎馬遊牧を初めて見たのは、2005年8月のことであった（口絵1）。当時、金沢大学の高濱秀さんの隊がモンゴル国のほぼ中央部北寄りのムルン地域で前1000年ころのヘレクスル（積石塚）の発掘調査をしていた。2016年に突然逝去してしまった友人の考古学者・川又正智さんの誘いで3週間ほどこの発掘調査に参加させてもらったからである。多いときは何百頭のヤギ・ヒツジを誘導する騎馬遊牧の光景を初めて眼にして、この文化が広大なユーラシア大陸のなかで果たした歴史的な役割は、想像以上のものだろうと思った。騎馬遊牧していた多くは少年であった。ときどき発掘現場の近くを通るとき、体高の低いモンゴル馬とはいえ馬上から睥睨する精悍で傲然とした態度は、いかにも騎馬遊牧民の少年戦士という感じであった。このとき、何百頭のヤギ・ヒツジを率いる騎馬遊牧や騎馬戦士による戦いというものは、このような大草原があってこそ成り立つもので、植生が変わって森林地帯や山岳地帯になってしまえば、隊形や陣形を敏速に展開することはとても無理ではないかと思った。

第2節　古代東アジアと植生

　3世紀から5世紀にかけて日本列島のなかで展開した文化は、古代東アジアの広大な範囲のなかで存在したさまざまな文化・社会のひと

つとして、それらの社会の相互の関係性を含めて巨視的な眼でみていかなければならない。楽浪海中の倭人社会を、古代朝鮮半島に存在した百済・新羅・伽耶、あるいは大陸に入って高句麗・夫余・沃沮、さらに中国中原の北方の鮮卑から中原の漢（魏・晋・宋）、そして大草原に展開した匈奴あたりまでを視野に入れた東アジア古代史のなかで考える。それまでの古代東アジアの地政学的世界が「歩く世界」であったところへ、「馬文化」の世界が加わったからである。

　従来の古代地政学は、諸民族の政治的経済的な関係という、いうなればあまりに人間中心主義的な観点から論じられていたけれど、古い時代になればなるほど地政学の「地」、つまり当時の自然や農耕地・放牧地などの環境に大きな影響を受ける。これが2021年11月に行われたシンポジウム「考古学からみた古代東アジアの馬利用」やその母体となった京都大学人文科学研究所共同研究「東方ユーラシア馬文化の研究」の今後の重要な視点のひとつなのではないか。そしてそのなかにこの古代東アジアの世界のなかで馬文化の果たした役割を位置づけてこそ意味がある。ここで焦点をあてる馬文化というのは馬に直接乗る「騎乗」、馬に牽引させる「馬車」、そして馬に騎乗してヤギ・ヒツジの遊牧をする生業としての「騎馬遊牧」の3つのことを指す。

　ここで1枚の東アジアの潜在自然植生を表した地図をみていただきたい（口絵6参照）（堀田 1974）[1]。潜在自然植生とは農耕などによる攪乱がないと仮定したときのその土地の植生をいうが、後に述べるように当時の人類史的な人口のレベルを考えれば集落や都市の周辺の攪乱はわずかであり、この植生図が当時の植生に近いと考えてまちがいなかろう。この植生図は先ほど述べた3つの馬文化とどのような関係があるのか。その関係とは西アジアの肥沃な三日月地帯で発生した農牧文化を基盤としたメソポタミア文明と中国中原で発生した古代中国文

明との間の文化の交渉を意味し、その延長線上にある古代朝鮮半島や
古代日本列島の諸文化への伝播の問題とも関連してくる。

　ユーラシア考古学をリードしてきた林俊雄によれば、肥沃な三日月
地帯で発生した農牧文化は前6000年にバルカン半島からカフカス、
中央アジア南部を経由して、ユーラシア草原地帯にまで到達したよう
だ。そして草原地帯の遊牧化はかなり遅れ、草原地帯東部（南シベリ
ア・ミヌシンスク盆地）では「カラスク文化」と呼ばれる前1300年こ
ろの後期青銅器文化に馬具（銜と銜留め具）が出現し、騎馬遊牧文化
が誕生したとする（林 2009）。この文化が東漸し、やがて前3世紀後
半に中国北方に匈奴が現れ漢文史料に登場する。しかし、中国文明と
メソポタミア文明の東西交渉は漢代以前つまり匈奴以前から同じ草原
ルートを通じて交流し、3つの馬文化のうち騎馬・馬車の文化は中原
の中国文明にも導入されたようだ。

　中国文明とメソポタミア文明の東西交渉についてはいわゆるシルク
ロードがよくとりあげられるが、実は砂漠地帯のなかのオアシスを結
ぶシルクロードよりも植生図の「草原およびサバナ」であらわされる
草原ルートのほうが、東西を結ぶ距離においても同じ植生の連続して
いる文化の道としても重要であろう。中国中原の馬文化の受容につい
ては岡村秀典の精緻な研究『東アジアの車社会史』が明らかにしてい
る（岡村 2021）。これを植生図の上で考えてみると、草原ルートは
「草原およびサバナ」の植生図と重なっていて、現在のモンゴル国の
東側を走る大興安嶺山脈を包み込むような形で南下する。騎馬・馬車
の馬文化は、このルートを通じて中原の古代中国文明に導入されたに
ちがいない。

　冒頭で述べた前1000年ころのヘレクスル発掘に誘ってくれた川又
正智は、この漢代以前の草原ルートによるユーラシア古代の東西の文

化接触や文化伝播について、玉・琥珀・ラピスラズリ（瑠璃）・ガラス・細石器・彩文土器と麦羊農牧複合、金属器・織物・都市国家・古代帝国、さまざまな神話と伝説に残る遠方の話などの候補を挙げ、なかでも馬についてはもっとも確実な手がかりとして評価している（川又 1994）。馬文化とコムギ・オオムギなどの畑作文化は、時期が異なるにせよ、まちがいなくこの草原の道を通じて東方ユーラシア地域に伝播したものであろう。

　草原の道は西漸すればヨーロッパに至り、東漸した最終的な地点が日本列島であったように海を隔てたイギリスに到達する。古代のヨーロッパやイギリスにヤギ・ヒツジの遊牧や馬の騎乗・馬車などが存在しえたのは、この地域の農耕が麦類中心の畑作であったからであろう。大森林であった地域を開拓してできあがった都市と畑作地帯は、牧畜文化と馬飼育には親和的であった。ただし、騎馬遊牧が広まらなかったのは、大森林地帯の開拓に伴う地域ゆえに騎馬遊牧より徒歩による遊牧のほうが優先していたためではないかと思われる。

第3節　草原から森林へ伝播する馬文化

　東漸の先端である日本列島では、湿地あるいは水辺空間を中心とする稲作文化が展開していたわけで、放牧飼育はわずかな草原や稲作不能な湿地あるいは草地の河岸段丘などに限定され、かつ森林内につくられた道でしか移動できないので、馬文化とは必ずしも親和的ではなかった。馬文化をもたらした草原の道の東西への分岐とそれに伴う文化伝播の問題は、環境の大きな影響を受けている点で、新たな生態史観を必要とするだろうが、きわめて興味深い問題である。

　中国中原で華開いた中国文明は、3つの馬文化のうち「騎馬遊牧」

を受け取らなかった。というよりも広大な草原が不可欠な騎馬遊牧という生業は、畑作であれ稲作であれ森林地帯を開拓して展開した農耕社会には適合せず、受け取れなかったというべきであろう。騎馬遊牧という生業が展開するためには、広大な放牧地の確保と馬による移動を可能とする道の整備が不可欠だからである。「草原およびサバナ」地域に展開した遊牧文明の匈奴と、落葉広葉樹林と常緑広葉樹林のなかで展開した農耕文明である古代中国文明の東方に位置する3世紀の鮮卑、夫余、高句麗などは、しばしば騎馬民族系と言われる。しかし、植生図をみれば後者の諸社会が存在していた地域は落葉広葉樹林帯であり、当時はナラ類を中心とした大森林のなかにあり、少なくとも草原でしか可能ではない騎馬遊牧はありえない。そもそもこれらの諸民族の住む地域は、中国中原の農耕文化のフロンティアであるが、元来彼らの生業様式がどのようなものなのか考古学的に明確に分かっているわけではない。

　これらの地域の諸文化が、中国文明からか匈奴などの騎馬遊牧文化との直接の接触によるものかはわからないけれども、遊牧を伴わない騎馬だけの文化、あるいは貧弱な馬車の文化を受容したのではないか。古代朝鮮半島の中部から南部の諸民族である新羅や百済および伽耶などになると、馬車も脱落し、馬への騎乗だけの文化受容となる。それも騎馬遊牧などの生業や戦闘に使われるものではなく、装飾的な馬具をつけ騎乗するという威信財としての馬文化が中心となる。せいぜい道が整備されているところでの移動手段や輸送手段としての馬利用はあったのであろうが、限定的であったと思われる。

　草原と森林の植生の相違は文化伝播にとって大きな障害になることもある。中国漢代の遊牧民と農耕民の戦いは、この植生の移行地帯で起きていたのではないか。騎馬軍団の戦術は草原でなければ騎馬軍団

の戦術をとりえないからである。文化への自然環境の影響は、当然のことながら時間を遡れば遡るほど大きなものとなり、騎馬遊牧などのようにヤギ・ヒツジなどの生産物に依存する生活では、ヤギ・ヒツジの餌植物のありように生業や生活様式がかなり限定されてしまうわけである。ただ家畜動物は基本的に食性に関してはジェネラリストであり、それ故に本来生息していなかった地域でも飼育可能になる。ウマも同じことであり、林間放牧にも適応できるので森林地帯でも道や開拓地という条件下で騎乗やある程度の馬車の文化は受容できたのではないかと思う。

第4節　楽浪海中の倭人社会

　諫早直人によれば、日本列島への馬の渡来は二つの流れがあったとされる（諫早 2019）。ひとつは弥生時代終末まで遡る可能性がある散発的渡来、もう一つが古墳時代中期つまり5世紀代における本格的渡来である。前者は馬具を伴わないウマ遺存体にもとづくものであり、後者は古墳副葬馬具や「牧（まき）」の遺跡および文献史料が渡来の根拠となっている。この騎馬の文化を誰が、なぜ日本列島に持ち込んだのかについて、戦後の日本で大きな話題となったのが騎馬民族征服王朝説である。この説はこの50年ほどの日本および韓国の膨大な発掘調査にもとづいた、蓋然性の高い資料解釈によって現在では否定されている。考古学において、文化の伝播は人とモノと技術の伝播を指すが、江上波夫の唱えた征服王朝説は騎馬遊牧を担い騎馬戦術を行う軍事的な集団の渡来を想定していた。その中心的な部分が、考古学的資料の解釈によって否定されたのである。戦後の日本で一世を風靡し、騎馬民族説に劣らず話題となったのは照葉樹林文化論である。これもまた、

その中心的なテーマは考古学の飛躍的な成果によって否定されること
になる。

　そうであってもすべての当該社会の発展が主として自生的内発的発
展を遂げるのではなく、文化伝播が大きな役割を果たしてきたのでは
ないかという点まで否定されたわけではない。最近の考古資料の爆発
的増加を踏まえつつ、植生や人口論なども考慮に入れて、再度、日本
列島への馬文化の渡来を古代社会のなかに位置づけることが要請され
ている。

　「草原およびサバナ」植生に隣接する植生は「落葉広葉樹林帯」で
あり、その範囲は（人為的攪乱により都市や村落・畑作地・稲作地・道路な
どが展開していた）中国中原の中心を除く、古代東アジア全域である。
それらの地域はおそらく人口論的にみて人口希薄で、都市・村落周辺
を除けば落葉広葉樹林の大森林が展開していたはずである。この植生
は中国南部と朝鮮半島南部のわずかな地域、そして日本列島の西半分
に至り、落葉広葉樹林から常緑広葉樹林（いわゆる照葉樹林）へと変わ
る。この落葉広葉樹林から常緑広葉樹林への移行は、草原から落葉広
葉樹林への移行に伴う障壁ほど文化伝播に大きな影響を与えたとは思
われない。しかし、それでもこの植生の違いが文化伝播、とくに栽培
植物などの伝播には大きな影響を与えることがある。チャやコンニャ
クなどはその典型で、落葉広葉樹林が大半を占める朝鮮半島では栽培
できない（チャは韓国南部で一部栽培されているようだけれども、これはい
わゆる日帝36年の時に植栽されたようだ）。

　古代日本列島は古代朝鮮半島の諸民族にとっては農耕のフロンティ
アであった。馬の本格的な渡来を証拠立てるのは、馬具などの古墳副
葬品である。それは基本的には分業を担う階層が出現し始めた首長制
部族社会のなかの威信財であろう。諫早のいう馬文化の本格的渡来は、

おそらく古代朝鮮半島の諸民族のなかのある権力と日本列島内の倭の権力との直接的な接触・交渉による結果である。ただ、先に述べた農耕のフロンティアであったが故の古代朝鮮半島から古代日本列島への移住・移動は、少なくとも弥生時代以降、連綿と続いてきたと思われる。

人が新しい場所へ移動する時、社会学でいうプッシュ・プル理論というものがあるが、移住や移動する前の場における「押し出す要因」と移住・移動先の「引っ張る要因」が何であるのかを明らかにすることが重要である。このプッシュ要因とプル要因が同調したとき、移動が盛んに行われることになる。プル要因のひとつとして、当時の日本列島には農耕地として未開拓な土地がかなり多かったことが挙げられる。このフロンティアへの人の移動はどの程度であったのか、これもまた重要な課題であろう。馬の散発的渡来をもたらしたのはおそらくこうした人の流れであった可能性は高い。そして馬以外の多くのモノと技術がこの人の移動に伴って日本列島に入ってきた。

3世紀の日本列島はどのくらいの人口であったのか。歴史人口学者の鬼頭宏は、弥生時代の終わりごろを後300年とみて59万4900人、奈良時代を後725年のときの人口を451万2200人と推定している（鬼頭 2000）。当時の社会の人口の自然増加率は人類学者の大塚柳太郎の推定では1.002ほどである（大塚1986）。これは欧米による近代化の影響のなかった社会の推定値であるが、農耕が行われるようになって生産力が増し人口支持力が高くなったとしても増加率1.004程度くらいを見込んでおけばいい。これをもとに弥生時代の終わりと奈良時代の間を425年とみて、自然増による人口増加を計算してみると、増加率0.2パーセントの場合で234万になる。かりに0.4パーセントの場合だと325万人となる。いずれの場合でも奈良時代の推定人口との差

は217万人、126万人となる。この推計がかなり高い蓋然性をもつとすれば、この差はこの間に古代朝鮮半島から日本列島に渡来してきた人びととその子孫たちの人口が貢献していると考えざるを得ない。

どうやら奈良時代の人口のかなりは移民および移民と在地の人びととの通婚による子孫たちによって占められていたらしい。それも在地の人びとより高い技術をもった移民である[2]。この数字には縄文時代や弥生時代を通じて日本列島に朝鮮半島などを経由して移動してきた人びとは考慮していないので、実際の移民の数はもっと増えるわけである。弥生時代の終わりごろの日本列島の人口はもう少し多かったという研究者もいるけれども、いずれにせよ古代朝鮮半島の諸民族にとって古代日本列島は人口の少ない、未開拓地の多い格好のフロンティアであったことはまちがない。もちろんこの数字の中には、白村江の戦いの後に海を渡った鬼室集斯のような政治的亡命なども含まれるが、そのほとんどは随時自主的な移動によって農耕地としてガラガラの日本列島にやってきた移民であろう。

馬の散発的な渡来もこうして渡来してきた人びとによって日本列島にもたらされたのであろうし、彼らによって日本列島には新たな物質文化であるモノや新たな技術・技法がもたらされたことは間違いない。当時の日本列島の自然環境や社会を知ることのできる唯一の文献『魏志倭人伝』によって、自然環境と文化伝播に大きな役割を果たしたと思われる市についてみておこう（渡邉 2012）[3]。『魏志倭人伝』の記述の信憑性については種々議論のあるところであるが、自然環境の記述と市に関する記述は倭人社会の観察者の眼でみたものとしておこう。このなかで動物に関しては倭人の地には「其の地には牛馬虎豹羊鵲無し」とあるが、これは、むしろ「古代朝鮮半島には普通にいるのに」と読んでみるべきであろう。植物に関しては「倭の山」にはクスノキ

（豫樟）、クヌギ（杼）、カシ（投檀）などの常緑広葉樹林の主要構成樹種があると記されていて（もちろん書かれている植物の漢字名の比定が正しいとすれば）、特産物として真珠（ヒスイと推定されている）、山では丹（丹砂のことで水銀と硫黄の化合物と推定されている）などの市で交易の対象となったものが記されている。少なくとも人の居住地とその周辺以外は、常緑広葉樹の大森林が展開していたとみていいだろう。

第5節　古代東アジアの社会経済的世界と考古学

　3世紀から5世紀の古代朝鮮半島や古代日本列島のなかにはいくつもの首長制部族社会があり、それらは前者では落葉広葉樹林帯、後者では常緑広葉樹林帯という大森林のなかにあった。そしてそれぞれの社会は集落の周辺だけが開拓されていて、それらの集落を数珠のようにつなぐ道が貫徹していると考えてみたい。その姿は都出比呂志が『古代国家はいつ成立したか』のなかで提唱している「古墳時代の大王・首長の領域と物流」の図と重なるのであるが（図1）（都出 2011）、都出の図では市と市の間あるいは領域と領域の間には何も書かれていない。当時の人口密度あるいは集落数からみればこの間に広大な森林が存在していたと筆者は主張したいのである。ある首長制部族社会のなかの首長が住む郡邑には「市」がたっており、『魏志倭人伝』でいうところの「租税を収むるに、邸閣有り、国国に市有り、有無を交易し、大倭をして之を監せしむ」国々30カ国は同じような状態であったと思われる。これは古代朝鮮半島も同じようなことであったと思われる。対馬や壱岐については「南北に市糴す」と記されており、これらの「市」は徒歩の道と舟の道によってつながれていた。この「市」とそれをつなぐ「道」こそが文化伝播の主要な役割を担う主人公なの

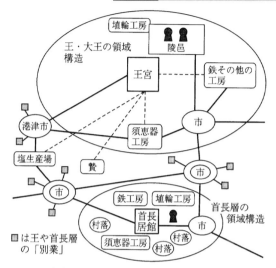

図1　古墳時代の大王・首長の領域と物流（都出 2011）

ではないかというのが筆者の考えなのである。

　領域と領域を貫通する道を介して「偏在」する資源（鉄・塩など）・希少な商品（織物・貴金属）が交易される（西谷 2011）[4]。領域内のなかでは「遍在」する資源（食物・土器・木地）などが小さな道を通じて市で交換される。こうした社会のなかに、本格的に導入された馬文化の役割を明らかにすることが今後の課題ではないのだろうか。古代朝鮮半島からおそらく準構造船によって計画的に渡来した馬は、河内湖の湖畔湿地で放牧飼育された。発掘調査によって明らかとなった考古学的成果にもとづけば、既に完成された湿地放牧技術であったようである。その後比較的早い時期に群馬県の火山山麓に流れる河川の河岸段丘上の草地での放牧などが行われているのも同じことであろう[5]。それらで産まれた馬は、装飾的な馬具を必要とする儀礼などに使われるだけではなく、「市」をつなぐ道において駄載馬としても使用される

ようになっていったのであろう。そのためには森林や山岳を馬で通り抜けることができる道や市などの社会的インフラを整備しなくてはならない。

　考古学的成果を当時の生活世界の解明のためだけに応用するのではなく、モノから離れた、例えば交易や交換あるいは分業や階層などの社会経済的世界の復元にどのように貢献できるのかが、今後の考古学には問われてくるのではないだろうか。また今までの文化の起源論や伝播論では、日本列島に伝来してからそれがどのように展開していったのかに関してはあまり議論されてこなかったといえる。西の牛耕に対する東の馬耕の文化の成立や、湿地放牧や草原放牧あるいは河岸段丘上放牧[6]、馬の管理に去勢を伴わない文化の成立など、解かなくてならない問題は多い。また古代朝鮮半島の馬文化との同質性と異質性の抽出も重要であり、この点は古代日本列島と古代朝鮮半島の植生の違いが馬文化の受容とその後の展開に異なる影響を与えた可能性は高い。日本列島に渡来した馬文化が当初から湿地放牧と河岸段丘上放牧を随伴していたと思われるが、これらの放牧方法が古代朝鮮半島で確立していたのかについても、今後の考古学の成果に期待したいものである。

注
1）　口絵6は堀田満の原図に中国、モンゴル、北朝鮮、韓国の現在の国境線と古代東アジアの諸集団の名称を書き加えたものである。
2）　当時の人口増加率を0.2％、AD 300からAD 725の425年間毎年同じ人口が古代朝鮮半島から古代日本列島に移住したと仮定して、また在地と移住の人びとは通婚していたとして計算してみると毎年約5千人ほどの人びとが海を渡ってきたことになる。
3）　以下、『魏志倭人伝』に関する記載はすべて同書による。
4）　この民族誌で示されている「市」のありようは、都出比呂志の提起した図1と

重なると思われる。

5) 馬骨などの出土した河内湖畔の部屋北遺跡や群馬県の黒井峯遺跡などの馬文化については『馬の考古学』（雄山閣 2019）所収の多くの論文で明らかにされている。

6) 6世紀前半の黒井峯遺跡は子持山南麓にあり利根川と吾妻川に挟まれた河岸段丘上に位置する。この遺跡は馬匹生産に最適な場所（高台の集落と畑、水のある河岸段丘の水田、草地の発達した河岸段丘放牧地）である。このことは右島和夫氏の教示による。

参考文献
【日本語】

諫早直人 2019「東アジアにおける馬文化の東方展開」青柳泰介ほか編『馬の考古学』雄山閣

岡村秀典 2021『東アジアの車社会史』臨川書店

川又正智 1994『ウマ駆ける古代アジア』講談社メチエ

鬼頭宏 2000『人口から読む日本の歴史』講談社学術文庫

都出比呂志 2011『古代国家はいつ成立したか』岩波新書

西谷大 2011『多民族の住む谷間の民族誌』角川学芸出版

林俊雄 2009『遊牧国家の誕生』山川出版社

堀田満 1974『植物の分布と分化』三省堂

渡邉義浩 2012『魏志倭人伝の謎を解く』中公新書

【英語】

Ryutaro Ohtsuka（大塚柳太郎）, 1986. Low rate of population increase of the Gidra-papuans in the past: A genealogical-demographic analysis. *American Journal of physical Anthropology Vol.71*

あ と が き

馬の家畜化の起源をめぐって

　今から半世紀あまり前の1964年にウクライナのデレイフカ遺跡から牡馬の頭骨と蹄が発見され、それが家畜化された馬と考えられたことから、紀元前4000年前後の黒海北岸で馬が家畜化されたとする説が提唱された。デレイフカ遺跡は、ウクライナの首都キーウの南東、ドニプロ川下流西岸に所在する青銅器時代遺跡である。1990年代にアンソニーがこの馬の歯に銜の痕跡があることに着目し、それを騎乗の証拠とみて、レヴァインらと論争を繰りひろげた。のちの年代測定によりその馬骨がスキタイ時代の混入物であると判明し、論争は振り出しに戻ったが、カザフスタンのボタイ遺跡から出土した馬の歯に銜の痕跡が確認されたことから、前4千年紀に馬が家畜化されていたとする説はなお大きな影響力をもっている（Anthony 2007、中村 2019）。

　一方、本書第1章に中村大介さんが紹介した近年のゲノム研究によって、ボタイ遺跡の馬が遺伝的に現在の家畜馬と異なること、またユーラシア各地で発見されている前3千年紀までの馬は遺伝的にかなりの多様性をもっていることが判明した（Librad et al. 2021など）。そうしたなかで、現在の家畜馬の直接的な祖先となる新しいタイプの馬が、前3千年紀末に南ロシアのヴォルガ川・ドン川流域に出現し、それが前2千年紀のうちにスポーク車輪の戦車とともに各地へ拡散、定着していったと考えられた。この新しい馬は、気性が穏やかで身体も頑丈であったため、車の牽引や騎乗に適していたらしい。そのさらなる祖先は、ユーラシア草原地帯の西部、すなわち黒海北岸からカフカス北方の地域に生息していたという。これらの研究成果にしたがえば、前

3千年紀までにユーラシアの複数の場所で馬の家畜化が試みられたものの、最終的にユーラシア草原地帯の西部において家畜化された種が現在の家畜馬の祖先になったということになる。

馬・車馬・騎馬のひろがり

　もっとも、馬の家畜化によって、すぐに本格的な騎馬遊牧民が誕生したわけではない。騎馬遊牧の前提として騎乗が必要であることに加え、車輌の導入も遊牧を促進したといわれる（川又1994、林俊2007）。黒海北岸を中心に前4千年紀に出現した青銅器時代のヤムナヤ文化の人々は、定住集落をもたず移動牧畜を営んでいたと推定され、その墓からしばしば板車輪の四輪車が出土する。アンソニーらはこのヤムナヤ文化が急速に広がっていく現象（ヤムナヤ・ホライズン）を重視し、騎馬の得意な印欧祖語の担い手によってその範囲が拡大したと考えた。しかし、ヤムナヤ文化の板車輪の四輪車は牛が牽引したもので、馬が牽引するには重すぎた。現在の家畜馬の祖先は、ヤムナヤ文化のあと、機動性に富んだスポーク車輪の二輪戦車とともに各地へ拡散したと考えたほうが、さまざまな考古学的事象を合理的に説明できそうだ。

　車輌の出現は東欧やメソポタミアがはやく、前2千年紀に西アジアから黒海・カスピ海周辺、ウラル地域へと拡大するなかでスポーク車輪の二輪戦車が登場し、それがヨーロッパから中国までひろがった。さらに、前2千年紀後半の黒海北岸では、騎乗に適した連結銜と棒状・角形鑣がセットとなって高速移動を可能とし、それを継承したスキタイ系の騎馬遊牧民が前1千年紀にユーラシア草原地帯を席巻した。黒海北岸のドニプロ川流域にスキタイ時代の大型古墳が多数分布し、金銀の副葬品が大量に副葬されていたことは、よく知られている。ユーラシア草原地帯の西部、現在のウクライナから南ロシアの一帯は、

人類による初期の馬利用を解明する上で重要な場所であり、スキタイに代表される初期の騎馬遊牧民の主要な活動領域でもあった。

ウクライナ情勢によせて

　不幸なことに、この1年でウクライナへの国際的関心はかつてないほどに高まった。2022年2月24日にロシアがウクライナへの侵攻を開始してから1年ちかくが経過し、現在なお解決の糸口はみえない。侵攻後まもなくUNESCO（国際連合教育科学文化機関）やICOMOS（国際記念物遺跡会議）などの国際機関の支援のもとでウクライナ文化遺産救出センターが設置され、国際的な文化財保護活動が進められているとはいえ、ロシア軍の攻撃による文化財の被害は多数報告され、博物館収蔵資料の盗難も少なくないという（雪嶋 2022）。こうした状況に対し、現地情勢に疎い私たちは絶望的に無力であり、未来の世界情勢を展望する大局的な歴史観も持ちあわせていない。しかし、この共同研究を通じて私たちは、この地域の古代の歴史が、決して日本と無関係ではないという事実を伝えることはできる。

　本書は「東方ユーラシアの馬文化」を主要な対象とした書籍であるため、ユーラシア西方に出現した馬・車馬・騎馬がどのような過程をへて東方へ伝えられたのかという問題について、十分に紙幅を割くことができなかった。それでも、あえて本書のあとがきに馬・車馬・騎馬の起源についての問題をとりあげたのは、おおよそ日本とは無関係と思われるユーラシア草原地帯の西端が、人と馬の歴史を考える上で重要な場所であり、それが日本古代の馬文化にも大きな影響をあたえたことが明らかだからである。そのことをふまえて、あらためて本書に目を通していただけば、日本の古墳時代や古代の馬に対する印象も、かなり違ったものになるのではないだろうか。

『馬・車馬・騎馬の考古学』の企画から刊行まで

　本書の冒頭に記したように、この書籍は諫早直人さんを班長とする京都大学人文科学研究所の共同研究「東北アジアの騎馬文化と馬匹生産の研究」(2019年度)、「東アジア馬文化の研究」(2020年度)、「東方ユーラシア馬文化の研究」(2021〜2023年度) の成果である。

　なかでも本書の企画の出発点となったのが、人文研アカデミーのイベントとして2021年11月21日に開催したオンラインシンポジウム「考古学からみた古代東アジアの馬利用」で、一般の方はもちろん、国内外の研究者や大学生を含めて180名あまりの参加者を得た。その際に報告した中村大介・岡村秀典・菊地大樹・向井佑介・諫早直人の5名とコメンテーターの白石典之さんが本書の主要部分を執筆し、討論司会の篠原徹さんにも特別に寄稿をお願いした。シンポジウムにおいて十分に議論を尽くすことができなかったテーマについては、定例研究会に登壇した大谷育恵・大平理紗・李炫姃・青柳泰介・覚張隆史の各位に依頼して、研究内容をコラムにまとめてもらった。

　結果として、コンパクトながら、最新の研究成果を凝縮した一書ができあがった。近年、人と馬の歴史や、馬の考古学についてまとめた書籍はいくつか出版されているものの、そのいずれとも異なる、新しい書籍になったと自負している。これも、一連の共同研究に協力し、あるいは支援してくださったみなさんのおかげであり、この場を借りて深く感謝を申し上げたい。

　本書の出版にあたっては、京都大学研究連携基盤による令和4年度次世代研究者支援出版助成を受けた。また、臨川書店の工藤健太さんには、本書の企画から編集まで、諸方面にわたり助言をいただいた。ここに記して謝意を申し上げたい。

結びにかえて

　最後に、編者の個人的な思いを述べることをお許しいただきたい。本書執筆者のひとりである京都大学人文科学研究所の岡村秀典教授は、この3月末をもって定年退職を迎えられる。本書の原点となった上述の諌早班長による3つの共同研究は、もともと岡村先生からの提案をきっかけとして開始したもので、それがなければ本書が刊行されることもなかっただろう。

　また、本書の内容も、岡村先生の研究に導かれたところが大きい。この共同研究の立ち上げを模索していたころ、故・林巳奈夫先生の未刊行論文集『中国古代車馬研究』（林巳 2018）が、岡村先生の編集で臨川書店から出版された。これは700頁を超える大著である上に、内容はきわめて専門的で、よほどの興味と根気がなければ読破するのは困難である。また、その原著論文はどれも半世紀あまり前に執筆されたため、近年の新資料が反映されていなかった。そこで、岡村先生がこの共同研究の成果を盛り込みつつ、最新の研究成果をふまえて書き下ろしたのが『東アジア古代の車社会史』（岡村 2021）だった。

　本書は、これら両先生の重厚な著作に導かれながら、各執筆者がそれぞれの専門領域を生かして、馬文化研究に取り組んだ成果である。私たちがこれまでに受けた学恩にくらべれば、本書のささやかな成果は決して十分とはいえないものの、岡村先生とともにこの本を出版できたことを、うれしく思う。岡村先生には、この共同研究が完結するまでもうしばらくお付き合いいただき、これからも長きにわたって、私たちが進む先を照らし続けていただきたいと願っている。

2023 年 2 月 1 日

向 井 佑 介

参考文献

【日本語】

岡村秀典 2021『東アジア古代の車社会史』臨川書店

川又正智 1994『ウマ駆ける古代アジア』講談社

林俊雄 2007『スキタイと匈奴　遊牧の文明』講談社

林巳奈夫（岡村秀典編）2018『中国古代車馬研究』臨川書店

雪嶋宏一 2022「ウクライナの文化財保護について―ロシア侵略戦争下の考古学関係資料を中心に―」『考古学研究』第 69 巻第 2 号

中村大介 2019「馬利用に関する近年の研究動向」『埼玉大学紀要（教養学部）』第 55 巻第 1 号

【英語】

Anthony D. W., 2007. *The horse, the wheel, and language: how Bronze-Age riders from the Eurasian steppes shaped the modern world.* Princeton University Press, Princeton.

Librado P. et al., 2021. The origins and spread of domestic horses from the Western Eurasian steppes. *Nature.* 598.

人 名 索 引

地名・遺跡名索引

事 項 索 引

馬・車関係索引

文 献 索 引

あ、か行

さ行

た、な、ま、や、ら行

編者・執筆者一覧（執筆順）

【編　者】

諫早直人（イサハヤ ナオト）

京都府立大学文学部准教授。専門：東北アジア考古学

『牧の景観考古学—古墳時代初期馬匹生産とその周辺』（編著、六一書房、2023）、『東北アジアにおける騎馬文化の考古学的研究』（雄山閣、2012）、『海を渡った騎馬文化—馬具からみた古代東北アジア』（風響社、2010）

向井佑介（ムカイ ユウスケ）

京都大学人文科学研究所准教授。専門：中国考古学・歴史考古学。

『唐長安大明宮』（監訳、科学出版社東京・ゆまに書房、2021）、『中国初期仏塔の研究』（臨川書店、2020）、『シルクロード発掘70年—雲岡石窟からガンダーラまで』（共編著、臨川書店、2008）

【執筆者】

中村大介（ナカムラ ダイスケ）

埼玉大学人文社会科学研究科准教授。専門：東アジア考古学、青銅器。

Kilns in East and North Asia（Co-edited, BAR: Oxford, 2022）「初期騎馬遊牧民の活動」（『歴史地理教育』7（911）、2020）、『弥生文化形成と東アジア社会』（塙書房、2012）

大谷育恵（オオタニ イクエ）

京都大学白眉センター特定助教。専門：考古学。

「疆外出土中国鏡集成（1）：モンゴル国ならびにザバイカル地域」（『金沢大学考古学紀要』35号、2014）、「漢－北魏期における耳飾の展開とその画期」（『山口大学考古学論集Ⅱ』、2012）

白石典之（シライシ ノリユキ）
新潟大学人文学部教授。専門：モンゴル考古学。
『モンゴル考古学概説』（同成社、2022）、『モンゴル帝国誕生』（講談社選書メチエ、2017）、『チンギス・カン―蒼き狼の実像』（中公新書、2006）

岡村秀典（オカムラ ヒデノリ）
京都大学人文科学研究所教授。専門：中国考古学。
『東アジア古代の車社会史』（臨川書店、2021）、『雲岡石窟の考古学―遊牧国家の巨石仏をさぐる』（臨川書店、2017）、『中国文明 農業と礼制の考古学』（京都大学学術出版会、2008）

菊地大樹（キクチ ヒロキ）
蘭州大学歴史文化学院考古学及博物館学研究所教授。専門：東アジア考古学、動物考古学。
『家畜の考古学』（共編著、雄山閣、2022）、『秦の淵源―秦文化研究の最前線』（共編著、外為印刷、2021）、『馬の考古学』（共編著、雄山閣、2019）

大平理紗（オオヒラ リサ）
京都府立大学大学院文学研究科史学専攻博士後期課程、日本学術振興会特別研究員（DC）。専門：考古学
「持物孔からみた北朝陶俑の展開」（『中国考古学』19 号、2019）、「中世漆器の漆絵意匠―中世前期の洛中系漆器椀・皿から」（『古代文化』70 巻 4 号、2019）

李　炫姃（イ ヒョンジョン）
大韓民国蔚山広域市学芸研究士。専門：考古学（韓半島の古代馬文化）
「韓半島初期牧場に関する基礎的研究」（『牧の景観考古学―古墳時代初期馬匹生産とその周辺』六一書房、2023）、「新羅・加耶の馬文化」（『馬の考古学』雄山閣、2019）、「新羅의 馬과 馬具」（『新羅考古学概論 下』中央文化財研究院学術叢書 20、진인진、2014）

青柳泰介（アオヤギ タイスケ）

奈良県立橿原考古学研究所附属博物館学芸係長。専門：日本考古学・古墳時代。
「塩鉄木馬論」（『実証の考古学』同志社大学、2018）、『国家形成期の畿内における馬の飼育と利用に関する基礎的研究』（共編、奈良県立橿原考古学研究所、2017）、『南郷遺跡群Ⅲ』（編著、奈良県立橿原考古学研究所、2003）

覚張隆史（ガクハリ タカシ）

金沢大学古代文明・文化資源学研究所助教。専門：馬学、考古科学、パレオゲノミクス。
「馬—飼育技術のはじまりとその多様化」（『ものがつなぐ世界史』ミネルヴァ書房、2021）、「同位体生態学からみたヒトと動物の関わり」（共著、『考古学ジャーナル』625巻、2012）、「在来馬と人間のかかわり」（『ビオストーリー』11巻、2009）

篠原　徹（シノハラ トオル）

国立歴史民俗博物館名誉教授。専門：民俗学・生態人類学。
『ほろ酔いの村—超過密社会の平等と不平等』（京都大学学術出版会、2019）、『自然を生きる技術』（吉川弘文館、2005）、『海と山の民俗自然誌』（吉川弘文館、1995）

［英文翻訳］
ライアン・ジョセフ（Joseph RYAN）
岡山大学文明動態学研究所特任准教授。専門：日本考古学

The archaeology of horses, chariots, and horse riding:
Horse culture in Eastern Eurasia

Edited by
ISAHAYA Naoto and MUKAI Yusuke

RINSEN BOOK CO.
Kyoto, March 2023

CONTENTS

（Translated by Joseph RYAN）

馬・車馬・騎馬の考古学——東方ユーラシアの馬文化——

2023 年 3 月 31 日　発行

編　者　諫早直人・向井佑介
発行者　片岡敦
印　刷　亜細亜印刷
発行所　株式会社　臨川書店

〒 606-8204
京都市左京区田中下柳町八番地
電話 (075) 721-7111